KB268777

다시, 열정의 시대

· 권국주 지음 ·

어문학사

들어가면서

1970·80년대 취직을 하고 불철주야 뛰어다녔던 시대, 그때에는 모두 뜨거운 열정으로 불타있었다. 가진 것이 없기에, 이제 가질 일만 남은 시대였다. 정말 성장을 위해 달린 열정의 시대였다. 그 시대를 함께 풍미했던 사람들과 번영을 맞이하였고 어느덧 세월이 흘렀다. 이제 와 이마트의 성공 신화와 스타벅스, 코스트코 이야기를 다시 꺼내야 하는 이유는 뭘까 고민했다. 이미 이마트와 같은 할인점은 많아졌고 스타벅스를 시작으로 많은 커피 전문점이 들어섰다. 이제는 할인 유통업에서 인터넷 쇼핑으로 넘어가는 시대가 되었다. 그럼에도 왜 다시 그 시대를 기록해야 했을까?

직장 생활을 하면서 차곡차곡 쌓인 기록을 정리하니 미약하나마 직장 후배에게도 참고 될 수 있을 거로 생각했다. 이때의 기록을 거울삼아 앞으로 끊임없이 변화하는 시장에서 다시 새로운 유통 시대를 펼칠 열정적 태도를 전달할 수 있지 않을까.

고단한 집필 과정이 연상되어 사소한 결정이 아니었지만, 집필을 가능하게 한 건 40년간 지속한 메모 습관이었다. 그 메모장들은 지금까지 책장에 고스란히 보관되어 있다. 추억의 메모장들은 참으로 많은 사건과 기억을 생생하게 되살려 놓는다.

1970년대까지 혹은 길게 봐서 1980년대 중반까지만 하더라도 정부 정책은 절대적으로 제조업 중심이었다. 유통업을 포함한 서비스업에 종사하는 사람들이 자부심을 느끼기에는 사회적 인식도 여의치 않았다. 삼성그룹에 공채로 입사한 사람들마저도 보험·서비스 계열보다는 무역·제조업 계열 기업에 입사하기를 더 원했던 시절이었으니까.

'신세계'는 그야말로 나에게 새로운 세상이 지속해서 펼쳐지는 장이었다. 3D 업종으로 분류될 만큼 몸으로 때워야 했던 시절의 기억들. 그러나 사명감과 열정만으로는 다른 산업보다 낙후한 유통산업의 위상과 경영 수준을 더 높게 끌어올릴 수 없다는 위기감에서 시작한 선진 유통 기법 도입에 불철주야했던 시절의 장면들. 국내 기업의 산업기반이 너무나 취약한 가운데 불어 닥친 유통시장 전면 개방의 바람 앞에서 오히려 그 불꽃을 더욱 타오르게 하고자 밤잠을 설치면서 고민했던 흔적들. 일본 정부의 유통산업 정책과 대만 유통시장 개방의 사례를 타산지석으로 삼아 다점포와 새 업태 개발에 열정을 쏟아 부었던 나와 동료의 아름다운 기억들. 유통시장 전면개방에 관한 역발상으로 과감하게 중국에 진출한 기억들……. 온몸을 불살라 태웠던 열정의 시대를 떠올린다.

40년 직장생활을 마치고 평범한 생활인으로 돌아온 지도 몇 해가 흐른 지금, 추억의 메모장에 있는 기록들과 그 행간의 기억들을 더듬고, 그 오랜 과정에서 나를 지탱해 준 마음과 정신의 덩어리들이 무엇이었는지를 더듬어 보고자 집필에 열정을 쏟았다. 하지만 '압축의 절정'을 추구하는 기업체 보고서에 익숙한 생활을 너무 오래 했을뿐더러 자료에 한계도 있어서 미흡한 점이 있다. 너그럽게 봐 주시기 바란다. 다만 이 책이 우리나라 유통 혁명 이야기를 다룬 역사서로 역할을 하고, 각 분야의 지도자들과 경영인들은 물론 다시 꿈을 품고 열정을 뿜어낼 모든 사람에게 작게나마 참고가 되길 바란다.

끝으로 류한섭 회장을 모시고 직장생활을 한 것은 무척 행운이 었음을 이 자리를 빌려 감사드린다. 류 회장과 함께 일한 25년간 신중한 업무처리와 예의범절, 인간적인 도리를 포함한 철저한 자기 관리 등을 직접 배울 수 있었다. 글을 쓰다 보니 필자 위주로 기술했으나 실제 많은 부분은 류 회장의 지시를 받거나 의논을 거쳐 진행된 것이 많았다. 또 지난 세월 모든 사건의 현장에서 뜨거운 가슴으로 고락을 함께한 동료·후배에게도 고마운 마음을 전한다. 특히 집필에 필요한 자료를 수집하고, 잊어버린 기억을 되살려준 강성득, 곽인곤, 유하일, 김성순 씨를 비롯한 많은 후배, 그리고 이 책의 기획과 편집·디자인을 한 신우성글쓰기본부와 도서출판 어문학사에도 감사드린다. 또한, 사랑하는 아내(조현숙)와 지금은 어엿한 부모가 된 딸(정은, 정학준, 지유, 세회, 지훈), 아들(혁준, 이승진, 도윤)에게 그동안 많은 지원과 격려를 해줘서 고맙다고 꼭 이야기 하고 싶다. 마지막으로 집필에 참고한 국내외 단행본과 언론 보도문 등 각종 자료를 참고문헌으로 밝혔으나 미처 출처를 확인하지 못해 기재하지 못한 부분도 있음을 밝혀둔다. 저자들의 양해를 바란다.

2013년 8월 권국주

PASSION

| 차례 |

2장

코스트코에서 배운 선진 경영

3장

신세계와 스타벅스의 만남

2부 권국주 사장의

경영 에세이

1. 낮은 곳에서

2. 신독으로 평가하라

'토종 유통' 지킨 이마트
코스트코에서 배운 선진 경영
신세계와 스타벅스의 만남

1부

새로운 세계, 생각 혁명

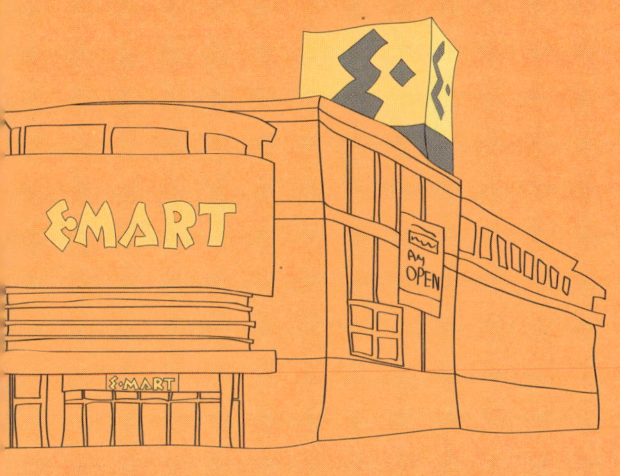

1장

'토종 유통'
지킨 이마트

'서울 불바다' 발언과 이마트 매출

1994년 3월. 남북 특사 교환을 위해 제8차 남북 실무접촉이 열린 판문점에는 북한 대표의 강경 발언으로 양측의 신경전이 최고조에 달했다. 당시 북한은 "서울은 불바다가 되고 말 것"이라고 살벌한 협박성 발언을 했다. 그런데 이 보도가 나오면서 무슨 일이 벌어졌을까.

남북 긴장이 고조하자, 미국 기업 듀폰Du pont사가 한국 여행을 자제하라는 공문을 보내는가 하면 미국 보잉사The Boeing Company도 한국에서 개최할 예정이었던 회의를 중국으로 바꾸었다. 호텔들의 외국인 예약률도 뚝 떨어지고 금융기관에선 대량 환전 사태를 빚기도 했다. 압구정동 아파트 단지 부근의 한 은행에서는 평소 3만 달러 정도에 불과하던 환전 규모가 훨씬 많이 늘어나기도 했다. 관광업계도 울상을 지을 수밖에 없었다.

나는 이 일을 생각할 때마다 빙그레 웃음이 나온다. 라면과 생수 등 생필품 사재기 소동이 떠오르기 때문이다. 소동이라기보다는 한국 사회를 강타한 엄청나게 큰 파문이었다. 당시엔 이마트 창동점을 개점한 뒤 고객의 발걸음이 뜸한 시기였다. 그런데 북한에서 "서울을 불바다로 만들어 버리겠다"고 엄포를 놓으면서 라면, 양초, 통조림, 생수, 프로판가스, 분유, 쌀, 화장지, 라면 등이 날개 돋친 듯 팔렸다. 생필품이 품귀 현상을 빚을 정도로 사재기가 성행했다. 특히 삼양라면은 대관령 공장에서 8톤 트럭으로 하루에 8대가 들어오는데도 없어서 못 팔 정도였다. 아르바이트생들도 하루 일하고 힘들다며 다 도망가고 말았다. 계속 하루 일하고 도망가고, 또 하루 일하고 도망가는 식이었다. 일손이 부족해서 물건을 마음껏 팔지도 못했다.

이런 상황이 언론에 상세히 보도되었다. 그래서 결과적으로 보면, 북한 박명수 단장은 '이마트'란 단어를 언급하지도 않았지만, 졸지에 '이마트 홍보대사'가 되고 말았다. 이런 살벌한 발언이 이마트 매출 증대에 이바지할 줄을 누가 예상했겠는가.

'서울 불바다' 발언 파문이 가라앉자 반품 요청이 밀물처럼 밀려들었다. 부탄가스와 양초의 반품이 많았다. 며칠 내로 반품 요청이 들어온 것은 모두 반품해 주었다. 2013년 2월 12일에도 북한이 핵실험을 했고 그 뒤 몇 달 동안 한반도 긴장이 계속 고조했으나, 이런 파동이 일어나지 않은 것을 보면 우리 국민이 그만큼 성숙해진 것 같다. 북한에서 남한을 위협하는 발언을 할 때마다 그때 일이 자꾸 떠올라 여러 사람과 같이 있을 때도 나 혼자 웃곤 한다.

'이마트' 탄생 배경

　신세계는 새 업태 '이마트' 1호점을 1993년 11월 창동에 개점했다. 이마트는 외국업체와 기술 제휴나 협력 관계없이 자체 기술과 노하우로 개발한 '한국형 디스카운트 스토어'다. 곧 접객 서비스나 시설 서비스를 축소한 대신 저렴한 판매 가격 자체가 서비스라는 개념으로 시작한 업태다.

　이마트는 개점 전후로 숱한 화제를 일으키면서 대한민국 유통업 역사를 새로 썼다. '가격파괴'에 의한 저렴한 가격과 특이한 매장 구성이 젊은 소비층을 중심으로 폭발적인 인기를 얻었다. 이마트가 탄생한 사연과 현장 경영 사례는 국내 유통사의 한 페이지를 장식한다. 그런데 우리 국민 상당수가 이용하는 할인 매장의 탄생 배경을 아는 사람은 많지 않다. 그때 내 직책은 신세계 기획관리 담당 전무였다.

　대형 할인점은 어떤 업태인가. 당시로선 무척 생소한 아이템이었다. 대형 할인점에서는 일반 백화점이나 대리점보다 최고 20~30%까지 상시 저가로 판매한다. 광고비를 아끼고, 판매원을 최소 인원으로 줄이며, 매장 장식도 단순화한다. 각종 소비자 서비스까지 생략하여 총비용을 낮추기 때문에 가능한 일이다.

　대형 할인점은 1960년대 초반 미국에서 시작되었다. 대표적으로 월마트Wal-Mart를 들 수 있다. 경기 불황과 부동산 값 하락을 경험한 소비자들이 단순 저가품을 찾기 시작하면서 할인점 계열대형 할인점, 카테고리 킬러이 급성장했다. 1980년 말 이후 매년 20~30%씩 매출이 성장했다. 지난 1992년엔 미국 유통업 10대 성장기업을 대형 할인점이 상당 부분 차지했을 정도다.

1993년 당시 국내에는 제대로 된 할인 매장이 없었다. 이마트가 등장한 이후 롯데, 미도파, 뉴코아, 프랭탕Printemps, 그랜드 등 백화점과 삼성물산, 거평, 나산이 할인 전문점으로 진출하였다. 까르푸95년, Carrefour와 월마트97년도 한국 시장에 들어왔다.

93년 개점 때 이마트는 언론의 주목을 대대적으로 받았다. 백화점, 슈퍼마켓, 편의점 등 기존 업태와 완전히 성격이 다른 새로운 개념의 유통 방식이었기 때문이다. 무엇보다도 유통 구조 혁신으로 일정한 품질을 갖춘 제품을 기존 업태보다 훨씬 싸게 파는 게 특징이었다. 판매 사원이 거의 없으므로 고객이 셀프서비스로 물건을 사고 각종 생활용품을 주로 묶음으로 포장해 판매하는 방식이었다. 판매 단위가 묶음, 박스이기 때문에 대량 소비 품목을 저렴한 가격으로 사려는 소비자에게 유리했다. 그러면 이마트는 어떤 과정을 거쳐서 탄생했을까?

할인점 관련 용어설명

양판점: GMSGeneral Merchandise Store 생필품을 박리다매하는 생활 밀착형 소매 업태(예: 시어스Sears).

디스카운트 스토어: 의류, 일용잡화, 내구 소비재를 중심으로 양판점보다 더 실용적인 생활용품을 취급하는 저가 대량판매 위주의 창고형 점포. 셀프서비스가 원칙.

회원제 할인점: 회원제로 운영하며 디스카운트 스토어보다 더 저렴한 가격에 판매하는 도소매업 형태.

카테고리 킬러: 완구, 가전, 의류 등 특정 상품을 전문적으로 싸게 판매하는 형태.

아웃렛: 자사 제품이나 재고품을 염가판매하는 소매 형태.

월마트의 선진 유통 기법

"앞으로 우리 신세계는 어떤 방향으로 가야 하나요? 한번 의견을 이야기해 보세요."

90년대 초반, 나는 기획실 직원들과 수시로 신세계가 앞으로 가야 할 길을 토론했다. 신세계유통연구소를 통해 세계 각국의 유통산업을 조사했다. 나는 그때 기획실장으로서 경영 관리와 국외 경영 제휴를 총괄 지휘했다. 새 업태 개발 프로젝트를 구체화하기 시작한 것이다. 당시 일본 백화점은 한국 백화점에 좋은 모델이었다. 이미 업무를 제휴하던 미쓰코시三越백화점과 세이부西武백화점, 그리고 일본의 내로라하는 이세탄伊勢丹백화점과 경영 효율이 높다고 알려진 양판점 이토요카도Ito-Yokado를 집중적으로 분석했다.

일본 백화점들은 모두 많은 계열 회사를 거느리고 있었지만, 특히 세이부백화점은 190여 개의 계열사를 가지고 있어 대단히 놀란 적이 있었다. 그런 와중에 미국과 유럽으로도 눈을 돌렸다. 서구식 할인점의 한국시장 접목 가능성을 연구한 것이다. 그 처음 대상은 월마트였다. 1991년에 월마트는 삼성동 무역센터에 한국 구매 사무소를 개설한 뒤 막강한 구매력을 행사하고 있었다.

그런데 월마트는 신세계를 잘 상대해 주지 않았다. 신세계 고위 관계자가 월마트 아시아 지역 담당 부사장과 어렵사리 만났다. 우리는 "월마트와 좋은 관계를 유지하고 싶다"고 했지만, 이들은 무척 고자세로 나왔다. 월마트를 배우면 좋겠다고 거듭 요청하자 미국 아칸소Arkansas 주에 있는 월마트 본사에 갈 기회를 주었다.

1992년 6월 말에서 7월 초까지 류한섭 사장, 강성득 기획실장, 한 상옥 해외사업팀장 등이 월마트 본사가 있는 아칸소의 작은 도시 밴턴빌Bentonville을 방문했다. 물류센터와 IT 센터, 매입 사무실, 일반 할인점, 슈퍼센터1차 식품도 같이 판매, 샘즈클럽Sam's Club, 회원제 도매클럽 등을 사흘 동안 견학했다. 월마트와 제휴하는 방안을 협의했으나 성사시키지 못했다. 아무런 결실 없이 돌아왔지만, 월마트 창업주 샘 월튼Samuel Moore Walton 회장의 자서전 한 권을 가져왔다.

350쪽에 달하는 이 책을 받아든 나는 차근차근 살펴봤다. 예사롭지 않게 느껴졌다. 앞으로 신 유통 사업을 어떻게 펼쳐야 할지 고민했던 부분이 술술 풀렸다.

"월마트의 유통 기술이 듬뿍 실려있군. 선진 유통 기법을 담은 책 같은데 번역을 하자. 그리고 전 직원이 읽고 보고서를 쓰게 하면 좋겠다."

외주 번역업체에 책 번역을 맡겨서 읽었다. 그런데 유통의 '유' 자도 모르는 초보자 수준의 번역에 그쳤다. '스페셜 스토어'를 '전문점'이 아닌 '특별한 점포'로, '편의점'을 '편리한 점포'로 번역했다. 뜻이 통하지 않았다. 영어를 잘하는 실무자들에게 제대로 의역하게 했다. 우리말로 옮기는 데만 1개월 이상 걸렸다. 나는 직접 표지를 디자인하고 제목까지 붙였다. 책 제목은 '소매업의 새로운 원점'으로 정했다. 머리말을 아래와 같이 썼다.

"이 책은 미국의 조그마한 시골 소도시에서 30년 전 월마트라는 이름으로 시작하여 지금은 세계 제일의 유통업체로 성장시킨 Sam. M. 월튼의 회고록을 완역한 것이다. 월튼 회장은 올해신세계가 월마트 본사를 방문한 1992년 74세의 나이로 작고하였지만, 세계적인 부호답지 않게 평소 생활태도는 검소하고 성실했으며 유통업계에서 그가 이루어 놓은 업적은 전무후무하다. 고객 만족을 향한 월튼 회장과 주변 사람의 노력은 실로 감동적이다. 업태나 운영 스타일은 다르지만 많은 것을 시사했다. 소매업의 새로운 원점을 뚜렷이 제시해 주었다. '신창업 원년'을 맞이하여 우리의 마음가짐이나 행동을 재정립하는 데 많은 도움이 되었으면 하는 마음이 간절하다."

'소매업의 새로운 원점'은 월마트가 어떤 회사인지 알게 하는 중요한 책으로 마케팅 전략이 상세히 담겨 있었다. 인건비는 어떻게 책정해야 하고, 고객은 어떻게 대해야 하는지 자세한 전략이 나와 있었다. 미래의 신세계가 어느 쪽으로 가야 하는지, 또 어떤 업종을 추가해야 하는지 생각하게 하는 책이었다. 그뿐만이 아니었다. 세상의 모든 리더와 경영인들, 그리고 성공을 꿈꾸는 젊은이들이 참고해야 할 가르침이 담겨 있었다.

나는 신세계 직원들이 이 책을 읽으면서 과거, 현재, 미래의 모습을 그려나가도록 했다. 사내 교육용 교재로 채택하고 토론도 시켰다. 무엇을 느꼈고, 우리가 도입할 것이 무엇이고, 우리와 다른 것이 무엇인지 발표하게 했다. 진급 대상자들과 임직원들에게 독후감을 써내도록 했다. 강성득 상무가 독후감에 점수를 매기고 인사고과에 반영하는 실무를 맡았다.

이 책의 내용은 현장에서 접목할 수 있는 구체적인 방법론이 되어 퍼져 나갔다. 창의적 발상의 자극제였다. 새로운 유통업의 방향을 제시하는 안내서로도 한몫했다. 한마디로, 할인점 사업의 기초 이론을 그 책에서 습득한 것이다. 이것이 바로 '독서 경영'이 아닌가 싶다. 업계에도 소문이 났다. 책을 구해 달라고 전화가 자주 왔다. 서울대 경영대에서도 교재로 쓰고 싶다면서 연락이 왔다.

신세계는 '소매업의 새로운 원점'을 손에 쥔 뒤 월마트와 더는 접촉하지 않았다. 비록 월마트와 제휴를 시도했던 일은 성사되지 않았으나 새로운 파트너를 찾는 노력은 중단하지 않았다.

'소매업의 새로운 원점'

'소매업의 새로운 원점'을 읽고 나는 샘 월튼 회장의 근면 검소한 자세와 고객 사랑 정신에 옷깃을 여미게 되었다. 그는 출장 시에는 반드시 2인용 방을 썼고, 나이가 들어서야 비로소 독방에서 잤다고 한다. 홀리데이 인Holiday Inn이나 라마다 인Ramada Inn, 데이즈 인Days Inn과 같은, 전혀 비싸지 않은 비즈니스 호텔에 투숙했고 식사는 구내식당에서 주로 해결했다. 월튼 회장은 "요즘 소위 일류 회사 경영자들 사이에 유행하는 추세를 보면 분노하게 된다. 그들은 자신들 외에 다른 사람에게는 전혀 관심이 없다. 월급을 지나치게 많이 받고 무위도식하면서 유흥을 즐긴다. 오늘날 심각한 미국 병의 하나다"라고 질타했다.

샘 월튼 회장은 저렴한 숙소에서 잠을 잔 이유를 '1달러의 가치를 믿기 때문'이라고 말했다.

"우리는 고객에게 가치를 제공하기 위해 존재한다. 그것은 단순한 상품 품질과 종업원 서비스 이외에 좀 더 큰 것을 의미한다. 우리는 고객이 그들의 돈을 절약하도록 해야 한다. 월마트가 1달러를 어리석게 허비할 때마다 그 돈은 고객의 호주머니에서 나온다. 고객 돈 1달러를 절약해 주면 우리는 경쟁에서 한발 앞설 수 있다. 그것이 바로 월마트가 끊임없이 지향하는 가치다.”

샘 월튼 회장은 또 “대화하고 또 대화하라”고 강조했다. 그는 “월마트 시스템을 하나의 단일 개념으로 요약한다면 그것은 의사소통”이라면서 그 이유로 의사소통이 성공을 이끄는 중요한 열쇠요, 기업에는 새로운 힘의 원천이기 때문이라고 했다. 그는 “토요일 아침 회의를 비롯하여 간단한 전화 통화와 상호 연락 시스템에 이르기까지 다양한 대화 채널이 있는데 이것을 절대로 간과해서는 안 된다”고 덧붙였다.

“월마트는 점포 몇 개로 시작했을 때부터 점포에 관련된 숫자 하나하나까지도 부서장들과 공유했다. 우리가 컴퓨터와 위성 통신 사업에 수억 달러를 투자하는 이유를 생각해 보라. 회사에 관한 세부사항을 신속하게 공유하는 것은 충분히 가치가 있다. 월별 손익계산서와 자신의 점포에서 무엇이 팔렸는지를 알게 해야 한다. 가령, 현장 사원들에게 물어보지 않고서도 비치 가운 판매량을 늘리는 방법을 생각하기는 어렵다. 구매 담당자들이 이번 여름 비치 가운의 판매를 두 배로 늘리려는 월마트 본사의 의도를 알고 있지 못하면 점포에서 판매할 물건을 확보조차 하지 않을 것이다. 소통하지 않으면 어느 조직이든 성공할 수 없다.”

샘 월튼 회장은 여론에도 귀를 기울이라고 호소했다. 그렇게 해야 제품이 왜 잘 팔리는지, 아니면 왜 잘 안 팔리는지 원인을 분석하여 판매 대책을 마련할 수 있다는 것이다. 그는 “컴퓨터는 점포 매출이 얼마나 될 것인가를 예측해 주지 않기 때문에 월마트 본사 관리자들과 구매 담당자들은 사무실을 박차고 각 점포로 나가야 한다"면서 "월마트에 있는 비행기는 현장 목소리, 곧 여론을 직접 듣기 위해 사용하는 것"이라고 밝혔다.

"나는 1960년부터 일주일에 한 번씩 점포들을 방문하여 무엇이 팔렸고, 무엇이 안 팔렸고, 새로 발생한 문제가 무엇이고, 점포는 어떻게 정리되어 있고, 관리자들은 무슨 일을 하고 있는지 알아보곤 한다. 끊임없이 점포들을 방문했는데 이것은 내가 회사에 큰 공헌을 한 부분이라고 생각한다. 지금도 우리 지역 관리자들은 이런 방식으로 일한다."

또 하나 인상적인 것은 '책임 소재와 권한을 조직의 아래로 내려보내라'는 경영철학이다. 월튼 회장은 "회사가 커지면 커질수록 더욱 그렇게 해야 한다"고 밝혔다. 소매업체 부서장들이 상자를 개봉하여 물건을 선반 위에 꺼내놓는 단순한 움직임만 한다면 이것은 시간제 사원 역할밖에 못 하는 것이라는 지적이다. 부서장들을 점포의 경영자로 활용해야 이들이 진정한 상인이 될 수 있다면서 월마트에서는 그런 기회를 제공한다는 것이다.

샘 월튼 회장은 "직원들에게서 새로운 아이디어를 발굴할 수 있는 제도적 장치가 필요하다"고 강조했다. 그는 "월마트가 경비 절약에 관한 하나의 아이디어를 활용하여 약 8백만 달러를 절감한 것으로 추산된다"면서 "배송 관련 부서에서 근무하는 한 여직원이 '트럭들이 배송을 마치고 점포로 돌아올 때 부근에 있는 협력업체 상품을 물류센터로 실어오게 하는 프로그램^{백홀(backhaul)시스템}을 만들자'고 제안하여 50만 달러를 절감한 적도 있다"고 예를 들었다. 월튼 회장은 또 "월마트가 매장 입구에서 '인사하는 사람Greeters'을 도입한 것도 직원 아이디어에서 나왔다"고 말했다. '안녕하십니까! 어서 오십시오, 만나서 반갑습니다. 저희 점포에 관해 알고 싶은 것이 있으면 무엇이든 제게 말씀해 주십시오'란 인사를 입구에서 하는 것과 하지 않는 것은 고객들이 볼 때 엄청나게 큰 차이가 있다는 것이다.

그는 조직은 날씬하게 만들고 관료주의를 배격해야 한다는 지적도 빼놓지 않았다. 회사가 빠르게 성장하면서 불가피하게 발생하는 불필요한 부분을 최대한 줄여야 한다는 주장이다. 월튼 회장은 "월마트를 처음 방문하는 사람들은 중역 사무실을 보고 충격을 받는다"면서 그 이유로 사무실이 화물트럭 터미널에서나 볼 수 있는 것처럼 초라해 보이기 때문이라고 말했다.

> "우리는 사무실 겸 창고로 쓰는 단층 건물에서 일한다. 사무실도 그리 크지는 않으며 벽은 값싼 판자로 덮여 있다. 고급 가구나 두꺼운 카펫, 중역들을 위한 옷걸이조차 없다. 현재의 사무실만으로도 충분하다."

월튼 회장은 몇 사람이 자기 왕국을 건설하고자 하는 이기심의 산물이 바로 관료주의이므로 반드시 이것을 없애야 한다고 말했다. 그는 "일부 사람은 자신의 중요성을 강조하기 위해 주변에 거대한 참모진을 두려는 경향이 있는데 이런 엉뚱한 이기심을 가진 사람은 누구든 필요하지 않다"고 지적했다. 그 해결책으로는 일정한 선을 긋고 관료주의가 그 선밖에 머물도록 하고 1년쯤 지나면 이것이 다시 돌아올 수 있다는 것을 이해하고 주의를 기울이면 된다는 것이다.

월튼 회장은 "월마트가 커지면 커질수록 좀 더 근본적인 것들, 곧 작은 부분들을 생각해야 할 필요가 있다"고 강조했다. 그는 "우리가 막대한 판매량과 이윤에 우쭐해 하고 허풍을 떨지 모르지만, 이 모든 성과는 대부분 물류센터에 있는 종업원들을 비롯한 많은 사람의 조직력에 의해 이루어졌다"면서 회사가 커지면 커질수록 작게 생각하는 것이 매우 절실하게 필요하다고 호소했다. 그러면 작게 생각하라는 것은 무슨 의미일까? 월튼 회장은 이렇게 말한다.

"한 번에 한 점포만 생각하라. 점포 하나하나, 각각의 부서, 그리고 사원들 각자가 지속적인 가격 인하 노력, 계속적인 서비스 개선 노력, 고객에게 좀 더 나은 구매 환경을 제공하기 위한 노력을 해야 한다. 판매량과 수익이 증가한 다고 해서 우리가 다른 누구보다 더 현명하다는 것은 아니다. 규모가 크다는 이유만으로 어떠한 것도 해낼 수 있다는 것을 뜻하지는 않는다. 어느 한 점포 에 초점을 맞춰 특정 시장에서 그 점포가 경쟁자와 어떻게 싸워나가고 있는 지 토론하면서 잘못된 것을 하나하나 아주 세부적으로 개선해야 한다."

샘 월튼의 성공 비결은 끊임없는 학습과 도전에 있었다. 무두질을 통해 새로운 가죽 천을 얻는다는 '혁신革新'의 어원처럼 끊임없는 무두질이 만들어낸 혁신의 결과이기도 하다. 월마트와 함께하는 동안 그는 경쟁사의 장단점을 열심히 공부했고, 자신을 반성하는 마음가짐으로 일관했다. 나는 그에게서 모방과 혁신, 학습 열정, 겸손한 자세를 배웠다.

월튼 회장이 '소매업의 새로운 원점'에서 밝힌 성공의 10가지 원칙을 소개한다.

월튼 회장의 '열 가지 성공의 원칙'

하나, 당신 사업에 온 힘을 다해서 헌신하라.

다른 모든 사람보다 훨씬 더 그 가치에 믿음을 가져라. 나는 사업을 향한 열정을 통해 모든 개인적 단점을 하나하나 극복할 수 있었다. 당신은 어떤 결점을 선천적으로 혹은 후천적으로 지니고 있는지 모르겠지만, 당신이 일을 사랑하고, 할 수 있는 최대한의 것을 이루기 위해 매일 노력한다면 조만간 주변 사람도 당신의 열정을 이해할 것이다.

둘, 이익을 직원들과 나누고 그들을 동업자로 대하라.

그렇게 하면 그들은 당신을 파트너로 대할 것이고 당신 기대보다 훨씬 더 일을 잘할 것이다. 원한다면 주식회사 형태를 유지하고 통제권을 쥐고 있어라. 그러나 공동경영에서 봉사한다는 마음을 지닌 경영자로 행동하라. 직원들이 회사에서 발언권을 가질 수 있도록 배려하라. 할인 주식을 제공하고 퇴직할 때도 주식을 나눠주도록 하라. 우리가 해 본 것 중 가장 효과적이었다.

셋, 직원에게 동기를 부여하라.

자금과 능숙한 경영 수완만으로는 충분하지 못하다. 날마다 종업원을 자극하고 도전하게 하는, 새롭고 흥미로운 방법을 생각하라. 목표를 높게 잡도록 하고 경쟁을 고무하며 그 결과에 점수를 매겨라. 상상을 초월하는 대가를 제시해 볼 수도 있을 것이다. 만약 상황이 침체하면 새롭게 일할 수 있도록 자리를 바꾸어 줘라. 모든 사람이 당신의 다음번 동기부여가 무엇일까 기대하도록 만들어라. 그러나 결코 그들이 예상할 수 있어서는 안 된다.

넷, 직원들과 이야기를 많이 나눠라.

많이 알면 알수록 더 많이 이해해 주기 마련이다. 더 많이 이해한다면 더욱 관심을 기울인다. 일단 그들의 관심을 끌면 아무도 그들을 막을 수 없다. 당신이 혹시라도 종업원을 불신하여 회사가 어떻게 되어가고 있는지를 알려주지 않는다면 그들은 당신이 진정 그들을 동업자로 여기지 않는다고 생각한다. 정보는 힘이다. 당신 직원에게 정보를 제공함으로써 얻는 이득은 경쟁자에게 정보를 알려줌으로써 발생할 수도 있는 위험을 상쇄하고도 남는다.

다섯, 직원들이 당신 사업을 위해 한 모든 일에 감사하라.
급여와 주식 제공을 통해 충성심을 얻을 수도 있다. 그러나 우리는 모두 누군가를 위해 일할 때 그들로부터 감사의 말 한마디를 듣고 싶어한다. 특히 우리가 자부심을 느끼는 뭔가를 했을 때 더욱 그렇다. 진심에서 우러나온 칭찬은 무엇과 비교하기 어려울 정도로 효과가 좋다. 그러한 말 한마디는 돈 한 푼 들지 않으면서도 가치는 엄청나게 크다.

여섯, 성공을 축하하라.
실패했을 때는 유머 감각으로 대처하라. 실패를 너무 심각하게 받아들이지 마라. 당신이 긴장을 푼다면 주위 사람도 긴장을 풀 것이다. 또 재미있는 것을 하라. 그리고 항상 열성을 보여라. 실패하면 우스운 옷을 차려입고 실없는 노래를 불러라. 월스트리트에서 훌라춤을 추지는 마라. 그것은 이미 내가 한 것이다. 자신만의 방법을 고안해 내라. 이 모든 것은 당신이 생각하는 것보다 훨씬 더 중요하고, 어려운 상황을 극복할 수 있는 여유를 갖게 할 것이다.

일곱, 당신 회사에 있는 모든 사람의 이야기를 경청하라.
그들이 이야기를 하도록 유도하는 방법을 생각해 내라. 실제로 고객과 이야기하는 일선의 사람들은 밖에서 무슨 일이 일어나는지 아는 유일한 사람들이다. 그들이 알고 있는 게 무엇인지 알 필요가 있다. 이러한 정보는 매우 중요하다. 조직에서 책임을 아래로 내려보내라. 그래서 거기에서 좋은 아이디어가 나올 수 있도록 하고 당신은 그들의 이야기를 경청하라.

만약 그렇게만 한다면 그들은 또 올 것이다. 그리고 당신이 고객들에게 감사해 한다는 것을 그들이 알게 하라. 당신이 저지른 실수는 사과하라. 변명은 금물이다. 내가 지금까지도 고객을 위한 문구로 사용하는 것은 '만족 보장'이다.

이를 통해서 당신은 경쟁에서도 우위를 차지할 수 있다. 월마트가 최대의 소매점으로 알려지기 훨씬 전부터 우리는 25년간 판매액 대비 비용이 업계에서 가장 낮은 영광스런 자리를 지켜왔다. 당신이 효율적으로 경영한다면 설령 많은 실수를 저질렀어도 극복할 수 있다.

다른 길로 가라. 전통적으로 내려오는 지혜라는 것을 무시하라. 만약 다른 사람들이 한가지 방식으로만 한다면 당신은 반대 방향으로 시도해 보라. 그렇게 함으로써 당신은 새로운 좋은 기회를 발견할 수도 있다.

위에서 언급한 것들은 아주 단순한 원칙들이다. 혹 어떤 사람은 너무 단순하다고 말할지도 모르겠다. 가장 어려운 것은 그러한 원칙들을 계속 시행하는 방법을 생각해 내는 것이다. 뭔가 한가지가 잘 된다고 해서 계속 그것만을 할 수는 없다. 왜냐하면, 당신 주위의 모든 것은 항상 변화하고 있으니 말이다. 성공하기 위해서는 그 변화에 앞장서서 나갈 수밖에 달리 도리가 없다.

새로운 사업 방향 잡기

"이젠 구체적인 방안이 필요합니다. 무슨 좋은 아이디어가 없나요?"

샘 월튼 월마트 회장의 자서전을 읽고 새 업태가 정답이라고 확신한 신세계 임원들은 가슴이 타들어 가는 것 같았다. 이미 1986년에 유통시장 개방정책이 발표되었다. 단계별로 확대하다 1996년에 전면 개방한다는 것이다. 잘못하면 우리나라 유통 시장을 외국에 내주게 생겼다.

상공회의소를 중심으로 대응책을 마련하기 위한 세미나가 열렸다. 대만의 사례를 볼 때, 초기엔 일본 백화점이 먼저 진출하고, 그다음에 새 업태가 들어올 가능성이 대두한다는 의견이 많았다. 까르푸와 마크로Makro가 대표적이었다. 일부에서는 일본의 GMS 양판점이 들어온다고 보았다.

당시 미국에선 세계 1위인 백화점 시어스를 제치고 대형 할인점인 월마트가 1988년부터 1위로 부상했다. 그러면서 할인점이 점점 부각됐다. 많은 유통업체와 일반 회사도 미국과 유럽 출장에서 본 할인점이 대대적으로 한국에 들어올 가능성을 언급했다. 92년 2월 한·중 수교로 중국의 저가 생활용품이 많이 들어오면서 1·2·3 DC-10 등 소형점포천 원, 이천 원, 삼천 원짜리 저가 상품 판매가 적잖이 등장하던 상황이었다.

신세계에서는 그즈음에 새 업태 도입을 본격 추진하고 있었다. 신세계는 1991년 9월 삼성그룹에서 분리 독립하면서 별도의 중장기 성장전략vision 40을 수립하는 한편 유통시장 전면 개방에 대비해 새 업

태를 알아보고 있었다. 어떤 업태를 시작해야 할지 해외 사례 연구에
도 박차를 가했다. 1992년 6월 미국 월마트 본사를 다녀온 것도 그 일
환이었다. 실무로는 나와 강성득 상무가 바삐 움직였다. 그런데 마땅
한 세부 방안이 떠오르지 않아 걱정을 많이 했다.

　새 업태 부지도 일찌감치 물색했다. 과거 슈퍼마켓으로 운영하다
가 창고로 사용 중인 역촌 창고[180평]를 검토하였으나 부지 규모도 작
고 여건도 맞지 않았다. 그러던 중 당시 비업무용 부동산이었던 서울
도봉구 창동 부지를 활용하면 좋겠다는 의견이 나왔다. 1993년에 신
세계는, 삼성건설이 창동에 아파트를 짓고 남은 자투리땅 2,000여 평
을 소유하고 있었다. 사전에 활용 방안이 있어 부지를 매입한 것은 아
니었다. 삼성그룹의 자산 조정 차원에서 떠안았다. 그런데 기업의 비
업무용 토지는 강제 매각하라는 정부 조치에 따라 기한 내 이 땅의 활
용 방안을 찾아야 했다. 그렇게 하지 않으면 세금을 내야 하므로 빨리
무언가를 지어야 했다.

　하지만 부지 인수 뒤 몇 년이 지나도록 그 용도를 결정하지 못했
다. 부지가 좁은데다 서울 변두리라 마땅한 방안이 떠오르지 않았다.
창동 부지의 활용 방안을 연구하던 총무 부서에서는 시간에 쫓긴 나
머지 용도도 정하지 않은 상황에서 땅부터 파기 시작했다. 행정기관
에 필요한 업무는 계속 연기했다. 터파기 작업을 하는 둥 마는 둥 시
간을 끌었다. 세무서에서 나오면 업무용 땅을 판다고 둘러댔다. 그 정
도로 다급했다. 부지를 빨리 팔든지 다른 용도로 쓰든지 해야 했기 때
문이다.

　"가만히 앉아서 소비자 선택을 기다리는 슈퍼마켓은 경쟁력이 없
습니다. 그렇다면 유통 혁명을 앞둔 시점에서 새 업태를 도입해야 합

니다. 너무 늦어지면 곤란하니 좀 더 속도를 내야 합니다.”

나는 마음이 무척 조급해졌다. 자나 깨나 이 부지의 활용방안을
골똘히 생각했다. 강성득 상무 등과 머리를 맞대고 지금까지 우리나
라에 없었던 새로운 업태를 찾아보았지만, 세부 방안이 떠오르지 않
아 초조했다. 국내 사례를 찾던 중 가락시장 내 다농이라는 식자재 슈
퍼 전문점이 유명하다는 정보를 입수했다. 다농을 집중적으로 조사하
게 했다. 새 업태 팀으로 가장 먼저 발령받은 직원을 아예 그 점포에
가서 근무하라고까지 했다. 이 업체는 일본에까지 알려질 정도로 매
출이 좋았으나, 시스템은 미비한 점이 많았다. 물론 우리나라 인프라
부족 때문인 점도 있었으나, 바코드에 의한 단품 관리와 발주 방법이
체계적이지 못했다. 그래서 참고는 하되 전체 시스템은 유통 선진국
에서 도입하기로 했다. 결국, 새 업태를 살펴보러 대만으로, 일본으로
찾아다녔다. 미국의 사례도 좀 더 상세하게 알아보았다.

일본 ‘코우즈’ 벤치마킹

“고베神戶 부두에 재개발로 인해 유통 단지가 새로 생겼습니다. 다
이에이, 이토요카도, 세이유Seiyu 등 10개 양판점이 있는데, 그 중 다
이에이가 미국 월마트를 본따 만든 코우즈KOU'S가 있습니다. 이를테
면 일본에 맞게 만든 대형 할인 매장입니다. 기존 양판점에 신선식품
을 포함한 식품점을 넣은 게 차이점입니다.”

일본 도쿄東京 세이부 백화점에 갔을 때 이곳 관계자가 코우즈라는
새 업태를 귀띔해 주었다. 우리 팀은 나흘간 일본에 출장을 갔다. 도

쿄와 히로시마広島의 주요 유통업체를 둘러보는 일정이었다.

우리 일행은 히로시마를 거쳐 고베에 도착했다. 부둣가의 코우즈를 찾아 나섰다. 택시로 코우즈 앞에 도착해 입구를 둘러보았다. 겨울의 차가운 바닷바람이 매섭게 불었다. 입장하려면 회원 카드를 사야 한다는 공지문이 붙어 있어 카드를 구매한 뒤 입장했다. 수백 명은 되어 보이는 고객이 물건을 고르기도 하고, 계산대에 줄지어 서 있기도 했다.

코우즈의 면적은 약 2,300평이었다. 창고 진열대에 물건이 산더미처럼 쌓여 있었다. 가지런히 상품을 채워 놓은 게 아니라 무척 어수선하게 놓여 있었다. 천장도 노출되어 있었다. 의류도 철제 행거에 그냥 걸려 있었다. 계산대는 모두 43개나 되었다.

한 가지 특이한 점은 밑에 바퀴가 달린 매대로 물건을 싣고 가서 쌓아놓는 시스템이었다. 일반적으로 매대에 상품을 가지런히 진열해 놓는다. 그런데 코우즈에서는 바퀴 달린 집기를 창고에서 물건을 채운 뒤 통째로 매장으로 밀고 가서 다시 벽에 세워 두는 방식이었다. 상품을 진열한 매대와 상품이 빠져나간 매대를 손쉽게 교체할 수 있는 시스템으로 보였다.

"아~, 창고식 할인 매장이 이런 식이구나."

매장을 둘러보던 나는 저절로 탄성이 터져 나왔다. 이렇게 하면 될 것 같다는 기분 좋은 예감이 들었다.

"바로 이거다. 우리도 이걸 도입해야겠다. 한국 상황에 맞게 벤치마킹Bench marking하면 될 것 같다. 창동의 비업무용 토지에 할인 매장을 지으면 되겠다."

나는 일행에게도 소감을 물어보았다. "괜찮겠다"고 입을 모았다.

담당 과장에게 매장을 그대로 그려보라고 했다. 아주 똑같이 그리게 시켰다. 매장 배열구성부터 상품 진열대 모양, 천장과 벽의 인테리어, 조명시설, 계산대, 직원들 유니폼, 포장용 봉지, 영수증 양식까지 모두…….

코우즈의 특징은 회원제 운영^{1인당 3,000엔}, 100% 현금 판매, 창고형 점포, 판매사원 없이 고객들이 진열된 상품을 마음대로 고르는 방식이었다. 또 인건비, 판촉비, 포장비를 최대한 절감하여 소비자에게는 20~30% 싸게 판매하였다.

"일단 창동에 코우즈 형태로 대형 할인 매장을 개업하면 좋겠군. 괜찮으면 본격적으로 다른 지역으로 거미줄처럼 넓히고…….”

나는 귀국하자마자 회사에 보고했다. 다섯 명으로 구성된 할인 매장사업 추진팀도 만들었다. 할인 매장사업 추진팀으로 발령난 이들에게 무슨 일을 해야 하는지 구체적으로 이야기하지 않았다. 다만 창동 부지를 어떻게 활용할 것인지 아이디어를 내라고 했다. 몇 가지 아이디어를 가져왔으나 마음에 들지 않았다.

"창동의 새로운 건축 매장에 그건 아닌 것 같다.”

나는 할인 매장사업 추진팀을 1차(정오묵 팀장, 정준영 과장, 여한수 과장), 2·3차(김문종, 최종섭, 이덕재, 최영주, 윤청광, 장준영, 성낙구)로 나누어 일본 고베로 출장 보냈다. 코우즈 회원으로 가입하여 운영 시스템을 샅샅이 조사하게 한 것이다. 그런데 경비 부담 등을 이유로 십여 명을 한꺼번에 출장 보내는 게 힘이 들었다. "함께 가야 공통 아이디어를 낼 수 있고, 그래야 공감하면서 힘도 실릴 수 있다”면서 무리해서 다 함께 출장을 보냈다.

일주일 뒤 1차 출장 간 직원들이 돌아왔다. 보고서를 보니 내 의도에 맞는 내용이 담겨 있었다. 우리는 바로 실행할 일만 남았다. 기획실 강 상무를 중심으로 세부 방안을 만들었다.

"유통시장 개방에 맞서 선진국형 할인 매장을 제대로 도입해 봅시다. 창동의 비업무용 토지도 활용하고 좋지 않습니까? 당장 새로운 것을 하기보다는 일본에서 보고 온 아이디어를 한국 실정에 견주어 만들어 보세요. 그리고 월마트를 비롯하여 미국과 유럽의 할인 매장을 조사해온 것도 참고하면 좋겠네요. 이게 자리 잡으면 신세계가 혁신기업으로 시장을 선도할 수 있지 않을까요?"

운영 지침을 아래와 같이 정리해 주었다.

운영 지침

첫째, 다이에이의 '코우즈'와 동일한 형태로 운영하되 회원제 카드제도는 시행하지 않는다.

둘째, 일반 소매업이지만, 인원을 대폭 줄이고 월마트와 같이 건물 단가, 인테리어 비용 등을 최소화한 창고형 매장으로 운영하여 아주 값싸게 상품을 공급한다.

셋째, 슈퍼형 식품과 디스카운트 스토어형의 생활잡화와 아울렛 형태의 의류까지를 아우르는 차별화한 한국형 '디스카운트 스토어'의 모델을 제시한다.

그런데 회사 내부에서 예상치 못한 반발이 있었다. 상품 손실이 엄청나게 크고 관리도 쉽지 않다는 이유였다. 그것은 당연했다. 바코드 부착 상품이 겨우 약 30%에 불과하다는 것이 문제였다. 상품 바코드가 100% 도입되지 않으면 할인점 운영이 불가능하기 때문이다.

이 밖에도 악조건은 많았다. 당시는 창동 부지가 마트를 하기에는 부적합했다. 한쪽은 철길이었기 때문이다. 입지가 좋지 않은데도 소비자들이 알고 찾아오도록 하는 건 무리수였다. 미국에서 이런 할인점을 보고 온 사람들도 한국에서는 시기상조라고 하였다. 게다가 신세계는 삼성에서 분리된 뒤 첫 사업이라 부담을 느끼던 중이었다.

하지만 나는 이 업태가 분명히 잘 될 것이라고 확신했다. 그래서 사명감으로 새 업태 도입을 강행했다. 우리나라 쇼핑 문화와 외국여행 자유화, 소득 수준, 자가용 등으로 볼 때 새 업태를 도입할만 한 시점이라고 보았기 때문이다.

"군소리하지 말고, 뒤돌아보지 말고 진행한다. 이러쿵저러쿵 불평만 하면 안 된다. 모든 책임을 내가 질 테니 무조건 추진한다."

1996년으로 예정된 유통시장 전면개방을 앞둔 상황이었기 때문에 사명감을 갖고 일했다. 일본 고베에 있는 코우즈 방식을 적극 참고하도록 했다. 사실 이리저리 재 볼 시간도 없었다. 이마트 쇼핑 봉투는 노란 바탕에 까만색으로 'E마트'라고 적혀 있는데, 디자인에 신경쓰지 말고 이것도 그대로 똑같이 하라고 했다. 위에서 자신감을 가져야지 불안해하고 주저하면 되는 일도 안 된다. 그래서 '혹시 실패하면 어쩌나' 하는 두려운 마음이 싹트는 것을 잘라내고 개점 준비에 몰두했다.

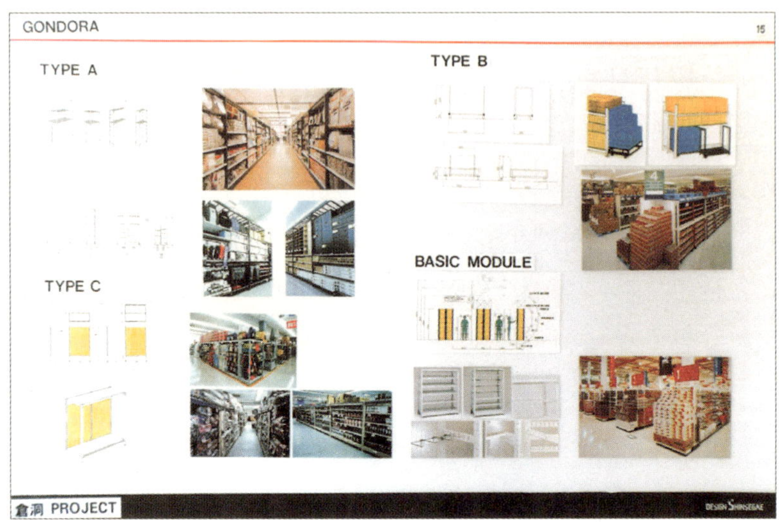

이마트 창동점
매대 구성안.

이마트 1호, 창동점 개점 작업

새 업태 개점 작업을 하다 보니 일본 코우즈에서 본 것만으로는 한계에 부딪혔다. 국내에 관련 산업이 발달하지 않았고 인프라도 구축된 것이 거의 없었다. 다시 외국 주재원^{파리, 홍콩, 동경, LA}에게 연락하여 관련 자료를 추가로 찾고, 홍보 카탈로그도 수집했다.

우선 분류 체계를 조사했다. 미국 상품 표준 분류체계를 입수했다. 이것을 번역하여 국내 매장 현황을 재조사했다. 국내에 없는 상품은 제외하고, 국내에만 있는 상품을 중심으로 분류 체계를 만들었다.

조직도 정비하고 업무를 분담했다. 발주 방법을 교육하고 상품 종류를 익히게 했다. 이것을 'I/A^{Inventory Auditor}'라고 하는데 '재고 조정 감사업무'란 뜻이다. 장부 재고와 실물 재고의 차이를 조정하면서 수

량 불일치를 조정하는 일이다. 매장 건물도 다시 설계했다. 설계사를 외국에 보내 할인 매장 건축 자료를 수집하여 참고했다. 정보 시스

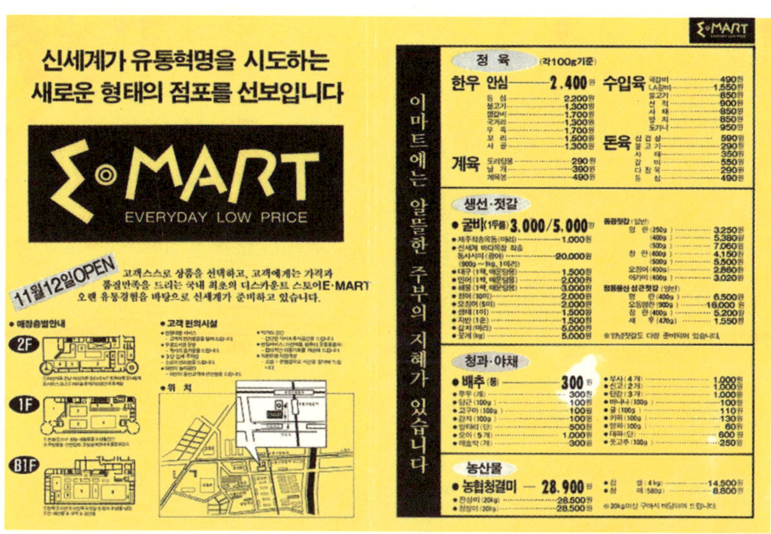

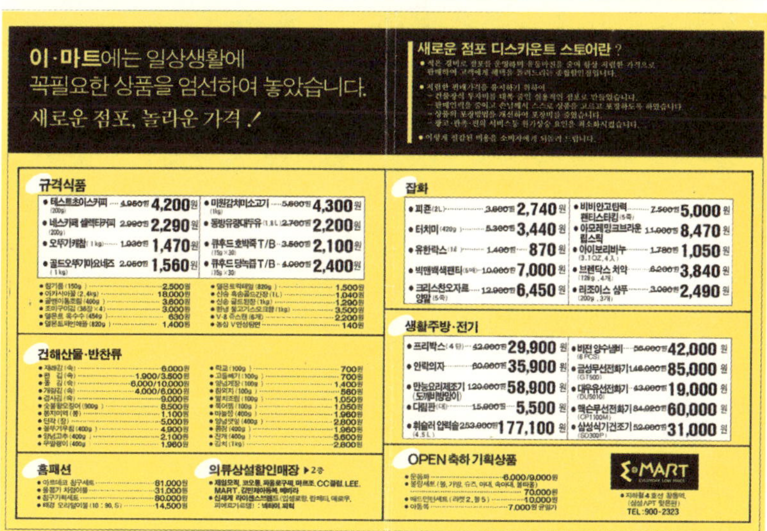

이마트 창동점 개점 시 전단(종전에 볼 수 없었던 상품가격 위주의 실질적인 광고를 선보였다)

템은 NCR^{National Cash Register Co.}이라는 미국업체에 의뢰하여 개발했다.

물류 부문은 미국, 일본의 시스템을 부분적으로 검토하였으나 물류 시스템만은 점포 배치 문화와 국토 크기를 고려하여 일본 시스템을 적용하기로 했다. 미국 물류센터는 보관 뒤 점포로 배송하는 게 약 80%로 활용도나 기능이 일본과는 많이 달랐다. 일본은 입고 즉시 분류하여 점포로 배송^{T/C 기능}하는 경우가 80%였다.

신선식품 관리기술은 일본에서 도입했다. 육류와 생선의 가공 보관 업무를 체계 있게 하기 위해서였다. 계산대는 탁자 위에 스테인리스를 깔고 금전 등록기^{Cash Register}만 설치하였다. 추후 이마트 안산점 개발 때 프랑스에서 계산대를 수입해 사용하다 국내업체에 의뢰해 개발토록 하였다. 도난 방지 시스템도 설치했다. 계산을 안 하고 나가면 바코드가 감지하여 소리가 나는 시스템이다. 그 방식이 여러 종류가 있었다. 미국업체와 독일업체가 있었는데 시스템에 장단점이 있었다.

무빙워크^{Moving walk}도 도입했다. 무빙워크는 계단형 에스컬레이터와 달리 카트를 실을 수 있는 완만한 벨트다. 김포공항 국제선에 무빙워크가 있었으나 거리가 짧았다. 국내 모 회사에 개발하도록 요청하여 사용했다. 그 뒤 무빙워크는 코스트코^{Costco} 양평점을 개점할 때부터 국내에 보편화하였다.

카트 자체는 간단하지만, 매장이 2개 층 이상이고, 무빙워크로 연결할 때 카트 자체가 고정되지 않으면 아주 위험하다. 따라서 이 카트의 핵심 기술은 바퀴에 홈을 판 플라스틱이다. 이 바퀴가 특허 제품이어서 독일에서 바퀴만 별도로 수입하여 제작할 수밖에 없었다.

기타 각종 집기도 샀다. 할인점에 쓰이는 랙^{rack}이나 대차 등 수많은 집기를 외국 카탈로그catalogue를 수집하여 개발했다. 대부분은 수입한 뒤 국내업체가 한국 실정에 맞게 벤치마킹하여 개발 생산하게 하였다.

이마트 1호점인 창동점 개점을 앞두고 준비해야 할 게 한둘이 아니었다. 그 당시 직원들이 시스템, 집기 등을 개발하느라 정말 고생을 많이 했다. 그 이후 약 3년이 지난 1996년에 가보니 시스템이나 집기 문제는 큰 어려움이 없었다. 그해 분당점 개점 이후에는 1년에 점포를 몇 개씩 열어도 가능할 만큼 안정화되었다.

이마트 이름이 '이마트'가 된 사연

이마트의 세 가지 콘셉트

Everyday Low Price : 언제나 값싸게 판매

Low Cost Operation : 실용적인 쇼핑

Easy Shopping : 편리한 쇼핑

여러 달 준비한 끝에 이마트 창동점의 경영 원칙을 정했다.

첫째, 모든 것은 소매업 형태로 한다. 곧, 이마트 기본 가치인 콘셉트 세 가지를 어떻게든 지키자.

둘째, 고객을 교육해서라도 매장 운영을 이렇게 해야 한다는 원칙을 지키자. 고객에게 안 되는 일은 반드시 안 된다고 해야 한다.

셋째, 마케팅을 철저히 하자. 우리가 좋은 상품을 값싸게 판매한

다는 것을 전 국민이 알게 하자.

새 업태의 기본 가치를 세 가지로 정했다. 여기에서 개념을 추출하여 점포명을 '이마트'로 결정했다. 이마트라는 이름은 '업業' 개념과 업태의 사명 등을 논리적으로 연결하여 명명한 것이다. 다음 네 가지는 'E'가 지향하는 의미이다.

① Everyday Low Price 상시 저가
② Easy Shopping 용이한 쇼핑
③ Easy Counting 용이한 계산
④ Economic 가계 절약

하지만 개인적으로는 '이E'와 신세계 그룹 오너의 성인 '이李'가 동음同音이라는 점도 고려했다. 이랜드 때문에 이마트를 쓰지 못할 뻔도 했다. 이랜드마트와 이마트가 헷갈리기 때문이다. 그런데 상표 등록 시에 특이한 디자인을 하면 된다고 해서, 'E마트'를 독특한 글씨체로 만들어 CI^{Coporate Identity}를 완성했다.

개점 전부터 유통담당 기자에게 세 가지 원칙에 따라 새 업태의 개념을 정확히 설명했다. 특히 불필요한 비용을 줄여 고객에게 20~30% 싼값으로 상품을 공급한다고 강조했다. 그리고 1993년 11월 12일에 이마트 창동점이 세상에 모습을 드러냈다. 계속 발전해 나가자는 의미^{11, 12, 13 …}로 날짜를 정했다.

"우리 전략이 맞았지? 정말 수고 많이 했어."

이마트를 개점한 지 한 달이 지났다. 몸은 힘들었지만, 마음이 가벼웠다. 직원에게 수고했다면서 어깨를 두드려 주었다. 이마트가 개점 한 달 만에 기대 이상의 영업실적을 올렸기 때문이다. 성공적으로 정착했다는 평가가 나왔다. 재고가 아닌 정상 제품 주로 식품과 생활용품 을 권장 소비자 가격보다 20~40% 싸게 판매한다는 점에서 유통 시장에 새 바람을 일으켰다.

첫 달의 영업 실적을 결산해 보았다.

① 개점 한 달을 기준으로 하루평균 매출이 1억 5백만 원에 달해 원래 목표인 하루 매출 6천만 원을 큰 폭으로 초과했다. 매장 평당 효율을 보더라도 평당 월 300만 원으로 인근 백화점에 뒤지지 않았다.

② 하루 평균 1만 명의 고객이 매장을 찾아 7천 명 정도가 물건을 구매했다. 구매 성공률 70%에 이르는 것으로 백화점, 쇼핑센터 등 다른 업태에 비해 매우 높은 것이다.

③ 전체 매출 중 식품류가 51%, 잡화 주방 가전이 33%, 의류가 16%의 구성비를 보였다.

④ 고객 한 명이 상품을 구매하는 평균 액수는 22,000원이었다. 이는 일반 슈퍼마켓의 평균 구매액수 8,000~9,000원보다 2배 이상 많은 액수다. 주중에 장 보기가 어려운 맞벌이 부부가 주말에 일주일간 사용할 생활용품을 한꺼번에 구매하는 것도 이

이마트 2호 일산점 개점 전단.
이때부터 상품 사진을 일부 게재했다.

마트의 특징이었다.

이마트는 유통업과 연관 지어 어떻게 이론적으로 설명할 수 있을까. 유통업은 생산자와 소비자의 장소적, 인적, 시간적 거리를 효율적으로 연결하는 업종이다. 생산자와 소비자 중간에서 양쪽의 경제 활동이 최대한 효율적으로 이루어지도록 하는 역할을 한다. 따라서 바람직한 유통은 수요와 공급이 균형되도록 하는 것이다. 과거에는 수요가 초과였고, 현재는 공급이 초과다.

유통 혁명의 핵심은 생산자에서 다단계 과정을 거쳐 소비자에게 연결되던 중간 유통단계를 과감하게 생략하는 데 있다. 유통 지배자였던 도매상 개념이 없어지는 것이다. 남는 것은 생산자와 최종 유통자, 그리고 소비자뿐이다.

부가이윤 덕분에 소비자 가격이 내려가고 가격 파괴의 신 유통 질서를 낳았다. 이러한 현상은 기존 산업구조 전반을 뒤흔들어 버렸다. 생산자 지배 시대는 낡은 유물이 되었다. 산업 구조 주도권이 생산자에서 유통으로 넘어가는 것이다. 도매상 개념도 사라졌다. 생산자가 아무리 거세게 저항해도 소비자가 원하는 디자인과 가격, 품질을 제시하지 못하면 경쟁 대열에 낄 수가 없다. 이런 원리에 따라 국내에서 처음 등장한 대형 할인점이 이마트다.

실제로, 이마트의 최대 강점은 상상을 초월한 저가라는 점에 있다. 평균 이윤율이 12%로 백화점의 22%에 비하면 절반 수준에 불과했다. 떨어진 이윤만큼 소비자 가격을 내린다는 점도 특징이다. 대신 10%의 이윤율 하락폭은 생산자와 이마트가 일정 비율로 부담한다. 최소한의 이윤만 남기는 것이다. 이 같은 가격 파괴는 중간 유통단계 생략이 근본이다. 생산자-대리점-중간도매점-소매점-소비자로 연결되던 유통 고리가 생산-소매점-소비자로 축소된 것이다.

"모든 상품에 바코드를 부착하라."

뭐니뭐니해도 가장 큰 문제는 모든 상품에 바코드를 부여하는 일이었다. 지금이야 입고할 때부터 모든 상품에 코드가 붙어 있지만, 당시는 제조상품이라도 대기업이나 수출 업체 제품에만 코드가 부착돼 있었다. 전산팀은 개점을 앞둔 창동 이마트에서 살다시피 하면서 코드 문제를 해결하는 데 온 힘을 쏟았다. 할인 매장의 핵심은 시스템이 얼마나 뒷받침해 주느냐에 달려 있다. 이 일로 그 당시의 남대선 부장 같은 전산 담당 직원들이 바코드 때문에 고생을 많이 했다. 우리 직원들이 상품에 바코드를 직접 부착하는 일은 그야말로 굉장히 큰일이었다.

이런 노력에도 바코드의 부재와 오류, 훼손으로 계산대 업무가 한동안 매끄럽게 진행되지 않아 고객이 불평했다. 혹시라도 바코드가 붙어 있지 않은 것을 발견하면 불호령을 내렸다. 아예 전산 담당자가 항상 대기하면서 바코드가 없는 게 발견되면 현장에서 찍도록 했다.

제조업체에도 상품 코드를 부착하여 출하해 달라고 당부했다. 정책적으로 상품 코드화 작업을 펼쳐주면 물가안정 정책에도 일조할 것이라면서 당국에 협조를 구했다.

"인테리어 좀 안 하면 어때?"

"재주는 곰이 부리고, 돈은 왕 서방이 챙긴다더니 우리가 그런 꼴 아냐?"

백화점은 아무리 돈을 많이 벌어도 신문광고와 인테리어, 전산 시스템 개선 비용으로 지출을 많이 했다. 뼈 빠지게 일해도 세 업체에서 돈을 모두 가져가는 것 같았다. 우리는 할인마트에 맞게 인테리어 비용을 최대한 줄였다.

"인테리어를 해야 한다는 고정관념을 버립시다. 천정이 노출되고 기둥과 벽의 시멘트가 보이면 좀 어떻습니까? 점포 개점 비용을 최소화할 수도 있고, 저렴한 창고형 할인점이라는 이미지를 심어줄 수도 있잖아요."

1993년 2월 10일에 일본 북해도에 다녀온 적이 있다. 프랭탕백화점이 재단장했는데 천장에 전기 스팀 파이프와 줄을 그대로 노출했다. 여기서 아이디어를 얻었다.

홍보도 광고를 안 하는 작전으로 했다. 포장도 안 했다. 대면상품판매도 생략했다. 대신 언론 보도를 많이 활용했다. 쟁점을 만들어서

언론에 보도되도록 했다. 신문 광고업자가 와도 '광고를 안 하는 업체'
라고 설득했다. 차라리 신문을 구독해 주겠다고 했다.

"물건 없으면, 비싸게 사서라도 팔면 되지."

"빨리 뛰어가서 사오란 말이야. 경동시장이든, 영등포시장이든 도
깨비시장이든, 빨리 가보라고⋯⋯."

청량리 경동시장과 영등포시장에는 이상하게 밖으로 흘러나오는
상품이 많았다. 물건이 동나면 여기에서 급히 사다가 저가로 팔았다.
별 방법이 없었다. 구름떼처럼 밀려든 고객들이 상품을 싹쓸이하는
장면을 떠올려 보라. 고래고래 소리를 쳐가면서라도 대책을 세워주어
야 직성이 풀렸다. 개점 초기에 이렇게 현장을 챙기다 보니 주말엔 목
이 쉴 때가 많았다.

사실, 이마트 창동점을 개점하면서 챙겨야 할 일이 한둘이 아니었
다. 그래서 주말에는 창동점에 가서 살았다. 현장에서 문제가 발생하
면 바로바로 처리했다. 그 과정에서 내가 터트린 마요네즈 병과 토마
토케첩 병도 정말 많았다. 큰 상자 안에는 작은 상자가 있는데, 고객
들이 가져가기 좋도록, 칼을 들고 다니면서 큰 상자 측면을 잘라 놓곤
했다. 일손이 바쁘면 나도 그 일을 도왔다. 그런데 칼을 잘못 휘두르
면 애꿎은 마요네즈와 케첩이 터져 나온다.

주차가 밀리지는 않는지 확인하고 일손이 부족하면 직접 주차장
을 지휘했다. 무거운 물건을 든 고객을 보면 승용차까지 들어다 주었

다. 제품이 상자째로 오면 '까대기^{까서 쌓아놓는 작업}'를 했다. 묶음 포장을 하는 번들 상품을 만드는 일로도 바빴다. 이렇게 쌓아 놓아도 고객들이 금방금방 가져갔다. 바코드를 붙여 놓지 않아 제품 계산에 차질을 빚지는 않는지 살펴보는 것도 중요한 일이었다.

이런 방식으로 개점 초기에 승기를 잡았다. 전무이사인 내가 주말에도 현장을 지키고 서 있는데 안 될 리가 없었다. 토요일 오후에는 경영기획실 아래 간부에게 총동원령을 내렸다. 현장 경험을 하게 한 것이다. 영업부서는 아니지만, 왜 창동에 가보지 않느냐. 현장을 봐야 아이디어가 나오지 않겠느냐고 들들 볶았다.

결론적으로, 나는 책상에 고상하게 앉아서 결재 서류에 도장이나 찍는 방법으로 일하진 않았다. 현장 경영을 실천했다고 자부한다. 주말이나 휴일에도 반드시 점포를 방문하여 보고받을 일, 결정해야 할 일, 해결해야 할 일, 사원들의 고충을 풀어주는 일 등 사안 대부분을 현장에서 듣고 마무리했다.

"이제 우리는 자리를 박차고 일어나야 합니다. 현장에서 현장을 위해 더 많이 뛰라고 말하고 싶습니다. 현장은 곧 우리의 삶 터요 생존의 원천이기 때문입니다. 현장에서 이기지 못하면 미래는 없습니다."

유통업 경영에 100-1＝0이라는 말이 있다. 백 번의 고객 접점에서 아흔아홉 번을 만족하게 하더라도 단 한 번의 불만이 고객 발길을 끊게 하기 때문에 고객 만족도는 100-1＝99가 아니라 0이 된다는 뜻이다. 따라서 고객과의 접점에서 현장을 확실히 파악하고 한순간도 긴장을 늦춰서는 안 된다. 이 점에 있어서는 상하와 현업·간접 부서를 막론하고 예외가 없다. 최일선 고객의 만족을 이끌어 내는 것, 이것이 특히 유통기업이 견지해야 할 현장 경영의 최종 목표다.

흔히 보고서나 감感으로 경영하는 시대는 끝났다고 말한다. 경영자가 매장을 순시하고 직접 이야기를 듣는 것만으로는 부족하다는 말이다. 그래서 신세계의 모든 임원, 간부에게 강력한 현장 중심의 경영을 전개할 것을 주문하고 앞장선 것이다. 경영자도 직접 영업 현장과 호흡을 맞추지 않으면 지도력을 발휘할 수 없다.

승부수가 된 '가격 파괴'

이마트의 가장 큰 특장점은 '가격 파괴 정책'이다. 이마트 창동점은 메이커와 대리점 등의 중간 단계를 없앤 직거래로 유통구조 혁신의 선구자였다. 이마트 이익률은 11~12%에 머물렀다. 대표적인 할인 유통업체인 코스트코는 8% 내외였다. 회원제로 운영해 가입비를 받기 때문에 가능한 일이었다. 이마트는 회비가 없으므로 12% 내외가 적당하다고 생각했다. 어느 날 나는 이마트 창동점 직원들을 모아놓고 이렇게 말했다.

이마트 서부산점
개점일 풍경.

"우리는 논 팔아서 돈을 쌓아놓고 장사합니다. 다시 말해 우리 창동점은 돈을 수북하게 쌓아놓고 물건을 파는 겁니다. 다른 데보다 싸게 파는 데 너무 신경 쓰지 마십시오. 적자가 나도 괜찮으니 끝까지 해 봅시다. 우린 시골에서 서울로 올라가 자식을 공부시키는 게 아니라, 땅 팔아서 물건을 파는 겁니다. 이마트에서 파는 제품은 가격이 싸다는 것을 분명하게 보여 주어야 합니다.”

'논을 팔아서 돈을 쌓아놓고 영업한다'는 말은 너무 눈앞의 이익에 급급하지 말고 고객에게 베풀면 그 이상의 이익이 돌아온다는 것을 역설적으로 이야기한 것이다. 직원들은 내 말이 무슨 뜻인지 이해하면서도 '이게 과연 될까?' 하면서 근심스러운 표정을 지었다. 하지만 나는 정체된 사업을 일으키기 위해서는 먼저 가격을 파괴하지 않으면 안 된다는 신념을 갖고 있었다. 특히 8~10개 품목은 메이커가 가격을 잡고 있는 제품인데 이것마저 깨버려야 싸다는 인식이 든다고 보았다. 그래서 '논 팔아서 장사한다'는 생각으로 싸게 판다는 것을 알려 주려고 별별 방법을 다 동원했다. '이마트는 확실히 싸다'는 것을 아주 강하게 심어주는 전략을 편 것이다.

경기도 일산에서는 경쟁이 무척 치열했다. 월마트도 있고, 까르푸도 있는데 24시간 운영하는 뉴코아까지 들어서면서 할인점 전쟁이 벌어졌다. 신세계 이마트와 월마트, 뉴코아 등 세 곳의 경쟁이 가장 심했다. 한때 경쟁회사 매장에 직원들을 서로 상주시킬 정도였다. 일산 동구 마두동에 있는 뉴코아에 우리 직원이 상주하고, 이마트엔 뉴코아 직원이 지키고 서 있었다. 시간대별로 가격도 확인했다. 오이 3개를 1,200원에서 1,100원에 내려서 팔면 현장 직원이 곧장 전화로 보고했다. 그러면 이마트에서는 1,000원으로 더 내려서 판매하는 식이었다. 신선 제품 가격을 놓고 싸움을 벌인 것이다. 그런 과정을 거치면서 이마트가 싸다는 인식을 퍼트렸고 결국, 승리했다.

어쨌든 저렴한 가격표가 붙은 상품을 본 고객들은 깜짝 놀랄 수밖에 없었다. 얼굴은 웃음으로 가득 찼고 벌어진 입이 다물어질 줄 몰랐다. 쇼핑의 원초적인 즐거움에다가 싼 가격에 따른 만족감까지 더해졌으니 표정이 밝은 게 당연했다. 커피, 마요네즈, 동원참치 등을 10~30%까지 저렴하게 파니 눈이 휘둥그레지고 막 사갈 수밖에 없지 않겠는가. 일부 제품은 본사가 대리점에 주는 것보다 더 저렴했다. 경기도 안양에서, 오류동에서, 인천에서도 창동 이마트로 원정 쇼핑을 왔을 정도였다. 이마트 창동점 소식이 텔레비전으로 방영되다 보니 '휘발윳값 정도는 가뿐히 빠진다'며 먼 곳에서도 차를 몰고 온 것이다.

혹자는 최상의 마케팅은 서비스에 있다고 말하기도 하지만, 최고의 마케팅은 최저 가격에 있다고 생각한다. 최고의 고객 서비스는 바로 저렴한 가격으로 상품을 제공하는 일이다. 동일한 제품을 싼 가격에 구매할 수 있도록 해야 한다. 그래서 시중가보다 최소한 10~20% 싸게 구매하는 것을 목표로 했다. 결국, 이마트는 국내에 처음 등장한 디스카운트 스토어로서 소비자에게 인기를 끌었다. 이마트가 성공한 것은 '가격 파괴 정책'에 있었다.

유통업계 뒤흔든 '최저가격 보상판매제'

"이마트 분당점보다 싸게 파는 데가 있으면 보상해 드립니다."

경기도 분당점은 1997년 최저가격 보상판매제를 시행했다. 덕분에 전국에서 가장 저렴한 상품을 판매하는 점포라는 점을 홍보할 수 있었다. 같은 상권 내의 경쟁업체가 이마트보다 싼 값에 특정상품을 판매한다고 하면 이마트에서 같은 상품을 구매한 고객이 3일 이내에 영수증 등 증빙서류를 가져오면 그 차액을 현금으로 지급하는 제도다. 이는 경쟁 업체보다 낮은 가격에 물건을 팔 수 있다는 자신감에서 나오는 판매 전략이다. 미국 할인점 월마트가 처음 도입하여 성공한 제도다.

이마트 분당점에서는 이 전략으로 큰 성공을 거두었다. 경기도 광주와 이천에서도 고객들이 찾아온 덕분에 내장객이 갈수록 늘었다. 주차 줄이 길게 늘어서 있어 아파트 주민들의 원성이 많았다. 아르바이트생들을 줄 세워 차가 다닐 수 있도록 길을 터주어야 했다. 평일에는 말할 것도 없고 주말과 휴일에도 반드시 매장을 돌며 직원들을 독려하고 힘을 북돋웠다. 이마트가 제일 싸구나 하는 생각이 확실하게 들도록 했다. 이 무렵, 중앙일보는 매주 1회 몇 개의 상품을 무작위로 선정하여 서울과 수도권에서 가장 싸게 파는 곳을 조사해 발표하는 연재 기사를 싣고 있었다. 당연히 매번 이마트 분당점이 포함되었다.

당시 분당점은 매장에서 옥외 주차장까지 비탈길이어서 위험했다. 그런데 당시 하광옥 점장은 주차장으로 가는 길에 홈을 파고 레일을 깔아 카트가 안전하게 따라가도록 했다. 덕분에 고객들이 카트가 이탈하는 불편을 겪지 않고 이용할 수 있게 되었다. "결국, 고민을 많이 하면 할수록 좋은 아이디어가 나온다"고 그를 칭찬했다.

E마트, 최저가격보상제 실시

〈연합뉴스=1997-05-08〉 경쟁 상권에 있는 다른 점포보다 상품을 비싸게 판 것이 판명됐을 때 고객들에게 차액을 현금으로 보상해 주는 최저가격보상제가 국내에서 첫선을 보인다.

신세계백화점은 고객서비스 개선작업의 하나로 9일부터 경기도 성남시 분당구에 있는 직영 할인점 E마트에서 최저가격보상제를 실시한다고 8일 밝혔다.

신세계에 따르면 E마트 분당점에서 상품을 구매한 고객 중 같은 상권 내의 경쟁 할인점에서 똑같은 상품을 조금이라도 더 싸게 팔고 있다는 사실을 파악, 3일 내에 통보할 경우 차액을 현금으로 보상해 주기로 했다.

현금보상을 원하는 고객들은 E마트에서 구매한 영수증과 타업체에서 발행한 광고물을 안내창구에 통보하면 즉석에서 보상받을 수 있다는 것.

신세계는 "최저가격보상제는 미국의 월마트에서 시행해 성공을 거둔 제도로 국내에서는 사실상 처음 시행되는 것"이라면서 "이를 위해 지난해 말부터 분당점 구매담당자들이 경쟁업체들을 매일 방문해 상품가격동향을 살펴 이를 판매가에 반영하는 한편 상품가에 영향을 미치는 물류비 절감을 위해 인근에 대형물류센터를 건립하는 등 노력을 기울여왔다"고 말했다.

신세계는 또 "분당점을 시작으로 이 제도를 시행해본 결과 효과를 거둘 경우 다른 점에도 확대시킬 방침"이라고 덧붙였다.

〈김선한 기자〉

나는 아이디어를 내면서 몸을 사리지 않고 밤늦게까지 일하는 직원들을 보면서 커다란 보람을 느꼈다. 이런 식으로 분당점도 성공하자 지방 진출을 서둘렀다. 분당점을 계기로 이마트는 성공 궤도에 올랐다는 느낌이 들었다.

이마트와 제조업체들의 갈등과 상생

1993년 4월, 이마트의 기본계획을 어느 정도 완성한 뒤 제조업체 설명회를 열었다. 관심은 기울였으나 실제 거래에는 소극적이었다. 이때부터 언론홍보 전략으로 바꾸었다. 개점을 얼마 안 둔 시점에서 도 NB 제품^{매대 메이커 제품으로 전국적으로 통용되는 제품}은 차질이 생기기 시작했다. 그래서 업체를 물색하던 중 콜럼버스라는 도매 물류업체를 알게 되었다. 콜럼버스에서 이마트에 많은 상품을 조달했으나, 이 사실을 알게 된 제조업체의 압력으로 거래가 중단되었다.

이를 해결하기 위해 용산, 청량리 도매시장과 거래할 수밖에 없었다. 도매상들도 매출 세금계산서가 필요해서 큰 문제는 없었으나 메이커 눈치를 보는 것은 여전했다. 앞으로 2, 3호점 개점 계획을 이야기하면서 메이커를 설득하는 방식으로 접근했다.

이제까지는 식품과 생활용품 제조업체의 힘이 막강했다. "제조업체에서는 정해 놓은 가격을 고수하려고 하는데 이마트가 상품을 싸게 파는 바람에 일이 복잡해졌다"며 심하게 반발한 것이다. 언론에는 유통업체와 제조업체 간의 세력 다툼으로 소개돼 밥그릇 싸움을 하는 양상으로까지 보였다.

사실 '가격 파괴 정책'을 펴기 위해서는 공급업체들의 협력이 필요했다. 그런데 제품을 매장에 갖추는 과정이 무척 힘들었다. 제조업체들을 만나 할인점이라는 유통의 새 패러다임을 이해시키려고 노력했으나 쉽지는 않았다. 값을 낮출 수 없다며 아예 납품을 거부하는 업체들을 일일이 만나 설득해야 했다. 이마트 창동점이 상품 선정 작업에 들어갔을 때 입점 자체를 기피하거나 거부감을 나타내는 제조업체들이 적지 않았다. 심지어 제조업체가 상품을 '싹쓸이' 구매하기도 했다. 이마트가 자신들의 구매 가격보다 싸게 팔면 인근 소매상이 대량으로 구매하기도 했다.

제조업체가 일반 대리점을 통해 판매하는 제품은 업체마다 차이는 있지만, 대략 전체 판매량의 85%에 달한다. 따라서 제조업체로선 이들의 반발을 무시할 수 없는 처지였다. 이마트와 제조업체들이 납품 가격을 놓고 크고 작은 갈등을 빚었으나, 점포 수가 늘어나면 해소될 것으로 보았다. 그런데 아무리 설득해도 개점이 임박하는 데에도 상품이 원활하게 공급되지 않았다.

보통 상품의 권장 소비자 가격은 제조업체가 조절했다. 제조업체에서 책정한 대로 유통에 넘어오는데 그 과정에서 이마트가 고전한 것이다. 이마트 한 곳에서 싸게 파니까 대리점들이 제조업체에 불평하게 되고, 제조업체에서는 이마트에 공급하지 않은 것이다. 그래서 소매시장, 재래시장에서 어렵게 현금을 주고 상품을 진열해 놓으면, 특히 동서식품 커피, 동원참치, 오뚜기 마요네즈, 신라면, 하기스 기저귀 등의 대리점에서는 오히려 우리 물건을 사가기도 했다.

위의 상품들은 역이윤으로 개점 초기에는 적자를 보면서도 고객에게 약속을 지키기 위해 할인 가격으로 판매했다. 또 1등 상품인 농심 라면 대신 삼양라면이 들어오고, SK 대신 새한미디어가 들어왔다. 1위가 물건을 안 주니까 2위 제품을 진열한 것이다.

그랬더니 시간이 좀 지나고 나니까 1위 업체가 슬그머니 팔아달라고 요청을 해 왔다. 제조업체에서 한발 물러서기 시작한 것이다. 동참하지 않으면 안 되겠다는 생각이 들었던 모양이다. 제조업체로서는 많은 고민을 할 수밖에 없었을 것이다. 심지어는 '새 업태 대응팀'까지

만들어서 대책을 마련하곤 했다. 신문에 새 업태가 자꾸 보도되니 그쪽 경영진이 대책을 세우라고 다그칠 수밖에 없었을 것이다. 하지만 추후 이것이 큰 흐름이라고 판단하면서 따라오기 시작했다. 끈질긴 설득과 협상 끝에 제조업체들이 새 업태에 발맞추기 시작했다.

물론, 초기부터 잘 따라주는 업체도 있었다. 할인점 시장을 밝게 전망하고 적극적인 자세로 상품을 공급한 것이다. 삼양라면, 삼양우유, 서울우유, 새한미디어가 대표적인 업체다. 1순위 업체보다는 2순위 업체가 잘해 주었다. 서울우유를 비롯한 일부 업체는 인근 상계동에 있는 미도파백화점 등 경쟁 유통업체의 반대에도 상품을 보내 주었다.

새 업태 성공을 위해선 인내심을 갖고 생산자와 소비자 인식이 바뀌기를 기다려야 한다. 세계적인 유통업체와 제조업체가 싸울 때 초기에는 유통업체가 수세에 몰려도 곧 주도권을 잡고 최종에는 승리한 사례들이 있다. 일본 다이에이의 가격 파괴 행보에 반발해 최대 가전 업체인 마쓰시타松下 전기가 납품을 중단한 이래 '30년 전쟁'으로 불리는 신경전을 벌인 적이 있다. 이때도 결국, 1996년 마쓰시타가 굴복하고 다이에이에 납품을 재개하면서 갈등이 끝났다.

지방 다점포화 본격 출발

일본과 같이 대규모 점포 규제법이 생기면 어떻게 될까. 지방 개점에 어려움이 많을 것은 불 보듯 환한 일이었다. 신규개발 담당 강성득 상무와 대책을 궁리했다.

"우리가 10호점만 넘으면 자체 유동성 자금만으로도 은행 차입 없이 신규점포 투자가 가능합니다. 그다음에 개점의 고삐를 더욱 죄어야 합니다. 여기에 생각이 다른 사람은 없을 겁니다."

이마트 확장에 박차를 가하라는 말에 잔뜩 자신감이 차오른 듯 강 상무가 다음 말을 이어 나갔다.

"경부고속도로를 달려 부산에 도착할 때까지 적어도 이마트 물류 트럭을 10대 이상은 만나야 하지 않겠습니까?"

"그래 맞다. 하하하……."

이것은 강 상무와 내가 전년도에 미국 출장을 갔을 때 고속도로에서 프라이스클럽 Price club 물류 차량을 보면서 "우리도 빨리 저렇게 되어야 하는데……" 하면서 나눈 이야기다.

이마트 1호점이 출범한 뒤 그 노하우로 상품 구성이나 매장 운영에 별 어려움이 없었다. 어느 정도 반석을 다졌다는 판단이 섰다.

"이젠 지방 다점포화를 추진해야 하지 않겠소? 경부고속도로를 축으로 가로세로 줄을 그어 주요 거점에 점포 개설을 계획합시다."

제주, 김천, 서부산에 이마트를 일사천리로 개점했다. 제주점은 수도권을 제외하고 처음으로 개점한 지방 점포로서 할인점의 선두주자인 이마트의 전국화 시대가 본격화했음을 의미했다.

제주점은 저비용 low-cost 과 저가격 low-price 을 기본으로 하는 영업 전략에 의해 고객이 직접 물건을 고르고 포장하는 셀프서비스 방식으로 운영했다. 단순히 물품을 판매하는 데 그치지 않고 제주에서 생산하는 특산품을 발굴해 다른 지역 이마트로 판로를 확대해 주었다. 150여 명의 사원을 현지 채용함으로써 제주지역 경제 활성화에도 이바지했다. 자가점포인 창동점과 분당점, 그리고 초기투자를 최소화하기 위해 임차운영 방식으로 개점했던 일산점, 제주점 등은 기회선점의 효과, 차별화된 마케팅, 빠른 의사결정이 시너지 효과를 발휘하기 시작했다.

제주점은 개점 시에 지역 반발을 고려하여 몇 차례 세미나도 개최했다. 제주대학교와 지역 상공회의소가 주관하여 '이마트 진출의 장단점'에 관한 토론을 많이 벌였다. 제주 발전을 위해서는 선진 업체가 들어와야 관광객에게도 플러스가 된다는 쪽으로 의견을 모았다. 실제로 개점 뒤에 제주 시민은 이마트 노란 봉투를 들고 다닐 수가 없어 다시 검정 비닐에 넣어서 가져가는 주민도 있었다. 하지만 특히 중국 관광객들은 그 점포를 무척 선호했다. 결국, 제주도에 이마트를 개점한 것은 옳은 판단이었다.

이마트가 다점포화를 추진하는 과정에서 가는 곳마다 사연 없는 곳이 없었다. 다점포화의 성공 뒤에는 사원들의 열정과 헌신, 목표를 향한 집념이 숨어 있었다. 그 예로 한센인 사연을 들 수 있다. 이마트는 청주점 다음으로 원주점의 대지 확보를 추진했다. 적정한 사업부지로 보이던 자연 녹지 지역은 한센인 소유였다. 그런데 그는 매각에 적극적이지 않았다. 담당 대리는 식사 자리를 만들고 소주를 주고받으면서 설득해 나갔다. 술도 같이 먹고 한센인 손도 잡으면서 친해졌다. 다른 사람들은 거리를 두고 피하는데 적극 다가가니까 고마워했다. 그는 담당 대리에게 크게 감동하여 비교적 낮은 가격으로 매매하는 데 동의했다.

물가 안정에 공헌한 이마트

"경제기획원에서는 소비자 물가를 항상 걱정하고 있는데, 이것은 이마트만 더 생기면 문제가 없습니다. 상공부에서는 자신들이 무엇을 해야 하는지도 모릅니다. 특히 중소기업들이 상품 바코드를 꼭 부착하도록 챙겨주면 좋겠습니다. 그런 속에서도 이마트에서는 값싸게 물건을 공급하고 물가안정에도 얼마나 크게 이바지하는지 모르겠습니다."

1994년 5월 30일 고려대 경영대 대강의실. 이 학교 김동기 교수의 요청으로 마련한 초청 강연 '새 업태의 등장 배경과 전망'에서 고려대생 250명에게 2시간 동안 강의한 적이 있다. 이마트 덕분에 소비자 물가가 폭등하는 현상을 막을 수 있었다고 말하는 순간 박수갈채가 터져 나왔다.

대형 할인 매장 이마트는 물가 안정에 확실히 이바지했다. 할인점에 의한 유통 구조의 근본적인 혁신은 소비자에게 합리적인 가격 선택권을 갖게 한 것이다. 이런 이유로 경제기획원 물가국에서도 여러 차례 나를 찾아왔다. 언론에서 '가격 파괴'라는 신조어를 쓰면서까지 극찬했으니 이마트의 가격 정책이 궁금했던 것이다. 나는 그때마다 싸게 팔 수 있는 비법을 이야기해 주었다. 그것은 불필요한 비용을 절감하여 고객에게 혜택을 주는 것이다.

그 당시 물가안정은 국정의 핵심 과제 내지는 중점 과제였다. 일반 과제로 내려앉는 일은 거의 없었다. 그 정도로 중요했다. 국정 과제를 고려한 기업의 정책 방향은 두 가지로 압축된다. 하나는 '부응정책'이고 다른 하나는 '활용·편승 정책'이다. 자연에 관한 인간의 전략이나 행위도 다르지 않다. 태양열이 뜨거울 때 옷을 얇게 입고, 차가울 때 두껍게 입는 것은 '부응'이요, 태양열 발전소 같은 것은 '활용·편승'이다. 매년 늦여름과 초가을에는 남쪽에서 몇 차례 태풍이 올라온다. 생명과 재산 피해가 무척 크다. 태풍에 대비하여 미리 지붕을 고치거나 수령이 오래된 나무에 지지대를 설치하거나 문화유산에 보호 장치를 하는 일은 '부응 조치'에 해당한다. 태풍을 이용하는 '활용·편승 조치'는 보이지 않지만 머잖아 좋은 아이디어가 나올 것이다.

유통 개방 10년 만에 슈퍼마켓과 같은 중·소 규모 점포는 추락했다. 반면 대형 할인점은 급성장했다. 장보기와 쇼핑 문화도 확 바뀌었다. 신세계는 이 과정에서 병행수입 허용, 대규모 점포 개점을 위한 자연 녹지 매입 허용을 정부에 건의하여 규제들을 뚫어나갔다.

할인 매장 등장한 시대 배경

이마트는 우리나라에서 선진 유통업의 새 장르를 열었다. 한국에 없던 새로운 방식으로 물건을 구매하는 방식을 선보였다. 그러면 이마트와 같은 대형 할인 매장이 등장한 시대 배경은 무엇일까.

국내 유통산업을 주도하던 백화점은 70~80년대에 한국 경제의 고도성장과 직결되어 호황을 누렸다. 하지만 사회 환경 변화와 함께 90년대에 들어서면서부터 성장이 둔화하였다. 대규모 소매점의 다점포화 때문에 상권 분할, 대기업의 신규 백화점 진출 확대, 외국 유통업체의 국내 진출 가시화 등 경쟁 여건이 악화하고 있었다.

이러한 백화점의 여건 변화와 함께 한국 유통 산업의 현실은 규모의 영세성과 거래질서 및 운영의 전근대성 때문인 저생산성 심화, 가격 결정의 생산자 지배 구조, 백화점과 재래시장^{개인 독립 소매점}의 양극 구조로 업태 발달 미흡, 소비자 의식구조나 생활양식을 따라가지 못하는 유통 구조, 중산층 확대에 따른 합리적 실용주의 심화^{주간 단위로 생필품의 일괄 구매 성향}, 외국여행 자유화로 인한 소비자의 국제적 안목 증가, 신소비계층 출현^{젊은 층, 아파트 거주층, 딩크족 등}으로 96년 유통시장 완전 개방을 앞두고 경쟁력 열세가 우려되는 상황이었다. 이러한 배경 아래에서 신세계는 유통 개방 시 경쟁력이 있고 외국업체가 가장 자신 있게 진출할 수 있는 업태, 실용 합리주의 소비성향에 알맞고 시장 규모가 제일 큰 중산층을 겨냥할 수 있는 업태, 고 인건비 시대에 적합한 업태 등의 조건을 갖춘 할인점 업태의 도입 타당성을 검토한 것이다.

미국, 일본 등 선진국 사례로 볼 때 앞으로 성장할 수 있는 주력 업태는 디스카운트 스토어, 카테고리 킬러^{전문형 디스카운터}, 창고형 도매클럽^{MWC, Membership Warehouse Club}과 같은 할인 업태라고 보고 복합경쟁시대의 성장 전략으로 디스카운트 업체를 구상했다. 당시 일본에서는 한국에서 양판점이 알맞다고 권유하곤 했다. 일본이 한국보다 20년 정도 앞섰기 때문에 지금 시점에서는 일본의 20년 전처럼 양판점을 하라는 것이다. 땅도 좁고 인구밀도도 높아 굳이 할인점을 시작할 필요가 없다는 논리였다. '한국은 미국과 다르니 미국을 따라 하지 말고 20년 전의 일본을 따르라'는 식이었다. 그래서 한국과 일본의 유통 관계자들이 유통 자유화에 대비한 세미나를 할 때에도 이런 문제로 의견이 항상 엇갈렸다.

할인 매장이 등장한 시대배경을 아래와 같이 정리할 수 있다.

첫째, 1990년대는 소비 패턴의 변화로 새로운 업태의 탄생을 예고했다. 국민소득수준 향상으로 소비행태가 양극화하면서 자신의 취향에 맞는 디자인과 품질 좋은 저가제품을 선호하는 실리 위주의 중산층 소비자가 크게 늘었다. 곧, 일방적으로 선택을 강요하던 과거 유통 행태로는 소비자 욕구를 충족시킬 수 없었다.

둘째, 새로운 유통 방식을 수용할 수 있는 사회 분위기가 형성되었다. 96년에 유통개방을 한다고 공포했으므로 외국 유통업체가 들어오는 것은 분명했다. 국내 유통업체든, 제조 업체든, 소비자든, 정부든 새로운 유통 방식을 받아들여야 한다는 것을 본능에 따라 인식한 것이다.

셋째, 자가용 시대, 곧 승용차가 보급되면서 주 단위 구매가 가능해졌다. 동네 슈퍼나 재래시장에서 하루 이틀 필요한 물품을 구매하여 손으로 들고 오는 게 아니라 승용차를 이용하여 넉넉하게 준비하는 문화가 된 것이다. 바쁜 현대사회를 사는 생활인들에게는 대형 할인 매장이 안성맞춤이었다.

넷째, 냉장고 크기가 커졌다. 신선식품을 일주일 치씩 구매해도 보관 방법이 없으면 소용없다. 하지만 90년대부터는 가정용 대형 냉장고가 집중적으로 보급되어 큰 문제가 없었다.

다섯째, 주부들이 취업 전선에 나서기 시작했다. 맞벌이 부부가 늘어나면서 씀씀이가 커졌다. 부부 모두 바쁘다 보니 한번 쇼핑을 나가서 대량으로 구매하는 게 더 편리하였다. 이와 같은 사회적 요인으로 할인 매장 문화가 큰 저항감 없이 자리 잡았다.

강력한 추진력이 이마트 성공 비결

이마트가 성공한 비결은 어디에 있을까.

첫째, 유통 인재가 많았다. 외국계 할인점에서는 유통 경험보다는 영어 실력 위주로 선발했다. 이들은 외국어는 잘할 줄 알지만, 유통을 모른다. 그것이 치명적인 단점이 되었을 수도 있다. 하지만 신세계에서는 경험이 많은 제대로 된 인력을 뽑았다.

둘째, 홍보 전략도 적중했다. 당시 나는 홍보 담당자를 무척 많이 압박했다. 무조건 기사가 나오게 했다. 기사로 보도되게 하라면서 아이디어를 내게 했다. 광고비를 줄이는 대신 쟁점을 만들어 언론에서 보도하게 한 것이다. '가격 파괴'란 말은 월마트에서도 썼으나 한국에서는 그 표현을 내가 퍼트린 것이나 다름없다. 주요 쟁점은 아래와 같았다.

① 이마트 덕분에 창동이 서울의 강력한 중심 상권으로 떠올랐다.
② 아주 먼 곳에서도 창동 이마트로 몰려든다.
③ 이마트의 가파른 매출 상승으로 우리나라 유통 역사에 한 획을 그었다.
④ 가격 파괴로 기존의 유통 상식을 깨 버렸다.
⑤ 국내서 처음 시도하는 최저가격보상제를 시행한다.

당시 홍보 담당 박주성 팀장이 고생을 많이 했다. 한번은 박 팀장이 "기자들을 미국에 보내야겠다"고 말했다.

"뭐라고? 그래, 보내 보지 뭐."

나는 이렇게 답변했다. 그런데 보내놓고 보니 돈이 엄청나게 많이 들었다. 하지만 이들이 돌아온 뒤 적잖은 기사를 내보냈다. 당시 4천만 원이 들었는데 신문 지면을 장식한 기사의 가치를 돈으로 환산하면 몇십 배 효과로 돌아왔다. 작전이 성공한 것이다. 게다가 기사는 광고에는 없는 객관성과 공정성이란 이미지까지 소비자에게 심어주었다. 나는 박주성 팀장에게 아이디어를 잘 냈다면서 어깨를 두드려주었다. 시대 흐름을 남보다 먼저 파악하고 착수한 게 주효했다.

셋째, 무엇보다도 강한 추진력이 이마트 사업을 시작하는 데 큰 힘이 되었다. 내가 최고 책임자로서 꼭 해야 한다고 밀어붙인 데 적잖은 영향을 받았다. 예를 들어보자. 당시까지 제조업체는 도매가는 물론 희망소매가격과 권장소매가격을 붙였다. 그런데 이마트를 계기로 소비자 권익을 대행하는 할인 매장이 가격 체계를 결정했다. 당시에는 제조업체 기세에 눌려 감히 엄두도 못 내던 시절이었다. 미국과 프랑스의 할인 매장을 답사한 일부 기업에서 이것을 시도했으나 제조업체 힘에 밀려 집행하지 못했다. 하지만 신세계에서는 이것을 밀어붙여 성공했다.

이마트가 불을 붙인 새로운 업태의 등장과 확산은 다른 산업에까지 파급되어 물류산업, 무빙워크, 카트, 냉동냉장 케이스, 도난방지 시스템 등 새로운 산업을 눈부시게 발전하게 했다. 경영자 한 사람의 결단과 추진력이 경제 흐름을 바꿀 수 있다는 점을 나 스스로 실감한 셈이다. 지금도 어디를 가든 이마트 간판이 보이면 그렇게 반가울 수가 없다.

이마트에 맥 못춘 세계적 유통 공룡들

"다국적 기업들의 무덤!"

해외 언론들은 한국시장을 이렇게까지 표현한다. 세계적 '유통 공룡'들이 유독 한국 시장에만 뿌리를 내리지 못하고 사업을 포기했기 때문이다. 이들은 힘 한번 써 보지 못한 채 신세계 등 국내업체에 점포를 넘기고 한국을 떠났다.

"한국에서는 외국 유통업체들이 다 못 견디고 철수하는데 우리 중국에서는 어떻게 되고 있느냐? 오히려 외국계 유통기업이 다 잡고 있다. 한국을 본받아야 할 것 아닌가? 유통업체들이 분발해야 한다."

2007년 중국 상무부장^{장관급}이 자국의 유통업체 대표 회의에서 한 말이다. 만약, 신세계에서 이마트를 시작하지 않았으면 어떻게 되었을까? 정말 아찔하다. 그때 이마트 개업을 강하게 추진하지 않았으면 큰일 났을 것이다. 나는 신세계 후배들에게 자신 있게 말할 수 있다. 신세계가 유통시장 개방에 맞서 효율적인 대책을 세우는 데 큰 공을 세웠다고 말이다. 당시 국내 첫 창고형 할인점인 이마트 개점을 주도한 것은 내 평생에 가장 뿌듯한 일이다.

그러면 구체적으로 내가 한 일은 무엇이 있을까.

첫째, 나는 앞을 제대로 내다보고 전면 유통개방에 대비했다. 대만은 1986년에 유통 자유화가 시작되었다. 그런데 대만에는 일본 등 외국 유통업체가 많이 들어와 있었다. 정작 대만은 자기 브랜드가 없이 외국 기업에 유통 주도권을 다 넘겨버리고 말았다. 우리나라도 10년 뒤에 유통 자유화로 개방된다고 정부에서 말을 하고 있었고 나는 고민에 휩싸였다.

"우리도 대만처럼 되면 큰일이지 않겠소? 무슨 대책을 세워야 할 텐데……. 어떤 업태가 좋을까요?"

나는 강성득 상무 등 당시 신세계 기획실 멤버들과 이 문제를 진지하게 연구했다. 신세계가 떠안고 있던 비업무용 토지를 활용하는 것과 동시에 유통 개방에 관한 대책을 세우지 않을 수가 없었다. 미국과 일본도 모두 한국에 들어온다고 하니 빨리 안 하면 다 잡힌다고 본 것이다. 전사적으로 유통시장 개방에 대비해야 한다는 방향을 세운 것도 큰 힘이 되었다.

둘째, 나는 시장 개방에 맞설 아이디어로 대형 할인 매장을 선택했다. 이것은 그대로 적중했다. 유통시장 전면개방 때 국내에 밀려올 외국의 유통업체들은 백화점이 아닐 것으로 보았다. 바로 대형 할인 매장이라고 판단했다.

나는 93년 매일경제 인터뷰에서 이렇게 말했다.

"이마트가 개점 한 달을 맞아 성공적인 평가를 받았는데, 여기서 국내 유통업의 선진화 가능성을 볼 수 있습니다. 현재의 제조업 주도 유통업을 유통업체 주도 체제로 바꿀 수 있는 잠재력을 보여준 것입니다."

나는 이어서 이야기했다.

"이들 새 업태의 성공적인 운영은 우리나라 고객의 소비의식이 그만큼 높아졌음을 보여주는 것입니다. 이는 유통시장 전면개방을 앞둔 국내 유통업계가 가야 할 방향을 소비자가 제시해 주는 것으로 보아야 할 것입니다. 유통 시장 개방 이후 국내에 진출할 외국 유통업체들도 결국, 이들 디스카운트 스토어일 것입니다. 국제 경쟁시대를 맞아 유통업계들의 자기혁신이 필요합니다."

셋째, 어떤 방식으로 집행할 것인지, 선택한 방법이 옳았다. 이마트를 출범하고도 성공 여부를 판단하기 어려웠으므로 어떻게 안착시키느냐가 중요했다. 그래서 나는 적자가 나도 좋으니 전략적으로 돈을 쌓아놓고 판매한다는 작전으로 승부를 걸었고, 결과적으로 성공했지만, 그것이 쉽지만은 않았다. 제조업체에서 움직일 수 없는 가격 체계를 갖고 있으므로 이것을 허물어 버리고 더 싸게 팔아야 하기 때문이다. "어?" 하면서 "되게 싸네?" 하는 소리가 나오게 해야 하는데 그것을 성공시킨 것이다.

넷째, 자금난 속에서도 점포를 확장하는 작전으로 성공을 앞당겼다. 우선 나는 면적이 큰 건물은 임대가 잘 안 나갈 수 있으므로 이마트 입점 타당성을 타진하여 괜찮다고 판단되면 밀어붙였다.

당시 정부에서는 유통업에 자금을 빌려주지 않았다. 그래서 자금이 부족했던 신세계는 임대로만 진출할 수밖에 없었다. 2호점인 일산점은 금호건설에서 짓는 건물에 우리가 들어간 것이다. 이마트 10개만 만들면 돈이 돌기 시작할 것이므로 은행 돈이 필요없이 헤쳐나갈 수 있을 것으로 보았다. 어느 지역인지는 중요하지 않았다. 무조건 나가기만 하면 되었다.

다섯째, 현장 경영을 하면서 매장을 철저하게 관리한 효과가 컸다. 사실 한 업태가 성공하려면 그냥 되는 게 아니다. 원스톱 쇼핑부터 가격 파괴 작전, 구전광고 등 성공을 하기 위해 경영자 노력이 엄청나게 많이 들어갔다. 위에서 하라고 해서 되는 게 아니다. 현장 경영을 하면서 끊임없이 새로운 아이디어를 발굴하여 집행해야 한다. 24시간 영업하고, 고객에게 최저가를 보장해 주고, 신선한 식품의 비중을 높이고, 편의시설을 확대하고, 고객들이 쇼핑하기 가까운 곳에 단기간에 점포 수를 늘려나간 아이디어는 현장경영에서 나왔다. 고객 요구와 변화에 맞춰 '변화와 창조'를 한 것이다.

여섯째, 세계적인 유통업체와 경쟁하면서 그들의 장점을 골고루 흡수했다. 월마트, 까르푸, 케이마트Kmart Corporation 등 세계 최대 유통업체들의 영업 전략을 참고하고, 이것을 한국에 맞게 적용하였다. 그리고 결국, 이들을 물리치고, 대한민국 최고의 1등 할인점에 등극했다.

월마트에 승리한 일곱 가지 요인

"큰일 났습니다. 소비자들이 월마트를 찾고 난리가 났답니다. 신문에 실린 기사 때문이랍니다."

어느 날 기획실 직원이 상기된 표정으로 보고했다. 이 직원은 조선일보에서 보도한 '미국 월마트의 한국 진출' 기사를 본 소비자들의 반응을 이렇게 전한 것이다. 개점도 하지 않았는데 고객들이 조선일보 기사를 보고 월마트를 찾는다는 게 국내 유통업 관계자들에게는 충격적일 수밖에 없었다. 소비자들은 월마트 성공 사례를 이미 들어서 알고 있기 때문에 큰 기대를 했던 것이다.

월마트는 어떤 회사인가? 전 세계적으로 6,000개가 넘는 점포를 운영하면서 300조 원 이상의 매출을 올리는 세계 1위 유통업체다. 이런 기업이 국내 유통 시장을 공략한다면 어떻게 되겠는지 생각만 해도 아찔했다. 그래서 나는 외국 유통 '골리앗들'의 국내 시장 잠식이 우리 경제에 미칠 영향을 널리 알리는 일에 발 벗고 나섰다. 기회가 있을 때마다 정부 관계자든, 기업 관계자든, 소비자든 가리지 않고 강연회, 공청회에 나가서 외쳤다.

"외국의 다국적 유통업체들이 국내 소비자 물가를 좌지우지하면 정부의 물가 관리 기능이 무력화됩니다. 제조업체들이 그쪽에 매달릴 수밖에 없게 됩니다. 그들의 표준이 우리 제조업이 따라야 하는 표준으로 될 것입니다."

하지만 유통시장 개방에 관해서 국가가 해 준 것은 없다. 상공회의소 주관으로 세미나를 몇 번 연 것이 전부다. 결국, 나는 사운을 걸고 다국적 유통업체들과 맞서 싸울 채비를 해야 했다. 외국계 대형 할인점이 시장을 잠식해 오기 전에 미리 서둘러야 했다.

그런 과정 끝에 이마트를 출범시켰고 당당하게 외국업체들을 물리쳤다. 1998년 한국 시장에 첫발을 내디딘 월마트는 업계 5위권 밖을 헤매다 결국, 진출 8년 만인 2006년 16개 매장과 지분을 이마트에 매각하고 한국에서 철수했다. 다만 한국 지사를 운영하면서 상품을 공급해 왔을 뿐이다. 그런데 앞으로는 상품 조달도 본사에서 담당한다고 한다. 2013년 1월, '세계 최대 유통업체인 월마트 한국 지사가 영업을 정지한다'는 보도가 나왔다. 결국, 한국에서 힘 한번 써보지 못하고 참패한 셈이다. 월마트보다 2년 먼저 한국 시장에 진출한 세계 2위 까르푸 역시 고전을 면치 못하다 10년 만에 이랜드 그룹에 팔렸다.

외국 유통기업들은 자기 자본이든 초저금리의 타인자본이든 풍부한 자금력이 가장 큰 무기였다. 하지만 막상 경쟁해 보니 별것 아니었다. 이처럼 세계적인 브랜드와 조직망을 갖춘 외국 기업들이 유독 한국 시장에서 이마트에 패배한 이유는 무엇 때문일까. 바꿔 말하면, 이마트는 월마트를 비롯한 외국 유통업체에 어떻게 맞서 싸웠을까.

첫째, 우리는 사전 준비를 잘했다. 가격 파괴 등 주목받는 마케팅을 이마트가 먼저 해 버렸다. 미리 김을 빼버린 것이다. 선점 효과가 주효했기에 외국업체에 큰 부담이 되었다. 외국업체가 먼저 와서 이렇게 했다면 언론에서 "한국 유통업체들은 도대체 무엇을 하느냐."라고 비판했을 것이다. 그렇다 보니 외국업체가 들어왔어도 새로운 게 없었다. 유통에서는 선점이 무척 중요한데 신세계가 차지해 버린 셈이다.

둘째, 국내 전산 시스템이 외국 유통업체보다 훨씬 앞섰다. 이들은 구닥다리 DOS Disk Operating System, 디스크 운영체제를 사용했는데 속도도 느렸다. 이들은 한국을 후진국으로 깔보고 들어온 것이다.

셋째, 상품 구성과 품질에서 우리가 앞섰다. 이마트는 신선식품도 있었으나 외국업체들은 가공식품과 일상용품 위주였다. 한국 소비자들 취향에 맞는 제품을 선별하여 판매하는 데 이마트가 더 유리했다. 까르푸는 중국 제품을 진열해 놓았다. 지금도 중국 제품 이미지가 안 좋은데 1994년엔 더더욱 안 좋았다. 중국 제품은 대만에서는 통했으나 한국에서는 통하지 않았다. 상품 바느질 하나하나 한국 고객들은 까다롭게 따진다. 우리 소비자가 중국 제품을 구매하겠는가.

넷째, 신선식품 분야로 압축하여 외국업체와 맞선 게 적중했다. 외국 유통업체들은 글로벌 네트워크를 갖췄다 하더라도 신선식품을 외국에서 들여오기가 어려웠다. 게다가 식품은 같은 품목이라도 품질과 품종, 산지에 따라 가격이 천차만별이다. 이마트가 상대적으로 유리할 수밖에 없었다. 따라서 나는 신선식품을 다양하게 키우는 방안을 생각했다.

특히 한국 소비자들이 많이 찾는 채소, 청과, 생선, 정육의 신선도
를 유지하기 위해 산지직송 비율을 늘렸다. 1차 식품의 신선도 유지
와 영양파괴를 막으려고 백화점 산하 상품과학연구소의 지원을 받아
과학적인 위생관리 시스템을 운영했다. 또 신선식품은 경기도 광주의
식품가공센터에서 하루 2번씩 각 점포로 배송했다. 우유와 음료수 등
2차 식품도 제조업체 유통기간의 2분의 1 기간에만 판매했다.

다섯째, 이마트가 유통 인재를 더 많이 확보했다. 월마트 직원들
은 영어는 잘할지 몰라도 유통을 잘 모르다 보니 발목을 잡혔다. 까르
푸는 대만에서 성공한 할인 매장 간부를 중국으로도 보내고 한국으로
도 데려왔다. 이들은 한국을 같은 아시아 문화권으로 본 게 패착敗着
요인이다. 하지만 신세계에서는 경험 많은 유통 인력을 뽑았다.

여섯째, 가격 정책에서 이마트가 외국 업체보다 탁월했다. 규격
상품은 문제 되지 않지만, 채소와 청과, 생선 등 신선제품은 가격 정
책을 특수하게 가져가야 한다. 시간이 지나면 신선도가 떨어져 상품
가치가 낮아지기 때문이다. 그런데 월마트는 저녁이 되어도 가격을
내리지 않았다. 무조건 가격을 고수하는 정책을 쓰면서 신뢰를 주는
작전이었다. 신선도에 따라서 가격을 조정할 수 있는 권한을 직원들
에게 주지 않은 것이다. 그런데 이마트에선 저녁에 할인을 해서라도
그날 상품을 다 털어버렸다. 따라서 1차 식품, 즉 농산물과 생선과 같
은 신선식품에서 월마트와 이마트는 경쟁 되지 않았다. 한국 소비자
가 어느 것을 선택하겠는가?

일곱째, '국제 표준'보다 '한국 표준'에 맞춘 전략이 통했다. 월마트
는 외국 거대 자본을 바탕으로 국제 표준으로 접근했다. 비용을 최소
화하기 위해 땅값이 싼 곳에 자리를 잡았다. 그러니 이마트보다 지리

적 여건이 불리할 수밖에 없었다. 이마트가 중심상권에 점포를 마련했다면 외국 업체는 임대비용이 싼 외곽에 점포를 두었다. 이들은 매장 배열 방식도 서구식으로 진행하고 매장의 직원 수도 최소 인원으로 움직이다 보니, 할인점에서도 백화점과 같은 서비스를 바라는 한국 소비자의 문화를 전혀 읽지 못했다. 월마트와 까르푸는 백화점과 큰 차이가 없는 고급형 한국 할인점과 달리 높은 진열대에 물건을 쌓아놓는 창고형 인테리어를 고수했다.

결국, 외국계 대형 할인점들은 자사의 비즈니스 모델을 너무 믿다 보니 한국 현지화에 실패했다. 복잡미묘한 한국의 유통 단계를 이해하고 한국인 정서에 맞는 상품을 골라 팔면서 한국 여건에 적응하기까지 상당히 많은 시간이 걸릴 수밖에 없었다. 그런데 그 전에 이마트가 시장을 지배해 버렸고, 외국 업체는 짐을 쌀 수밖에 없었다.

사실, 유통에서 창의성은 누가 먼저 만들었느냐가 아니라 누가 먼저 상업적인 성공을 이끌어내는지가 관건이다. 고객이 무엇을 원하는지 이해하고, 적절한 시기와 장소, 그리고 가격으로 공급하는 게 중요하다. 다시 말하면, 새로운 시대에 맞춰 성공하기 위해서는 독창적인 아이디어를 얼마나 고객이 원하는 제품이나 서비스로 구현하느냐에 달려 있다는 말이다. 아무리 시대 상황이 할인 매장 문화를 부른다고 해도 거기에 맞춰 누가 시장을 선점하느냐가 중요한데 신세계가 그것을 해낸 것이다.

한편, 나는 이마트란 할인점 경영에 치중하다 보니 백화점 사업을 소홀히 한다는 오해도 받았다. 신규 백화점 개점도 준비하고 있었지만, 개점까지 비용과 시일이 많이 걸리는 사업의 특성 때문에 개점이 늦춰지는 탓이다. 그런 오해를 뒤로하고, 이마트에 전념해서 성공한 것은 우리나라 유통 역사에 큰 획을 그은 일이라고 자부한다. 이마트가 외국 유통업체를 이기지 못했으면 큰일 날 뻔했다. 그때 유통 시장을 내줬으면 지금의 골목상권은 이야기도 나오지 않았을 것이다. 이마트의 개점 시기가 조금만 더 늦었다면 대만과 같이 외국계 유통업체가 국내 시장을 충분히 장악하고도 남았을 것이다.

하지만 우리는 할인 매장이란 업태를 시작했고, 급기야 백화점, 양판점, 할인 매장 모두 성공을 거두었다. 유통문화가 역전된 것이다. 그렇지만 앞으로는 이들 거대 외국계 유통업체와 다른 방법으로 싸워야 한다. 차별화된 우리만의 것을 만들어야 한다. 성공은 똑같은 방법으로 반복해서 이룰 수 없기 때문이다.

아래는 이마트 창동점이 개점한 지 10년 뒤에 나온 신문기사다. 나는 이 기사를 읽어볼 때마다 참으로 뿌듯한 마음에 가슴이 벅차오르곤 한다(당시 언론들은 '이마트의 성공적인 정착은 유통 현대화를 40년 앞당긴 것이다'고 보도했으나, 사실 적게 잡아도 15년~20년은 앞당겼다고 생각한다).

"할인점 10년, 한국 유통산업 발전 40년은 앞당겼다."

〈연합뉴스=2003-11-13〉 한 달 쇼핑 고객 수 1억 명, 연간 매출 20조 원, 고용인력 16만 명, 물가 연간 0. 45%포인트 인하, 경제성장 기여도 1.8%포인트 상승. 올해로 탄생 10주년을 맞은 할인점이 거둔 성적표다.

1993년 11월 12일 국내 최초 할인점인 신세계 이마트가 창동점을 연 지 꼭 10년이 지났다. 1996년 유통시장 개방과 함께 월마트, 까르푸, 테스코^{Tesco} 등 외국계 유통업체도 물밀듯 몰려오면서 백화점을 제치고 최대 유통업태로 부상했다. 주부 혼자 하던 쇼핑을 가족 단위로 확대하고, 가격 주도권을 제조업체에서 유통업체로 옮기는 등 질적으로도 변화를 이끌어냈다.

올 상반기 할인점 매출은 9조 760억 원으로 백화점(8조 6,065억 원)을 제치고 10년 만에 처음으로 '유통 황제'에 등극했다. 최근 불황 여파로 백화점은 외환위기 후 처음으로 '역 신장'이라는 시련을 겪고 있지만, 할인점은 점포 수 확대를 발판삼아 꾸준히 덩치를 키워나가고 있다. 이런 추세라면 올해 연간 매출은 할인점이 처음으로 20조 원을 웃돌아 백화점을 2조 원 이상 앞설 것으로 보인다.

점포 수는 할인점이 11월 현재 265개로 백화점(92개)보다 이미 세 배 가까이 많다. 일본과 미국에서는 할인점이 백화점을 누르고 최대 소매 유통 업태로 부상하는 데 50년 걸렸다.

노은정 신세계 유통산업연구소 과장은 "토종업체와 외국자본이 할인점 사업에서 치열하게 경쟁하면서 결과적으로 한국 유통산업 발전속도를 선진국보다 40년 가까이 앞당기는 효과를 가져왔다"고 말했다.

할인점에서 쇼핑하는 고객은 한 달에만 줄잡아 1억 명(연인원 기준)에 달할 것으로 추산된다. 하루 평균 330만여 명이 이용하는 셈이다. 선두업체인 이마트는 월평균 자사구매 고객 수(1,500만 명)와 시장점유율(31.8%)에다 동반 고객 수(1명)를 감안할 때 이 같은 수치가 나온다고 설명했다. 백화점과 달리 서민부터 최상류층까지 모든 계층이 이용하는 대중 쇼핑공간으로 자리 잡은 셈이다.

이마트가 최근 자사고객들을 대상으로 설문조사를 실시한 결과 할인점이 우리 생활에 끼친 가장 큰 변화는 '가족 단위 쇼핑문화 정착'(40%)이 꼽혔다. '최저 가격 지향으로 물가안정에 이바지했다'는 답변도 39.5%에 달했다. '상품개발이 훨씬 다양해졌다'(10.4%), '근거리 쇼핑으로 시간이 절감된다(10.1%)'는 응답도 꽤 있었다.

할인점의 가장 큰 공로 가운데 하나로 물가안정에 이바지했다는 점이 꼽힌다. 다른 업태보다 소비자 판매가격이 평균 20% 정도는 싸다. 한국은행은 국내 할인점 등장에 힘입어 국내 소비자물가 상승률이 96~99년 1.7 9%포인트, 연평균 0.45%포인트 낮아지는 효과를 가져왔다고 분석했다.

가격 주도권에서도 유통업체가 제조 업체를 누르고 확실한 우위에 서게 됐다. 삼성전자는 올해 초 할인점 저가 공세를 막기 위해 판매 직원 철수, 납품가 인상 등 강경조치를 취했다. 그러나 할인점들이 매장에서 삼성 가전제품을 빼버리는 등 집단적으로 반발하자 사실상 없던 일로 되돌리고 말았다.

할인점 급신장은 경제에도 이바지했다. 산업연구원은 실질 국내총생산 GDP 성장률에 대한 유통 산업 기여율이 유통 산업 개방 전인 1990~1995년 9.3%였으나 할인점이 본격 등장한 1996~2001년에는 11.2% 로 1.8%포인트 상승했다고 밝혔다.

할인점 성장 이면에는 재래시장 몰락이라는 그림자도 있다. LG 증권은 재래시장과 동네 슈퍼마켓 등 비기업형 매장이 전체 소매 유통시장에서 차지하는 비중이 1999년 69.2%에서 지난해 43.7%까지 떨어졌다고 분석했다.

〈도쿄·상하이 = 설진훈 기자 / 조소연 기자〉

협력업체와 동반성장

최근 정부가 대기업과 중소기업 간 상생과 동반성장을 강조하면서 대기업이 잇따라 동반성장 프로그램을 발표한다. 그런데 이들 사이에 존재한 '갑을 관계'의 숙명적 간격은 쉽게 줄어들기 어려운 것 같다. 일부 대기업은 동반성장을 하겠다고 홍보하지만, 계약상 갑의 지위를 이용해 협력업체에 납품단가 인하를 강요하기 때문이다. 이렇게 하면 동반상생 정책의 진정성에 의구심이 들 수밖에 없다.

언론에서도 이런 실태를 질타한다. '일부 대기업은 동반성장 추진 사무국을 출범하고, 사회공헌 전담반을 신설하고, 우수 협력업체를 지원하는 '동반성장 펀드'도 운영한다고 생색내지만, 정작 그 기업의 협력업체들은 납품 단가 인하 횡포에 시달린다고 하소연한다는 것이다. 실제로 일부 대기업은 연초에 '상생을 하자'면서 협력업체 대표들을 초청하여 호텔에서 세미나를 열고 만찬을 한다. 또 기념사진을 촬영하고 사진은 홍보기사로 신문에 게재된다. 그런데 그렇게 한다고 해서 상생이 되는 것은 아니다. 'ㅇㅇ과 협력해서 돈을 많이 벌었다'고 자랑하는 거래업체도 나와야 하는데 실상은 그렇지 않다.

유통 대기업이 취급하는 수많은 상품은 예외 없이 협력업체와 힘을 합해 만든 공동작품이다. 따라서 서로 이득이 나야 진정한 의미의 동반성장에 한발 다가갈 수 있다. 협력업체의 자녀가 그 사업을 이어받아서 할 수 있을 정도로 갑과 을의 관계가 서로 돈독해야 하는 것이다. 그러면 갑과 을이 최고의 공동작품을 만들어내기 위해서는 어떻게 해야 할까?

우선, 유통 대기업은 파트너를 대하는 인식부터 바람직하게 정립해야 한다. '거래선'에서 '협력업체'로 이름을 바꾼 것도 인식의 전환이라고 할 수 있으나, 그 협력 관계를 좀 더 구체화하는 것이 좋다. 음양론적 관점에서 보자면 수요자는 음陰, '-'에 해당하고, 공급자는 양陽, '+'에 해당한다. 어머니는 음에 해당하고 아버지는 양으로 본다. 또, 하나의 공동체를 음양으로 구분할 때에 내부는 음이 되고 외부는 양이 된다.

그래서 나는 유통업체를 어머니, 협력업체를 아버지, 이 둘의 관계를 부부 사이로 본다. 부부 사이는 누가 우월적 지위를 남용할 수 있는 게 아니다. 거래하려는 업체가 줄을 서 있기에 마음에 안 든다는 이유로 파트너를 쉽게 바꿔 버리는 사이도 아니다. 이익이나 행복을 함께 추구하고 공유해야 하는 사이인 것이다.

그런데 지금은 음의 시대라고도 한다. 남녀 관계에서 여성 위치가 달라진다. 한 가정에서 주부나 어머니 위상도 변한다. 사회적으로 여성의 권리 양상이 변한 것도, 제조업 주도의 구조에서 유통업이 주도하는 구조로 옮아가는 것도 자연 이치가 아닐까. 음이 주도한다는 것은 양을 이끌면서 음양의 조화를 이루어 나간다는 의미지, 음이 절대 강자의 위치에서 우월적 지위를 남용하고 자기 잇속만 채운다는 뜻은 아니다.

지금 할인 유통업체는 매입 형태별로 차이는 있지만, 이윤이 경우에 따라 최고 50%에 육박하는 업체도 있다고 한다. 일반적으로 의류 이윤이 다른 품목에 비해 높은데, 이윤 50%라는 얘기는 만 원짜리 옷 한 벌을 사면 그 중 오천 원이 할인점 몫이고 오천 원이 협력업체 몫이 된다는 것이다. 박리다매를 표방했던 애초의 할인점 정책이 무색해지고 말았다. 더구나 이윤이 50% 이상 넘어가면 상황이 심각해진다.

"그렇게 어려우세요? 그렇다면 거래하고 싶어 대기하는 회사가 많이 있으니 그들에게 기회를 주세요."

이렇게 말하는 바이어가 있다면 참으로 안타까운 일이다. 1차 협력업체는 다시 2차 협력업체를 운영하는 일이 많기 때문에 중소 규모의 협력업체는 직원 급여나 2차 협력업체에 관한 납품가를 적정 수준으로 유지하기가 어려워진다. 그 여파는 2차 협력업체에까지 미친다. 재하청을 하지 않고 자체 공장을 운영하더라도 결과는 거의 마찬가지다.

지금도 백화점, 할인점, 홈쇼핑의 협력업체에서 비정상적인 제품을 만들어 폭리를 취한다는 보도를 가끔 접한다. 과연 그 원인은 어디에 있을까. 전적으로 협력업체에 그 책임을 돌려야 할 사기성의 문제인지, 어머니가 아버지 용돈을 너무 쥐어짜니 결국, 아버지가 딴 주머니를 꿰찬 형국—칭찬받을 일은 아니지만—은 아닌지 살펴볼 일이다. 이렇게 해서는 좋은 매입을 하기 어렵다.

부가가치에 변동이 없는 한 이익 분배는 제로섬 게임과 같다. 유통업체가 이윤을 1% 더 올리면 협력업체는 그만큼 매출 이익을 희생해야 한다. 그렇다고 부가가치에 변동을 주기 위해 소비자 가격을 인상하는 것도 쉬운 일이 아니다. 적정한 판매가격을 가져가면서 유통업체와 협력업체가 동반 성장할 수 있는 가장 합리적인 방법을 찾는 작업은 좋은 상품을 만들기 위해서도 꼭 필요하다. 그런데 이것은 바이어가 할 수 있는 것이 아니다. 회사 측의 철학과 결단에 의해서만 가능하다.

유통업 전망과 제언

유통업은 생산과 소비를 잘 연결하여 국민 생활을 좀 더 윤택하고 풍요롭게 하는 것이 그 역할이다. 곧, 생산과 소비 간에 존재하는 공간적, 시간적, 인적인 거리를 다양한 형태로 연결하는 것이다. 그 과정에서 상업적인 유통업_{도소매업}과 물적인 유통업_{운송·창고업}, 정보 유통

등이 각자 그 역할을 해야 한다. 그 중 유통업의 가장 큰 역할은 물가 안정에 이바지해야 한다는 점이다. 경제가 성장해도 물가 안정이 뒷받침되지 않으면 그 의미가 퇴색한다.

물가안정은 유통업체의 활발하고 공정한 경쟁으로 자연스럽게 이루어질 수 있다. 공급망 관리SCM: Supply Chain Management를 하면 가격 폭등과 폭락을 어느 정도 막을 수 있다. 물론 기상이변이 발생하면 신선제품의 가격을 예측하기는 쉽지 않다. 하지만 90년대 중반에 대형 할인점이 등장하여 물가 상승을 억제한 것을 당국에서도 인정한 바 있다.

둘째, 다양한 소비자층을 만족시켜야 한다. 유통 업태는 백화점에서부터 구멍가게까지 그 형태가 많다. 국민 소득이나 소비 수준도 제각각이므로 계층별로 자기 수준에 맞는 상품을 선택할 수 있어야 한다. 일본은 장기 불황에도 다이소라는 100엔숍에서 품질이 좋으면서도 다양한 상품을 선택할 수 있다. 한국에서도 고급명품은 물론 저가 상품도 선택해서 구매할 수 있어야 한다. 고급상품만 사는 것이 아니라 중저가품도 자기 형편에 맞게 구매할 수 있어야 풍요로운 소비 생활을 할 수 있다.

셋째, 고용 창출에 이바지해야 한다. 유통업은 인적 서비스업이라고 하듯이 기계화하는 것은 한계가 있다. 결국, 고급 인력은 물론이고 중급 인력, 기능 인력도 가급적 많이 채용해야 한다는 말이다. 대형 마트나 SSMSuper Super Market, 기업형 슈퍼마켓이 들어간다고 하면 중소 상인들은 어느 정도의 영향을 받지만, 그에 못지않게 상인보다 더 못한 계층에게 일자리를 주는 장점이 있다. 정부 당국에서도 이것을 고려해야 한다.

넷째, 적극적인 외국 진출이다. 최근 우리나라는 한류를 바탕으로 드라마, 콘서트, 가요, 음식 등 다방면에 걸쳐 외국으로 진출하고 있다. 이에 따라 화장품을 비롯한 IT, 자동차, 생활용품 수출이 크게 늘고 있다. 한국 유통업체들도 외국 진출을 하고 있으나 아직은 어려움이 많다. 정부 지원과 관심이 뒤따라 준다면 좀 더 활발하게 뻗어 나갈 수 있다. 이와 함께 우리 상품과 문화 수출도 더 늘어날 것이다. 우리 업계도 앞으로 발전 방향을 외국으로 돌려야 한다.

다섯째, 중소업체와 조화를 이루면서 발전해야 한다. 유통업은 생산과 소비를 연결하다 보니 수많은 협력업체와 거래 관계를 맺는다. 이들 업체와 서로 이익이 되는 관계를 설정해야 한다. 이들 업체의 발전을 도와주고 수준을 향상하는 데에 이바지하면 된다. 당장 이익을 내기보다는 좀 더 멀리 보고, 상호 발전하는 방향을 설정해야 한다. 주변 중소상인과도 어느 정도 역할 분담하여 공생하는 방안을 고민해야 할 때다.

유통업은 어떻게 보면 대수롭지 않지만, 국민의 기본 생활과 연계된 아주 중요한 부문이다. 정부 당국에서도 이것을 인식하고 지원 정책을 펴야 하고, 업계도 이에 상응하는 역할을 해야 한다.

2장

코스트코에서 배운 선진 경영

"코스트코에서 일한 게 자랑스럽습니다."

"코스트코에서 근무한 10년 동안 저는 한국 유통의 최고 명문 회사인 신세계와 미국 창고형 업태의 선구자인 코스트코를 모두 경험할 수 있었습니다. 좋은 기회를 주신 신세계 선배님들에게 거듭 감사드립니다. 신세계는 한국의 모든 유통업체가 벤치마킹할 정도로 최고의 회사로 성장하였습니다. 이 위대한 회사의 일원으로 근무한 게 자랑스럽습니다."

2013년 2월에 코스트코 개점 업무에 참여한 권영배 씨^{당시 구매담당 과장, 현 개인사업}가 보낸 안부 메일이다. 신세계는 94년 10월, 미국 코스트코사와 기술 제휴하여 새 업태인 코스트코를 서울 양평동에 개점했다.

코스트코는 전 세계 회원제 창고형 할인 매장^{Membership wholesale club}으로, 고품격 브랜드 제품을 일반 도소매점보다 훨씬 저렴한 가격으로 제공한다. 프라이스클럽에서 출발하여 코스트코가 분리되었다가 다시 합병하는 과정을 거친 회사였다(편집자 주: 이 책에서는 '코스트코'로 통일한다).

① 1976년 소련계 변호사 솔 프라이스^{Sol Price}가 독일의 메트로 Metro를 벤치마킹하여 회원제로 프라이스클럽을 미국 샌디에 이고^{Sandiego}에서 창립.

② 1983년 부사장이던 짐 시네갈^{Jim Senegal}이 미국 북서쪽인 시애 틀^{Seattle}에 코스트코를 설립.

③ 1992년 신세계가 샌디에이고 프라이스클럽과 제휴를 추진.

④ 한국 프라이스클럽이 개점할 무렵 프라이스클럽과 코스트코가 다시 합병을 결정함. 코스트코가 주도권^{51%, 49%}을 잡았으나 기 존 국내외 계약은 그대로 인정한다는 원칙에 따라 신세계가 제 휴 파트너가 됨.

그 당시 사원들은 대부분 여기서 일한 것을 자랑스럽게 이야기한 다. 그 이유는 무엇 때문일까? 권영배 씨는 코스트코를 이런 기업으 로 평가한다.

① 정직과 부정을 용납하지 않는 깨끗한 조직 풍토.

② 고객과 협력업체를 한 가족으로 인식.

③ 명확한 콘셉트에 따라 일관성 있게 관리하고 영업(6Rights에 의 한 관리).

④ 최고 경영진부터 말단 직원까지 동일 콘셉트에 따라 업무(예외 를 인정하지 않는 관리).

⑤ 시스템에 따른 철저한 원가 관리.

⑥ 고객이 원하는 최고의 품질을 최저 가격으로 공급.

⑦ 최고 경영자들의 장기적인 안목에 따른 판단(문제 발생 시 단기적

인 안목보다는 장기적인 안목에서 회사를 운영. 정직하고 바른 정신으로 좋은 품질과 낮은 가격을 추구하여 고객에게 좋은 평판과 신뢰를 얻을 수 있다면 그 사업은 반드시 성공한다는 신념).

신세계가 들여온 코스트코 시스템은 96년 유통시장 전면개방을 앞두고 여러 면에서 큰 보탬이 되었다. 대응 전략을 세우고, 전술을 펼치는 데 훌륭한 교과서였기 때문이다. 선진 유통기법을 미리 배워서 까르푸나 마크로, 월마트 등 외국 유통업계의 대대적인 공세를 차단한 것이다. 특히 IMF의 긴박한 상황에서 신세계가 한 단계 성장하는 기회가 되었다. 나는 지금도 신세계가 코스트코와 제휴를 맺었을 때 함께 일했던 후배들과 좋은 인연을 이어가고 있다.

신세계와 프라이스클럽의 만남

신세계는 1991년부터 프라이스클럽[1993년 코스트코와 합병하기 이전]과 아주 단순하지만, 거래 관계를 유지하고 있었다. 프라이스클럽의 수출 전담회사 CMI 사와 협력하여 아이스박스 등 일부 상품을 공급받았다. 나는 경영기획실 국제업무과와 신세계 LA 주재 사무소 최우열 과장을 통해서 프라이스클럽과 접촉하려고 계속 시도했다. 프라이스클럽과의 마케팅을 담당하는 재미교포 직원이 매개 역할을 했다. 신세계를 소개하는 영문 브로슈어와 홍보용 영상물도 만들어 프라이스클럽의 솔 프라이스[Sol Price] 회장에게 보냈다. 이들도 신세계에 관심을 기울이기 시작했고 신세계를 동남아와 동북아 지역, 특히 한국에서 제일 신뢰받는 기업으로 인식하기에 이르렀다.

"유통 시장 개방에 대비할 묘책이 어디 없을까? 창동의 비업무용 부지후일 이마트 창동점를 활용할 수 있는 아이디어를 프라이스클럽에서 찾을 수는 없을까?"

프라이스클럽과 점점 더 소통하는 것을 계기로 우리 직원들을 미국 샌디에이고 본사에 보내기로 했다. 미국 프라이스클럽의 수출입 전담 자회사에 근무하던 권영명 씨가 다리를 놓아주었다. 창동 부지 개발 실무진 3명을 선발했다. 프라이스클럽 제휴 추진을 위한 사전 확인과 창동 부지 개발을 위한 견학이 주목적이었다. 하지만 출장자들은 처음엔 주요 인사를 제대로 만나지 못했다. 만나는 부서 사람마다 "내 권한 밖"이라고만 이야기하였다. 간신히 부사장급하고 만나서 이야기라도 한 게 다행이었다.

그런데 뜻이 있는 곳에 길이 있다던가. 어느 날 뜻밖의 연락이 왔다. 솔 프라이스 회장이 한국에서 온 관계자들과 점심을 먹고 싶다고 전해온 것이다. 솔 회장은 샌디에이고 도심에 있는 '창Chang'이라는 중국 식당에서 일행을 맞았다. 신세계 관계자들에게는 어려운 자리면서도 좋은 기회였다.

"한국은 부동산 시세가 어떻습니까? 인플레이션 조짐은 없나요? 한국에서 신세계는 어떤 위상을 차지합니까? 신세계가 가장 자랑스러워 하는 것은 무엇인가요? 남북 분단에 따른 위험은 없나요?"

질문 자체가 오랜 경험에서 나오는 실질적인 내용이었다. 그는 맛있게 점심을 들라면서 갑자기 이렇게 말했다.

"신세계와 함께 사업하면 좋겠습니다. 구체적인 제안을 마련해 보세요."

동석한 외국담당 부사장이 이어받았다.

"합작하자는 것은 아닙니다. 프라이스클럽이란 이름은 그대로 쓰십시오. 그 대신 우리 상품을 사서 한국에서 판매하면 됩니다. 모든 시스템은 프라이스클럽 방식대로 하면 되겠지요."

라이센스 계약 방식에 의한 업무 제휴를 제안한 것이다. 솔 회장은 "이제 공은 신세계로 넘어갔다"면서 "한국에 돌아가면 신세계 견해를 정리해서 알려 달라"고 말했다.

우리 관계자들은 이 말을 믿을 수가 없었다. 무슨 말을 들었는지 처음에는 이해되지 않아 재차 질문했다. 내용을 하나하나 확인했다. 1차 접촉 차원으로 출장을 간 것인데 어마어마하게 큰 결실을 보는 순간이었다. 이 소식은 호텔 팩스를 통해서 긴급히 서울 신세계 본사로 보고되었다. 급작스런 낭보에 모두 놀라지 않을 수 없었다.

"무슨 이야기냐, 그럴 리가 없다. 믿을 수가 없어. 책임자가 간 것도 아닌데……."

나는 흥분을 가라앉히기 어려웠다. 어찌 된 것이냐는 궁금증도 생겼다. 상식적으로 이해하기 어려웠다. 오랜 기간 공을 들여도 성사가 될까 말까 하는데 회장을 만났다는 그 자체부터가 이상했다.

출장 갔던 일행이 귀국했다. 나는 노재악 씨를 곧장 출근하게 하여 현지 상황을 상세하게 이야기하라고 했다. 프라이스클럽이 신세계와 제휴하고 싶다는 뜻이었다. 선진 유통업체와 협력하려고 2년 이상 기울인 노력이 결실을 볼 수도 있겠다는 기대감이 들었다. 월마트의 고자세와 무관심에 섭섭해하던 장면들도 주마등처럼 스쳐 지나갔다.

프라이스클럽 개점 T/F 조직

"선진 유통 업태를 배울 좋은 기회니 잘 활용해야 합니다. 새로운 아이디어로 새 비즈니스를 창출할 수 있습니다."

신세계에서는 프라이스클럽과 제휴하기 위한 후속 조치를 신속하게 취했다. 당시 장경작 부사장과 강성득 기획실장이 샌디에이고로 출장을 가 프랜차이즈 조건으로 몇 차례 협상했다. 그런데 계약서 문안을 놓고 팽팽한 신경전이 벌어졌다. 변호사도 항상 따라다니면서 우리를 신경 쓰이게 했다. 예를 들면, 한미 간 '조세이중방지협정'에 따라 프라이스클럽 측은 미국에 세금 납부를, 우리는 한국에 세금 납부를 각기 주장했다. 결국, 프라이스클럽이 한국 정부에 세금을 납부하는 것으로 협상을 마무리했다. 그동안 숨겨져 있던 흐뭇한 일화다.

프라이스클럽의 협상 전략은 무척 특이했다. 벽에 매직 보드를 걸어놓고 협상 내용을 죽 적어놓았다. 40~50개의 차이점도 기술했다. 그리고 쉬운 것부터 하나하나 차이점을 지우면서 정리했다. 덜 중요한 것부터 없애버린 것이다. 차이점을 좁혀가면서 막판에는 4~5개만 남겨 놓았다. 내가 이것을 양보할 테니 당신들은 저것을 양보하라는 방식이었다. 이들의 협상술이 대단하다고 생각됐다.

드디어 두 회사는 합의에 성공했다. 프라이스클럽은 미국 샌디에이고에서, 우리는 한국 서울에서 계약서 서명식을 하자고 하여 의견이 엇갈리기도 했다. 93년 8월 한국과 미국의 중간지점인 하와이에서 프라이스클럽의 로버트 프라이스 회장Robert Price과 신세계 류한섭 사장이 만나 문서에 서명했다. 신세계는 프라이스클럽과 10년간 상품과 인력을 공급받기로 하는 라이센스 계약을 맺었다. 당시에도 한국의 여러 업체와 재미교포가 프라이스클럽의 한국 사업권을 따기 위해 끊임없이 접촉하고 있었다. 사업권만 획득하면 한국에 가서 다시 프랜차이즈 점포를 내겠다는 심산이었다. 계약이 성사되자 미국 프라이스클럽의 실권자였던 테드 월리스^{Ted Wallace} 부사장을 단장으로 각 부서의 전문가 10명이 한국 프라이스클럽 개점을 지원하기로 나섰다. 테드는 미남으로 한국 음식을 무척 좋아하였다.

이제 프라이스클럽 T/F팀을 만드는 게 급선무였다. 94년 추석 전에 개점하는 것을 목표로 서울 명동 대연각빌딩 19층에 사무실을 마련했다. 총괄팀장은 유하일 부장, 상품매입 부문은 권영배, 관리 인사 부문은 강명구, 전산 등 시스템 개발 부문은 안오영, 매장 운영 및 프라이스클럽과의 창구역은 노재악 씨가 맡았다.

유하일 부장을 T/F팀장으로 임명한 사연이 있다. 'T/F^{Task Force} 팀장은 영어를 해야 한다'는 미국 측의 요구에 "삼성물산 런던지점에서 근무했던, 영어를 잘하는 관리자가 한 명 있는데 유통을 잘 모른다"고 했더니 "새 업태는 유통을 아는 사람보다 모르는 사람이 더 적합할 수도 있다"면서 환영했다. 어쭙잖게 유통 경험을 한 직원들과는 달리 자기주장을 너무 내세우지도 않고 교육하는 그대로 받아들일 것이기 때문이란다. 백화점 콘셉트와 할인점 콘셉트는 전혀 다르다는 것이다.

그렇게 프라이스클럽과 인연을 맺은 유 부장은 코스트코 양평점을 개점하면서, 불과 1년 뒤에 유명인사가 되었다. 여전히 아마추어라고 생각하는 그에게 텔레비전과 라디오에서 인터뷰 요청이 쇄도했다. 세미나에도 참석하고, 대학 강의도 하고, 잡지에도 기고했다. 아나운서 임성훈 씨와 미스코리아 선이 사회를 보는 텔레비전 대담 프로그램에도 출연해 유통 전문가로 행세했으니 아이러니다. 양평점 개점 뒤 매장을 방문한 수많은 관계자가 "유하일 씨 유명해지셨더군요"라면서 덕담을 했을 정도니…….

"니들 영어 못하면 죽는다."

"여러분 손으로 국내 1호 코스트코를 개점해야 합니다. 매장 개점은 내년 추석 전입니다. 영등포구 양평동에 있는 서울 약품 공장 자리에 애초 물류창고로 쓰려고 착공했다가 정부의 대기업 부동산 취득 금지 조치로 2층까지만 짓고 중단한 건물입니다. 준공업지역이기 때문에 유통시설이 들어설 수 있다고 합니다. 한번 해 봅시다."

대연각빌딩 19층 사무실. 나는 코스트코 T/F팀으로 발령받은 5명을 모아놓고 특명을 내렸다. 이곳은 이들이 함께 일해야 하는 사무실이다. T/F팀 5명의 얼굴엔 '과연 이 큰일을 1년이라는 짧은 기간 내에 해낼 수 있을까' 하는 근심이 배어 있었다.

"양평동 부지를 물류창고에서 매장으로 전환하는 작업을 하세요. 또 유통업 흐름과 도매시장 동향을 파악하기 위해 다방면으로 시장을 조사해야 합니다. 가락동 농수산물센터도 살펴보십시오. 국내에서 유일하게 도매 식자재 사업을 하고 있으니 참고할 게 있을 겁니다. 다농시장이란 할인점도 알아보세요. 청량리와 경동시장은 물론이고 대형 음식점들이 상품 매입을 어떤 식으로 하는지도 눈여겨봐야 합니다."

T/F팀 5명은 내 지시를 꼼꼼하게 수첩에 메모했다. 유하일 부장이 각자 수행해야 할 임무를 배정했다. 일사불란하게 움직이는 모습

을 보면서 마음이 놓였다.

"아~, 대만 마크로 매장에도 시찰단을 보내면 좋겠어요. 매장 운영방법과 상품 구성을 살펴보면 도움이 될 겁니다. 특히 무빙워크와 팔레트pallet, 지게차도 어떤 것인지 알아보세요, 사진만으로는 상상이 안 되니 직접 눈으로 확인해 보세요."

코스트코에서는 국내 처음으로 시도해야 하는 것이 너무 많았다. 그중 무빙워크와 팔레트, 지게차를 도입하는 게 과제였다. 그동안 국내 백화점에서는 엘리베이터와 계단식 에스컬레이터를 운영했을 뿐이다. 대만에 출장을 간 T/F팀은 무빙워크를 바라보면서 분당 이동하는 카트 수를 몇 개로 해야 할지, 안전하게 층간 이동을 하는 데 경사각도는 얼마가 적당한지 등을 조사했다. 또 일본 고베에 출장을 가서 다이에이에서 운영하는 엘리베이터도 알아보았다. 그리하여 나는 대만의 무빙워크를 사용하기로 하고 LG로 하여금 기술을 개발하게 했다. LG에서 국산화에 성공하면서 한국 최초로 양평동 코스트코에 이것을 설치했다. 양평동의 명물로 소문이 나서 언론에서도 보도할 정도였다.

이들은 또 국내 화물차 종류에 맞춘 최적의 팔레트 규격을 연구해 왔다. 마크로 매장에서 사용하는 팔레트 규격을 알아보고 국내에선 어떻게 하는 게 좋겠는지 조사한 것이다. 나무 혹은 플라스틱 재질 중 어떤 것이 안전하고 경제적인지, 지게차는 어느 회사, 어느 모델이 효율적인지 파악했다.

나는 미국에 연수단을 보내는 일도 준비하게 했다. 유하일 부장을 비롯하여 15명의 담당 인원을 선정했다. 식품에서 신진철, 비식품에서 배현수 씨를 선발하고, 또 그 당시 신입사원 입사자 100명 중 영어를 가장 잘하는 2명을 'Pure Price Club Man'으로 만들기 위해 포함했다. 백화점 업무를 겪어보지 못한 신입사원을 미국 프라이스클럽에 보내 백지상태에서 편견 없이 그곳의 특장점을 수혈받게 하려는 목적이었다.

"니들 영어 못하면 죽는다. 잠꼬대가 나올 정도로 영어를 해라."

팀장인 유하일 부장은 미국 프라이스클럽 연수에 대비해 모든 회의를 영어로 했다. 아침 2시간 영어 학원, 저녁에 2시간 영어 학원, 이런 식으로 근무시간 전후로 영어 공부를 시켰다. 일부 직원들은 부족한 영어 실력 때문에 큰 고생을 했다. 한 직원은 미리 문장을 만들어 와서 한두 문장을 발표한 뒤 "That's all" 하고 끝을 맺었다.

미국 연수단에게 내린 특명

드디어 미국으로 연수받으러 가는 날이 되었다. 다음과 같이 당부했다.

첫째, 프라이스클럽이 하는 대로 전표 한 장이라도 그대로 도입할 것.

둘째, 아무리 늦어도 그날 각자 배운 것을 숙소에 돌아와 부장과 회의하는 주제로 삼을 것. 그리고 그 내용을 숙지할 것.

셋째, 그렇게 정리한 자료를 날마다 내게 팩스로 보낼 것.

연수단이 미국 샌디에이고 공항에 도착한 날은 추수감사절로 휴

일이었다. 그런데도 본사 직원 토드 툴Todd Thull과 조 마틴Joe Martin이 마중을 나왔다. 숙소는 시월드Sea world 근처에 있는, 야외 풀이 달린 멋진 콘도였다.

미국 연수는 맡은 업무에 따라 2~4개월씩 받았다. 미국인들은 'Watching'보다는 'On hand job'이 효과적이라고 생각한다. 이것은 실제 작업을 하면서 배우는 방식이다. 이론 위주가 아니라 실무 위주로 교육했다. 처음에는 분야별로 3교대로 일했다. A조는 아침 4시부터, B조는 오전 10시부터, 오후 조는 2시부터 나갔다. 온종일 문을 지키면서 손님을 맞이하는Door Greeter 일을 하기도 했다. 실제 직원들이 해야 하는 일을 그대로 시킨 것이다. 일주일에 한 번씩 시험도 치렀다. 식사는 피자나 핫도그로 대충 해결했다. 엄청나게 큰 빵과 주스를 간식으로 많이 주었다. 먹을 것은 충분했다.

"현지 미국 직원들과 똑같이 일했습니다. 심지어 지게차 운전방식까지 다 배웠네요. 고된 노동으로 감기몸살에 걸리기도 했습니다. 정말로 생고생이었죠. 8시간 동안 서서 "카드 보여주셔요"라면서 고객을 맞이하고, 종일 고객들에게 인사를 하기도 했습니다. Door Greeter 일은 부끄러워서 하기 힘들 줄 알았는데 실제로는 재미있더군요. 'Good morning, How are you? Welcome, Show membership card.'

유하일 부장은 당시 상황을 이렇게 회고한다.

"그래도 내가 부장인데, 영업 전략은 안 가르쳐 주고 육체적인 일만 시키더군요. 카트를 밀게 하고, 물건값 수납을 시키고……. 하루 종일 중노동을 했죠. 하지만 그 덕분에 유통 전문가가 될 수 있었습니다."

상품 부분 연수는 매장이 아닌 바이어 본사 사무실에서 주로 진행했다. 탐 마틴Tom Martin과 탐 해머Tom Hammer, 돈 스타시Don Stacy가 주로 지도했다. 먼저 전체 창고형 회원제와 창고형 도매업이란 업의 본질을 시작으로 회사의 연혁, 사명, 상품화 전략6rights, 목표, 협력업체와의 관계 등 기본적인 사항을 가르쳐 주었다. 바이어 팀별로 상품을 하나하나 구매하는 방법부터 판매 방식까지 구체적인 사항도 알려 주었다. 연수단에겐 처음 접하는 개념이었다. 시간 가는 줄도 모르고 정신없이 배웠다.

연수단 15명은 퇴근 뒤 숙소에 와서도 편히 쉴 수 없었다. 그날그날 배운 것으로 보고서를 작성해야 했기 때문이다. 그런데 보고서 내용을 정리하는 데 큰 고생을 했다고 한다. 영어로 설명하는 것을 듣고, 이해하고, 보고서로 만드는 게 쉽지 않았던 것이다. 신입사원은 영어를 잘하는 데도 교육 내용을 서로 달리 해석하기도 했다. 의견이 엇갈려 논쟁도 벌였다. 노재악 사원이 최종적으로 글로 적어 날마다 팩스로 보내왔다.

"연일 강행군에 지쳐 몸이 고달팠습니다. 그런데 보고서까지 작성해서 보내라고 하니 얼마나 힘이 들겠습니까? 관광요? 꿈도 못 꿨습니다. 권국주 사장님을 많이 원망했습니다. 일부 직원들은 제게 신경질을 내더군요. 하지만 지금 생각하면 매우 효율적인 일이었습니다. 그날 배운 것을 기록으로 정리하면서 생생히 복기했기 때문입니다."

연수 도중 한 미국 직원은 유하일 부장에게 "미스터 유! 잘 부탁한다. 한국에서 일할 수 있도록 도와달라"고 말했다. 한국 점포 개점 때

필요한 지원 인력을 모집하는데 자기를 뽑아주면 충성하겠다는 것이다. 지원팀 선발권을 갖고 있던 유 부장에게 명문 브라운대 출신들까지 한국서 일할 뜻을 밝혔다. 이들은 외국 근무라는 호기심 때문에 한국에서 근무하고 싶어했다. 유하일 부장은 당시 인상 깊은 본사 직원 관리자 한 명을 떠올렸다.

"우리가 연수받는 점포로 이용하는 칼스배드^{Carlsbad} 매장의 부점장 조 마틴이라는 분이 있었습니다. 한국 매장 개점까지 1년 정도 남은 기간 주 단위로 해야 할 업무를 계획서로 만들어 보라고 하여 구상을 했습니다. 하지만 우리 연수단 힘으로는 도저히 만들 수가 없었습니다. 그런데 그 부점장이 연간 업무계획을 주 단위로 구성해 주었습니다. 우리는 대학을 졸업하고 삼성그룹에서 근무했음에도 이것을 작성하지 못했습니다. 그런데 조는 대학도 다니지 않고 개점 초기에 일반 점원으로 입사했을 뿐인데도 연간 계획서를 척척 작성하는 것을 보고 '아! 이것이 경험과 국력 차이인가 보다' 하고 생각하였습니다."

연수단 일행은 지금도 나를 만나면 그때 힘들었던 기억을 이야기한다. 그러면서 그 덕분에 신세계와 코스트코의 핵심 인재로 성장하는 데 필요한 교육을 받았다고 고마워한다.

미국 프라이스클럽 경영전략

연수단이 팩스로 보내오는 프라이스클럽의 업무 방법은 우리에게 보약 같았다. 참고할 게 많았다.

① 현장 직원들 근무수칙이 무척 단순하고 명확했다. 지시 내용이 모호하면 안 된다는 것이다. 점장이나 고위직의 업무 매뉴얼이 세밀한 것과 완전히 대조적이었다. 종이 한 장에 간단하게 문장을 적고 그림을 곁들였다. 이해하기 쉽도록 만화로 만든 작업서였다. 상품을 드는 자세까지 그림으로 제시했다. 대충 알아서 하면 된다는 식이 아니었다.

② 회의에서 매출과 순이익을 우선으로 논의하지 않았다. 한국에서는 보통 실적을 먼저 따지고 부진하면 혼낸다. 하지만 프라이스클럽에서는 매출 이야기를 하지 않았다. 대신 본질적인 것을 중시했다. 인건비^{Payroll}와 생산성을 먼저 확인하는 방식으로 결과보다 과정 관리에 중점을 두었다.

③ 인력 운용의 효율성과 인건비 절감을 위해 캄보 시스템^{Combo} ^{System}을 활용했다. 이것은 인력을 피크타임에 맞추지 않고 70~80%만 쓰게 하는 것이다. MD^{Merchandising} 부문 직원이 오후에 여유가 있는데 계산대에 고객이 붐비면, 계산대에서 일하게 한다. 반대로 계산대가 한가한 오전 시간에는 계산대 인력이 MD로 이동하여 상품 진열을 도와주게 한다. 이를 위해 직원들은 양쪽 일을 모두 할 수 있도록 사전 교육을 받는다. 바쁜 부서의 팀장은 임시로 점장 일도 한다.

④ 위생 관념이 확실했다. 푸드코트와 같은 식품 취급 장소에는 위생 개념을 철저하게 적용했다. 도마에 소고기, 돼지고기, 닭고기 등을 함께 놓고 자르지 못하도록 했다. 교차 오염을 막으

려고 도마와 칼을 고기 종류에 따라 서로 다른 것을 사용했다. 냉장고와 냉동고 온도도 두 시간마다 점검했고 HACCP ^{식품위}_{해요소중점관리기준}교육도 확실하게 진행했다.

⑤ 모든 일을 이중으로 점검했다. 마지막에도 한 사람만 퇴근하는 일이 없었다. 두 명이 동시에 퇴근하면서 서로 견제하게 했다. 이중 점검으로 실수를 방지하는 방식이었다.

⑥ 판매 대금도 철저하게 관리했다. 금고로 이어지는 첫 번째 문은 문만 열고 감옥수 면회하듯이 들여다볼 수 있다. 두 번째 문에는 출입이 가능한 사람의 사진과 실물의 일치를 확인한 후에 들어갈 수 있다. 금고 안에서는 외부와 전화 연결이 안 되고 내부 전화만 연결됐다. 현금 호송원이 금고실에서 호송차량까지 걸어갈 때는 매니저와 일정 거리를 두게 했다. 현금 탈취범이 총을 쏘더라도 두 사람을 동시에 해칠 가능성을 줄인 것이다.

⑦ 생산성과 인건비는 매일매일 정확하게 관리했다.

⑧ 바이어들은 월요일엔 회의를 하거나 전산자료를 근거로 발주했다. 화·수요일엔 협력업체 상담을 하였다. 목·금요일엔 경쟁점 시장조사를 하고 매장과 협력업체를 방문했다.

⑨ 합리적 사고가 내재되어 있었다. 판매가 어려운 상품은 상품가의 30%로 모두 가져가게 하는 땡처리 제도를 두었다.

⑩ 소비자와 종업원의 안전도 최우선으로 고려했다. 물 한 방울이 떨어져도 고객들이 넘어질까 봐 금방 닦았다. 허리를 보호하기 위해서 복대를 차게 하는데 사전에 자세 교육을 했다. 우리나라는 보안요원들과 시설 점검 요원 등 평균적으로 약 5명이 야간에도 근무하는 데 반해, 매장에는 야간에 근무하는 사람이

전혀 없었다. 컴퓨터로 원격 조정을 한다고 했다.

⑪ 회사 정책에 공감대를 형성하고 의사소통하는 데 심혈을 기울였다. 대표적인 예로 큰 경비를 들여 진행하는 콘퍼런스를 들 수 있다. 미국 본사에서 한 달에 한 번 임원급 100~200명이 참석하는 콘퍼런스가 열린다. 1년에 한 번은 점장 이상 약 500명이 참석하는 콘퍼런스가 있다. 나도 이 콘퍼런스^{Conference}에 한 번 참석한 적이 있는데 보통 나흘간 진행한다.

첫째 날은 사장과 회장이 경영 전반을 발표하고 각 본부장은 정해진 전략에 따라 업무를 수행한다. 둘째 날은 구매 부서에서 신상품 등 전시상품을 보여 주면서 앞으로 구매 예정인 상품을 설명한다. 셋째 날은 인사부서에서 주로 종업원 복리에 필요한 사항과 변화를 이야기한다. 회의 뒤풀이로 워싱턴 호반 크루즈 여행을 하거나 보잉사 박물관을 관람하거나 경마장에 간다. 마지막 날에는 희망자에 한해 자비로 친선 골프 모임에 참석한 뒤 각 근무지로 보낸다. 여기에는 적잖은 비용이 들지만, 전 세계 매장에서 공통 목표를 갖고 일하기 위해서는 필요한 제도라 생각한다.

⑫ 회원 고객을 가족처럼 중요시한다. 가족에게는 이윤을 많이 받으면 안 된다고 한다. 가족, 형제, 부모들이 사용하는 것이므로 양질의 상품을 살 수 있도록 하기 위하여 품질관리를 완벽하게 한다.

⑬ 품질과 절대로 타협하지 않았다. 이것은 가장 큰 철학이다. 가격을 낮추려고 품질을 하찮게 처리하지 않는 것이다. 짐 시네갈 사장은 코스트코 양평점 개점식에 참석하여 "최저 가격으로

질 좋은 상품을 공급하는 것이 경영철학”이라며 “코스트코의 성공 요인은 양질의 상품을 어느 경쟁점보다 싸게 파는 것으로, 이를 위해 저가격 시스템을 활용한다”고 강조한 바 있다.

이밖에, 직원들 인사권을 매니저가 갖고 있었다. 이들은 바쁘면 점심도 거르고 일을 한다. 미국은 선진국인데도 백인이든 유색인종이든 직원들에게 ‘까대기’ 같은 육체노동을 많이 시켰다. 외부 아르바이트를 거의 쓰지 않았다.

연수생들이 국내로 가져온 프라이스클럽의 경영 방법은 아래와 같다.

① 우선 프라이스클럽의 사명을 제시하고 지키도록 독려한다.

- 경영 철학은 아래와 같다. 법규를 준수하라. 고객을 보살펴라. 고객을 위해 헌신하라. 회사 동료와 종업원, 협력업체를 잘 보살펴라. 우리가 조직을 통해 네 가지 일을 할 수 있다면 우리의 궁극적인 목표는 달성될 것이다. 우리 주주에게 보답하라!

- 상품 철학6Rights of merchandising philosophy에 의해 상품을 매입한다. 최고의 품질로 가능한 최저의 판매가를 지향한 것이다. 첫째, Right Merchandise최적의 상품이다. 고객들에게 최상의 가치를 줄 수 있는 최고의 품질과 유명 브랜드 상품을 취급한다.

  둘째, Right Place최적의 위치다. 상품들은 고객들이 쉽게 구매할 수 있도록 진열해야 한다. 매장 진열의 기본 원칙은

straight^{똑바로}, neat^{정돈된}, clean^{깔끔한}이다. 상품을 자주 바꿔 생동감을 유지하게 한다.

셋째, Right Time^{최적의 판매 시점}이다. 경쟁점이 판매하기 전에 상품을 진열하고 시즌이 끝나기 전에 모두 처분하라.

넷째, Right Quantity^{최적의 적정물량}이다. 효과적인 전시를 위해서는 매장에 적정 재고량을 진열해야 한다.

다섯째, Right Condition^{최적의 판매상태 및 조건}이다. 고객들이 최적의 상태로 살 수 있도록 깨끗하고 신선도가 유지된 상태로 진열해야 한다. 식품은 매일 D&D^{Damage & Destroy} 관리를 철저히 한다.

여섯째, Right Price^{최적의 판매가}다. 고객들에게 좋은 품질이라는 점과 함께 합리적인 가격임을 인식시켜 주어야 한다. 모든 상품은 가격 경쟁력이 있어야 하며, 가격 경쟁이 어려울 때에는 과감히 상품 취급을 중지하여야 한다.

② **프라이스클럽의 상품 부문 지침도 눈여겨볼 만하다.**

- 브랜드 상품의 기준을 준수하게 했다. 백화점 수준의 품질과 브랜드 상품을 취급해야 한다. 그 상품군 안에서 시장점유율^{MS, Market share}가 가장 높고 브랜드 인지도가 있는 상품을 취급해야 한다. 시장에서 확고하게 가격이 입증된 상품만을 취급해야 한다. 최저가격과 높은 가치의 연계성을 보여주어야 한다. 판매촉진이나 로스 리더 상품^{loss leader, 구매 가격보다 저렴하게 판매하는 상품}과는 거리를 둬야 한다.

- 잘 팔리는 패키지 상품과 새로운 상품을 항상 취급해야 한다.

- 상품을 흥미롭게 만들어라. 놀랄만 한 가격을 만들어라. 새로

운 수요를 창조할 수 있는 아이템을 만들어라. 상품 포장을 새롭게 하여 신선감을 줘라.

- 상품에 관한 시장을 알아라. 가격과 효용에 관한 시장정보를 정확히 파악하라. 상품의 유통 채널을 정확히 파악하라. 모든 유통경로의 원가와 이윤을 파악하라. 해당 상품의 국내 전역 소매가격^{최저가/최고가}을 파악하라. 경쟁사의 평균 이윤을 파악하라. 전국 수준의 협력업체와 협상하라. 시장 변화와 조류에 적절히 대응하라.

③ PB^{private brand goods} **상품 개발에도 무척 신경을 썼다.**

프라이스클럽에서는 PB 상품의 개발을 대표이사가 직접 관할할 정도로 관심 있고 심도 있게 진행했다. 그 원칙은 브랜드 상품보다 20~50% 저렴한 가격으로 판매하는 것이다. 품질 수준은 적어도 브랜드 상품보다 같거나 더 좋아야 한다.

④ **가격 지침도 눈여겨볼 만하다.**

우리의 가격이 확실히 경쟁이 된다는 사실을 확신시켜라. 가격은 매우 중요하기 때문에 시장에서 가능한 한 최저가로 가져가야 한다. 한 상품이 경쟁점보다 높다면 고객들은 다른 모든 상품도 비싸다고 할 것이므로 협력업체에 최저 가격을 요구하라. 모든 Allowance^{허용치}를 수용하라는 것도 프라이스클럽의 경영 원칙이다. 그 형태는 볼륨리베이트, End cap allowance, introduction allowance, open allowance, 물류 allowance, spoil allowance, Demo allowance, 현금 결제 Allowance 등이 있다.

⑤ **경쟁 가격도 치밀하게 조사한다.**

그 원칙은 경쟁점이 취급하는 모든 것을 파악하라^{품목/가격/주} ^{협력업체 등}는 것이다. 매주 경쟁점의 시장조사를 통해 낮아진 가격에 대응하라. 경쟁점 가격과 싸워 이기든지 최소한 같게 하라.

⑥ **경쟁점 조사도 빼놓을 수 없다.**

경쟁점 상품은 가격/질/패키지 등 모든 부분이 우리의 비교 척도다. 당사와의 상품구성과 전개 내용, 방향 및 가격 경쟁력 을 비교하라. 경쟁사 미취급 시 시장에서 유통되는 상품과 비교 하라.

⑦ **원가와 매가 인상에도 원칙이 있다.**

우리는 쉽게 원가 인상을 받아들이지 않는다. 만약 한 제품의 가격이 인상된다면 회원들은 모든 상품의 가격이 인상된 걸로 생각한다. 인상하기 전 협력업체로부터 적어도 30일 전에 미리 서면 고지를 요구하라. 시장에서의 원가상황을 정확히 파악하 라. 인상이 필요하게 된 원인도 파악하라. 모든 업체의 원가 인 상 여부를 확인하라. 현재 판매가격을 유지하기 위해 원가인 상 전 물건을 매입토록 노력하라. 경쟁점들이 매가를 인상한 뒤 우리 매가를 인상한다. 필요하다면 새로운 협력업체를 발굴 하라.

⑧ **협력업체 지침은 아래와 같다.**

업체의 영업주기를 알아라. 업체의 재고 주기와 회계연도를 파 악하라. 업체의 생산 과다와 과소 시기를 알아라^{피크타임과 비수}

^기. 업체의 영업주기 중 때로는 재고를 처분하기 위해 특별조건
을 제공하는 점을 파악하라.

업체의 유통채널을 알아라. 업체가 도매업자, 소매업자 아니면
양자와 모두 거래하는지, 경쟁점과 거래하는지, 누가 업체의
최우수 거래처인지, 주로 업체가 광고하는 곳이 어디인지 파악
하라.

- 업체의 경쟁사를 파악하라. 경쟁사가 어디에서 그들의 상품
  을 생산하는지, 업체 및 업체 경쟁사의 마켓 수요는 각각 몇
  %인지, 그들의 경쟁사가 어떤 가격으로 팔고 있는지 파악
  하라.

- 좋은 협상에 중점을 두어라. 정직하게 협상하라. 모든 동의는
  문서로 작성하라. 업체에도 판매 추이를 파악하게 하고, 그들
  예상수치와 비교하게 하라.

- 협력업체 지침은 아래와 같다. 우리가 협력업체 방문 시 올바
  르게 대우를 원하듯이 우리도 모든 협력업체를 그와 같이 대
  우하라. 모든 대금 지급은 지정된 시간 내 지급하여라. 모든
  약속은 존중하라. 우리에게 양도한 모든 협력업체의 재산을
  우리 재산처럼 보호하라. 협상 시에는 항상 상대방을 배려하
  고 정직하게 행동하라.

- Tough & Fair! 2년 이상 거래한 기존 협력업체와 거래를 종
  료할 때에는 최소한 2단계 승인절차를 거치며 신중하게 심사
  하라. 어떤 종류의 사례금이나 선물도 받지 마라.

⑨ 상품에 관한 지침도 있었다.

- 제한된 상품을 가져간다. 20%의 아이템이 80%의 판매를 주

도하니(2대8 법칙) 20%의 매출 주력 아이템을 찾아서 전개한다. 서로 경쟁 되는 유사품목Duplication item을 동시에 전개하는 것은 피한다.

- 넓은 카테고리를 가져간다. 고객들은 사업상/개인적 용도로 그들이 필요한 모든 것을 원한다. 상품을 지속적으로 변화시켜 마치 고객들로 하여금 보물찾기하는 심정을 갖게 하라Treasure Hunter. 고객들에게 그들이 만약 지금 사지 않는다면, 다음엔 다시 살 수 없을 것으로 인식하게 하라early in 유도!

- 많이 광고되어 고객들에게 널리 알려진 브랜드를 취급한다. 업체 광고를 통해 고객들은 유명 브랜드가 좋은 품질을 갖고 있다는 것을 알고 있다.

- 실제로 가격 절감을 보여줘라. 고객들은 그들이 산 품목을 타 업체에서 똑같은 가격에 살 수 있다면 결코 당사에서 사려고 하지 않을 것이다. 상품이 아무리 판매가 잘 되어도 고객에게 가치를 주지 못하면 취급하지 마라(예: 담배).

⑩ 혁신적인 패키지를 만들도록 주문했다.

- 패키지와 진열은 고객 서비스다. 새롭고 흥미로운 상품과 상품군 및 서비스를 계속 개발하라는 것이다. Fresh food / Tire center / 주유소 / 약국 / 안경점과 같은 다른 차원의 비즈니스를 만들도록 하라.

- 매장을 보물섬Treasure Island으로 만들고 고객을 신바람 나게 하라. 상품 품목 수를 3,000품목으로 하여 상품관리의 효율성을 높여라. 상품 판매가를 최소화하기 위해 구전에 의한 무광고No Advertising를 하라. 카드 수수료를 아끼기 위한 현금 판

매를 하고, 인테리어 비용을 절약하기 위해 창고형으로 매장을 마련하라. 인건비 효율화를 위한 캄보 시스템을 운영하라.
- 가족과 같은 마케팅 개념Honest & Human marketing은 좋았다. 고객을 가족이라 생각하여 이익을 판매가에 포함할 수 없다는 생각이다. 예를 들면 개점 뒤 수입 청바지의 시중판매 가격이 8만 원인데 8% 이익만 보태서 3만 2천 원에 파는 행위다. 이러한 것들이 광고가 아니라 구전에 의해 알려지는 것No Advertising, but by wind of mouth이다.

입점 상품 선정에 고전

연수단이 귀국하면서 코스트코 개점 작업에 박차를 가했다. 나는 긴장을 풀 수 없었다. 프라이스클럽이 미국에서 대성공을 거뒀다고 해서 우리나라에서도 성공이 보장된 것은 아니었다. 가장 걱정스러운 것은 고객에게 받는 회비였다. 회비를 내야 입장과 구매가 가능한 회원제 창고형 할인점이 국내 소비자들의 마음을 파고들지 걱정되었다. 낱개 판매보다는 박스 단위로 포장되어 있고, 현금과 수표로만 결제가 가능하고, 배달 서비스를 하지 않는 점이 불만을 불러올 수 있었다.

우선, 상품 선정을 신중하게 시작했다. 미국 본사에서 적용하는 상품 카테고리 기준을 100% 반영하기로 했다.

"국내 시장점유율 1~3위 업체를 조사해 보세요. 백화점 영업을 하면서 축적된 정보도 활용하고……. 시장조사 방법도 새로 기획해야 할 겁니다."

카테고리를 발굴하기 위해 해당 업체를 통한 시장조사도 병행하도록 했다. 또 청량리와 영등포 도매상가, 대형 식당, 학교, 대형 회사를 방문하여 입점할 도매상품의 우선순위를 내부적으로 결정하게 지시했다.

그런데 업체들에게 새 업태의 취지를 열심히 설명했으나 이해를 하지 못하였다. 생소한 콘셉트 탓에 호응도가 기대에 미치지 못했다. 1위 업체와 접촉하기 어려우면 2위 업체, 3위 업체 순으로 만나 가격을 협상했다. 하지만 반응은 좋지 않았다. 담당 바이어들도 시큰둥했다. 그래서 새 업태 설명회를 본사 대연각빌딩 강당에서 8차례나 열었다. 나는 끈기 있게 협상을 밀고 나갔다.

"우리가 '최초'이고 반드시 성공할 수 있습니다. 신세계를 믿고 함께 해 봅시다. 모험에 도전하는 업체는 그 혜택을 반드시 받을 겁니다."

하지만 기존 가격을 고수하려는 업체들과 신경전을 벌일 수밖에 없었다. 업태 성격상 선정상품이 베스트 세일즈 상품 위주여야 한다. 그러면서도 최소 이윤을 통한 최저가로 판매해야 한다. 사정이 그러니 의견을 일치하는 게 힘들었다. 일부 시장 점유율 MS 1위 업체가 입점을 포기하는 통에 2, 3위 업체와 재협상을 벌여야 하는 어려움도 있었다.

유통업체가 제조업체를 이기다

"창고형 업태가 낯선 한국에서는 가격 파괴에 따른 마찰과 갈등이 우려됩니다. 그러나 이런 문제는 프라이스클럽이 진출한 캐나다, 영국, 멕시코 등지에서 이미 경험했습니다. 대처할 수 있는 노하우가 많기 때문에 너무 걱정하지 않아도 됩니다."

시네갈 사장은 할인 매장 사업이 시작되면서 제조업체와 갈등을 겪는다고 예고했고 이것은 그대로 맞아떨어졌다(사실 이마트를 시작할 때에도 이와 비슷한 일을 겪었다고 앞서 기술한 바 있다). 창고형 업태가 낯선 우리나라에서 가격파괴에 따른 마찰과 갈등이 수면 위로 떠오른 것이다, 서울우유를 비롯한 남양유업의 분유, 오뚜기식품의 카레 및 케첩, 동서식품의 커피, 동원산업의 참치통조림, 샘표식품의 간장은 프라이스클럽이 요구하는 가격으로는 도저히 납품할 수 없다며 제품 공급에 응하지 않았다. 일부 가전제품과 컴퓨터업체, 화장품업체, 가구업체도 같은 생각이었다(이마트 개점 때도 똑같은 상황이었다).

기존 유통업체들도 협력업체에 할인점과 동일한 수준의 납품가를 요구하고 나섬으로써 신·구 업태 간 싸움으로 번졌다. 어떤 백화점은 30여 개 대형 협력업체에 납품가를 프라이스클럽과 같게 하지 않으면 거래를 중단하겠다고 압력을 가했다. 이 백화점은 제조업체가 납품가를 인하하면 할인 가격으로 판매한다는 방침이었다. 할인점에 공급하는, 똑같은 상품을 더 비싸게 납품받을 수 없다며 용기나 포장을 차별화하라고 요구했다. 일부 문구도매 대리점업체도 거래업체들에 프라이스클럽에 상품을 계속 공급하면 대금을 지급하지 않겠다고 통보했다. 또 할인점 인근에 있는 대리점들도 거래업체에 저가 공급을 강력하게 요구했다.

그 당시 유통업체 간 마찰에 낀 제조업체들의 속앓이는 보통 큰 것이 아니었다. 백화점과 거래하는 제조업체들은 판촉사원 인건비, 매장 장식비가 포함돼 납품가격이 할인점보다 당연히 높을 수밖에 없다는 인식을 갖고 있었다. 하지만 막강한 구매력을 지닌 대형 백화점의 요구를 무시할 처지도 아니었다.

나는 단호한 조치를 취했다. 미국과 일본처럼 제조업과 유통업의 주도권 싸움이 유통업계의 승리로 끝난다는 것을 잘 알고 있었기 때문이다. 제조업체들이 유통업체 압력에 굴복해 납품을 중단하면 우량 중소기업과 제휴해 자체 기획상품 개발을 확대하고 외국에서 값싸고 질 좋은 상품을 찾아내겠다는 견해를 밝혔다.

정부도 우리 손을 들어줬다. 전문 할인점에 물품을 공급하지 못하도록 제조업체에 압력을 가하는 사례가 늘어나자 공정거래위원회가 이들 협회와 대리점, 백화점을 전면 조사했다. 당시 주무 장관도 "대형 할인판매점의 등장은 바람직한 일이므로 공정거래를 저해하는 행위는 엄단할 것"이라고 말했다.

우리는 이윤이 적어서 가격 경쟁을 해야 했다. 국내 상품을 들여왔을 때는 백화점보다는 30% 싸야 하고, 할인점보다는 15% 싸야 하는데 제조업체에서 우리에게 싸게 물건을 주지 않으므로 미국 제품을 팔 수밖에 없었다. 국내 제조업체들이 "우리가 납품하지 않으면 결국, 수입품이 느는구나"하는 생각이 들도록 자극을 준 효과도 있었다.

미국은 전 세계를 대상으로 아웃 소싱을 하는 힘이 있었다. 우리는 테이크 아웃하는 상황으로 물건을 받아왔다. 우리 바이어들은 경험이 아직 없었으므로 미국 바이어들의 상품 선택 기준을 배웠다. 전

세계의 좋은 업체 제품들을 싼 가격으로 받는 계기도 되었다.

코스트코는 국내 유통업계의 변혁을 일으키는 태풍의 눈인 셈이었다. 이미 시작된 가격 인하 경쟁을 유통업체가 주도하면서 제조업체들은 물류비용을 줄이고 원가를 절감하는 뼈를 깎는 노력이 요청됐다. 당시 주요 일간지는 아래와 같은 제목을 경제면 맨 위에 올렸다.

"매출 폭발에 대기업들 고자세 전략 수정!"

당시 농심과 같은 제조업체들을 중심으로 코스트코의 가격 정책을 이해하기 시작했다. 업체 대부분은 신세계 전략에 동참한 것이다. 이마트 창동점, 일산점에 납품을 거부했던 자세를 바꿔 코스트코에 상품을 납품하기에 이르렀다. 코스트코가 '일물일가一物一價' 원칙을 무너뜨리는 진정한 가격파괴의 업태로 부상한 것이다.

"무슨 매장이 이래? 꼭 창고 같네."

1994년 10월 7일, 드디어 코스트코가 문을 열었다. 준공업 지역인 서울특별시 영등포구 양평동 경인고속도로 입구에 지하 3층~지상 2층 규모로 국내 첫 회원제 창고형 도매클럽MWC이 등장한 것이다. 개점식 VIP로 제임스 레이니James T. Laney 주한 미국대사를 초청했다. 주한 미국상공회의소 임원들도 참석했다. 주한 미국대사가 유통업체 개점식에 참석하는 것은 아마도 코스트코가 처음일 것이다.

"매장이 뭐 이래. 창고 같네."

새로 문을 연 매장에 찾아온 고객들은 깜짝 놀랐다. 콘크리트 바닥에다 천장에는 몸체가 다 드러난 환기통이 매달려 있었다. 조명이

구석구석 밝히고 있지만 약간은 어둠침침하게 보이기까지 했다. 제품은 진열이 되기는 커녕 철근으로 만든 선반에 상자째 쌓여 있었다. 상품도 지게차가 옮겼다. 사고 싶은 물건이 어디에 있는지 물어보려고 주위를 둘러봐야 안내하는 직원도 보이지 않았다. 구매한 상품이 컨베이어 벨트 위로 옮겨지면서 예전 방법보다 훨씬 쉽고 빠르게 계산이 되었다.

고객들 표정은 밝았다. 쇼핑하기에 다소 불편하지만 값이 싸기 때문이다. 시중에서 7만 9,000원인 게스 청바지를 2만 5,000원에, 4,800원 하는 유한락스를 3,000원에, 9,000원 하는 삼양라면 한 상자를 6,500원에, 9,600원인 오리온 초코파이를 6,900원에 판매했다. 고객 회원들은 생활비를 10% 이상 줄일 수 있으니 반가울 수밖에 없었다.

코스트코 양평점의 영업 시스템은 현금 무배달로 했다. 저급 상품을 배제하여 품질을 보증했다. 그러면서도 회원에 한해 시중보다 20~30% 정도 저렴한 가격으로 팔았다. 낱개 상품보다 상자나 묶음

1994년 10월 7일 프라이스코스트코 양평점 개점식 장면.

으로 판매했고 대금은 현금과 수표 지급을 원칙으로 했다.

영업 이익률은 7~8% 선으로 잡았다. 취급 품목은 가공식품과 1차 식품 중 잡화, 가구, 완구, 가정용품, 전기전자제품, 스포츠용품, 자동차용품에 이르는 3천여 종이었다. 시장점유율 상위업체의 상품을 중심으로 준비했다. 식품과 비식품의 비율은 50%씩이고, 도매에 비해 소매 비중을 70%로 높게 잡았다.

당시 미국 코스트코사는 미국과 영국, 캐나다, 멕시코 등에 220여 개의 점포가 있는 업계의 선두주자였다. 1993년 당시의 매출은 37억 달러에 달했다. 본사에서는 신세계 측에 3천여 품목 중 15% 선의 상품을 공급했다. 본회원, 가족회원, 법인회원, 골드회원의 회비는 3만 원이고, 가입자들은 미국, 유럽 등 외국에 소재한 코스트코 세계 매장 어느 곳에서도 상품 구매가 가능하다.

"날개돋친 듯이 팔리는 엄청난 크기의 초대형 피자!"
"2만 원대의 놀라운 가격-리바이스 청바지!"
"하루 10개 팔레트 넘게 팔리는 24롤 화장지!"
"유통업계의 기린아, 가격 혁명의 기수!"

수많은 수식어가 연일 신문기사 제목으로 넘쳐났다. 코스트코는 언론의 관심 속에 유통 신천지로 각광을 받기 시작했다. 회원 가입이 줄을 이었다. 상품 수요가 폭발적으로 늘어났다. 실제로 개점 한 달 만에 평일 하루 평균 매출액이 3억 원, 주말엔 하루 평균 매출액이 6억 원 가량이나 됐다. 잘 팔린 인기 품목은 가격 할인 폭이 큰 제품이나 장기간 보관이 가능한 반가공 식품 등 생필품류가 대부분이었다. 특히 주말에 가족 나들이를 가는 데 필요한 야외용품도 잘 팔렸다.

가격을 저렴하게 한 비결은 어디에 있을까. 일단, 운영 경비를 최소화한 것을 들 수 있다. 내부 장식을 거의 하지 않고 철제조립식 진열대에 팔레트와 박스 단위로 진열하고 지게차로 상품을 이동시킨 것이다. 그다음, 납품과 중간 유통단계를 줄임으로써 물류비용을 절감한 것도 한 요인이다.

1년이 되는 시점인 1995년 10월 7일 매일경제신문이 보도한 인기 상품들과 연간 매출은 아래와 같았다.

> 1위: 코스트코 피자(15억 3천만 원)
> 2위: 호텔용 아이스크림(7억 원)
> 3위: 뽀삐 두루마리 화장지(6.5억 원)

코스트코 양평점은 승승장구했다. 260개 전 세계 코스트코 매장에서 5위 이내에 안정적으로 들었다. 추석이나 설과 같은 명절 때는 세계 1위에 올랐다. 고객들은 계산대에서 반대편 매장 벽까지 길게 줄지어 섰다. 일부 고객들은 기다리다 지쳐서 카트를 버리고 그냥 가기도 했다.

"땅덩어리가 좁은데도 장사가 잘된다. 도대체 그 비결이 무엇이냐."

미국 본사에서도 관심 있게 지켜보았다. 매출 규모가 놀라울 정도로 많았기 때문이다. 평일 4억 원, 주말 6억 원, 연 매출 1,700억 원대를 기록했으니…… 레이니 주한 미국대사는 개업식 기념사에서 "매장을 이렇게 한가롭게 걸을 수 있는 것은 오늘이 마지막이 될 것 같다"고 말해 좌중을 즐겁게 한 것이 그대로 적중했다.

그 뒤의 일이기는 하지만 한국 코스트코 점포들이 1위를 포함하여 항상 상위 랭킹을 유지했다. 매장을 만들 당시 270대 주차 규모였고 매출 목표는 800억 원이었다. 과연 이것을 이룰 수 있을까 걱정했으나 지금은 주차 규모가 800대고 매출은 5,000억 원 이상으로 세계 1위 매출 점포가 되었다고 한다.

코스트코는 신세계와 이마트의 경영과 한국 유통산업 발전에 크게 이바지를 했다. 우리나라 유통업과 사회 전반에 가격파괴 바람이 거세게 불게 했다. 신세계가 1993년에 이마트 창동점, 1994년에 코스트코 양평점을 개점하기 이전에 가격파괴라는 말은 그 누구에게도 생소했던 단어다. 그러던 것이 이제는 사회 전반에 '현재'로 다가와 있다. 그때 신세계가 창조적 파괴를 하지 않았다면 '미래^無'는 얼마나 지난 후에 '현재^有'가 되었을까? 신세계인들의 창조적 가격파괴는 우리나라 유통산업과 소비자들에게 이바지한 바가 크다.

기존 방식에 변화를 주는 것이 혁신이고 무^無에서 유^有를 만드는 것이 창조라고 한다. 미래는 아직 오지 않은 것이 아니라 아직 실현되지 않은 것이라고 한다. 창조정신은 '무'를 '유'로, '미래'를 '현재'로 만들 수 있다. 이러한 창조정신은 새로운, 혹은 전혀 다른 시각으로 현재를 바라보는 것에서부터 출발한다.

종합하여 말하면, 한국 코스트코는 프라이스클럽의 선진유통기법과 신세계의 한국 유통 노하우가 잘 결합하여 시너지 효과를 최대로 끌어올린 사례다. 영업 방식은 고객이 원하는 상품만 고객이 원하는 방식으로 구매하게 하는 6RIGHTS 상품철학이 바탕이 되었다. 저렴한 가격을 위한 각고의 노력, 광고를 내지 않는 전략, 신용카드도 받지 않는 방식, 매장 인테리어를 최소로 하고 회원제를 시행하는 독특한 판매방식을 어느 경쟁자도 따라갈 수 없었다. 그리하여 평균 이익률 8%로 영업이 가능함에 따라 성공을 거둔 것이다. 앞으로도 이러한 경쟁우위 요소가 사업 성공으로 이어질 것으로 본다.

흘러넘쳐 들어오는 돈! 돈! 돈!

코스트코를 개점한 뒤 겪은 에피소드는 일일이 헤아리기 힘들 정도로 많다. 몇 가지를 소개하면 아래와 같다.

- 양평점 개점 때 카드를 받지 않고 현금으로만 받으니 돈이 흘러넘쳤다. 얼마를 벌어들였는지 세어야 하므로 돈 세는 방을 따로 두어야 할 정도였다. 돈통에 200만 원씩 넣어서 캐시어와 슈퍼바이저가 서로 확인한 뒤 에어 슈트로 쏘면 금고를 향해 파이프를 타고 날아가기도 했다. 일요일에 7억 원이 넘는 현금을 계산대 16대로 처리하던 당시 상황은 전쟁터 같았다. 그 소식이 MBC 뉴스에도 나왔다. 몇몇 직원들이 인대가 늘어나 병원 치료를 받았다. "제발 화장실만 가게 해 달라"는 애타는 호소도 나왔다.
- "한국인들은 화장실에서 대변만 보냐. 이해되지 않는다. 한국인들은 화장지를 왜 그렇게 많이 사 가느냐."
  미국 임원들이 카트마다 롤 화장지가 덩그러니 실려 있는 것을 보고 이렇게 말했다. 이상하게도 고객들마다 카트에 롤 화장지를 한 줄씩 싣고 다녔기 때문이다. 마치 기본 필수품 같았다. 가격이 싼데다 생활필수품이다 보니 많이 사가도 버릴 이유가 없다는 것으로 해석됐다. 그런데 이것이 미국 관계자들에게는 신기한 현상으로 보였다.

- 코스트코 1호점을 성공적으로 개점하면서 미국 시애틀에서 열린 콘퍼런스에 나와 유하일 부장이 참석한 적이 있다. 설명회에서 양평점 성공의 핵심은 창조적 가격 파괴에 있었다고 소개했다. 가격파괴는 인건비, 관리비 등 원가절감과 저렴한 가격으로 물건을 구매할 수 있는 노하우 축적을 통해 가능하다고 설명했다. "일요일 하루 피자의 매출액이 2,000만 원"이라고 말하자 모두 탄성을 질렀다. 한 사람이 "한국 피자에 카페인이 들어간 것 아니냐?"고 물어 장내는 웃음바다가 됐다. 당시 그 피자는 12,500원으로, 미국에서 밀가루 반죽을 해서 냉동으로 가져온 것을 구워서 판 것이다.

- 물건을 많이 산 고객이 용달차를 불러서 싣고 가기도 했다. 한 고객은 용달차가 준비가 안 되어서 이삿짐 용의 2.5톤 차를 불러서 타고 간 적도 있다. 여의도 사는 고객인데 100만 원 이상을 구매한 것으로 기억된다. 코스트코에서 쇼핑하다 보면 예상했던 것보다 더 사게 된다.

- 미국 본사 직원들이 양평동 개점 업무를 도와주러 몇 개월 체류했다. 그중 한 미국 직원은 한국 사람을 이해하고 한국 사람이 되기 위해선 개고기를 꼭 먹어야 한다는 강권에 못 이겨 대연각 앞에 있는 보신탕집에 갔다. 보신탕집 입구에 들어서니 음식을 먹던 모든 사람이 그 직원을 쳐다보았다. 머리가 노랗고 덩치가

큰 외국인이 개고기를 먹으러 왔다는 사실이 충격적이었던 것이다. 그는 개고기가 생각보다 맛있다고 말했다.

- 회원카드에 사진을 넣기로 했는데 초기에 너무 혼잡한 데다가 카메라마저 제대로 작동하지 않아 차질이 생겼다. 그래서 회원 카드를 사진도 없이 발급하는 상황에 이르렀다. 그런데 이 때문에 카드를 동네 사람들에게 빌려주는 사례가 발생했고, 이로 인해 초기 회원 부족 시에 역으로 도움이 되기도 했다. 하루 1,200명의 회원이 가입했고 개점 8개월 만에 회원 100,000명을 확보했다.

코스트코 흑자 경영 비결

개점 초년부터 흑자경영을 이룩한 코스트코의 초기 사업구조는 아래와 같다.

① 3만 원의 회비
② 현금과 수표만 사용 가능 / 무배달 원칙 Cash&Carry
③ 영업이익 7~8%, 소매 : 도매=7 : 3
④ 백화점 바겐세일보다, 전문도매시장보다 싸게
⑤ 오전 10시~오후 7시 30분 영업. 매주 월요일 휴무

신세계는 코스트코 개점을 계기로 국내 유통업계에 몇 가지 변화를 가져왔다.

- 상품 판매는 현금과 수표만 가능하고 카드 결제는 되지 않았다. 카드 수수료를 절약하여 소비자에게 상품 판매가를 조정해 주는 정책이었다.
- 움직이는 에스컬레이터 도입이다. 이것은 미국에서는 볼 수가 없었다. 대만 마크로와 까르푸에 직원들을 보내 움직이는 에스컬레이터를 모방하게 했다.
- 카트 바퀴 개선이다. 무빙워크 위에서 굴러다니지 않는 바퀴를 사용했다. 독일제 바퀴만을 구한 것이다. 덕분에 소비자들이 카트를 손쉽게 다룰 수 있었다.
- 도매와 소매업을 동시에 할 수 없었던 법령을 개정하도록 여론을 만들어 관철시켰다.
- 가격표시제를 개선했다. 일물일가 법칙에 따라 상품별로 가격 표시를 하던 것을 렉에 대표가격을 표시하는 것으로 바꾸도록 했다.
- 병행수입을 허용하게 했다. 지적 재산권 보호와 소비자 혜택 중 선택 차원에서 병행수입을 받아들인 것이다.
- 상품의 모든 취급 단위는 팔레트 100~120으로 규격화할 수 있었다. 유럽과 아시아가 통일되어 트럭 운송 사이즈가 같았다. 그래서 110~110이던 우리도 100~120에 맞추기 시작했다. 이것도 유통을 근대화한 사례다.

그러면, 코스트코 양평점이 잘 된 배경은 무엇일까?

첫째, 홍보전에서 적중했다. 앞에서도 언급했지만, 국내 주요 일간지 유통 기자들에게 미국 유통시장을 보여주었다. 미국 코스트코의 홀세일 매장도 견학하도록 했다. 언론에서는 새 업태와 양평점을 호의적으로 소개했다. 소비자 인식도 예상보다 빨리 변했다.

둘째, 제품이 우수했다. 미국 상품을 값싸게 구매해서 들여왔다. 번들로 들여오기도 했다.

셋째, 가끔 한 번씩 기획대전을 준비했다. 골프채 등 100만 원짜리를 20~30만 원에 싸게 사도록 진열해 놓았다. 이렇게 일주일을 하고 딱 끝내 버렸다. 치고 빠지는 행사였다. 샘소나이트 가방도 저렴하게 수입하여 이렇게 판매했다. 전략을 다양하게 펼친 것이다.

넷째, 연회비 30,000원도 효자 노릇을 했다. 30달러 정도의 회비였다. 당시 이윤을 8%만 잡았는데 초기에 회원을 10만 명 모았으니 30억 원이 들어온 것이다. 정말로 큰 이익이다. 처음에는 어려울 것으로 보았다. 하지만 3만 원 이상의 가치를 창출했다.

다섯째, 가격이 쌌다. 백화점 매출은 24~25% 이윤이 있어야 한다. 이마트는 12~13%의 이윤이어야 한다. 그런데 코스트코는 8%만 남아도 된다. 그러니 싸게 팔 수 있었다.

여섯째, 영업 방법이 독특했다. 미국이나 유럽에서도 그 회원 카드를 같이 사용할 수 있다.

당시 직원들은 이렇게 회고한다. "코스트코의 성공 요인에는 몇 가지가 있습니다. 첫째, 미국 프라이스클럽 연수 때 전표 작성 하나까지도 미국 것을 그대로 한 점, 둘째, 15명이나 되는 많은 직원이 미국에 장기간 연수를 간 점, 셋째, 개점 전에 언론 종사자들에게 할인 업태 관련 교육과 홍보를 한 점, 넷째, 유통시장 전면 개방 전에 영업을 시작한 점을 들 수 있습니다."

아직도 여러 유통업체가 경쟁자를 대상으로 벤치마킹하는 양상을 보이며 레드오션에서 악전고투하고 있다. 기업이 도약하기 위해서는 벤치마킹적 개선정신을 뛰어넘어 창조적 도전정신으로 블루오션을 개척하지 않으면 안 된다. 시장을 지배하기 위해 남이 걷지 않은 새 길을 걸어가라. 시장이 무엇을 필요로 하는가를 유심히 들여다보면서 언제나 시장 요구에 맞추거나 오히려 한발 앞서서 능동적으로 변신해야 한다.

코스트코 양평점은 IMF 한파로 긴박한 상황에서 신세계가 위기에서 벗어나 한 단계 도약하는 데 필요한 디딤돌이 되었다. 유통시장이 전면개방되기 전에 유통단계 혁신과 판매관리 최소화로 파격 할인을 하는, 한국 최초의 회원제 창고형 매장이란 점에서 의미가 컸다. 또 미국 프라이스클럽과 맺은 비지니스 제휴는 경영 노하우로 활용할 수 있었다. 만약 신세계가 이런 기회를 잡지 않았다면 현재 위상을 확보하지 못했을 것이다. 까르푸, 마크로 등 외국 거대 유통업체들에게 시장을 빼앗겼을 가능성이 높다.

미국 코스트코는 한국 프라이스클럽의 영업을 지원하면서 배운 노하우를 미국에 적용하기도 했다. 뉴욕 맨하튼에 진출할 때, 미국에서 복층매장 구조로 영업을 해 보지 않은 코스트코 본사에서는 이미 한국에서 경험한 바를 많이 활용했다고 한다. 역으로 로열티를 받아야 하는 것 아닌가 하고 혼자 미소 지어본다.

"거북이처럼 기어가되 콘셉트를 지켜라."

"이마트는 확장하면서 왜 코스트코는 확장하지 않습니까?"

어느 날 미국 코스트코 임원이 이렇게 물어왔다. 한국에서 경영이 잘 되는데, 확장을 안 하니까 의아했던 것이다. 그래서 서대전과 대구에 점포를 만들었다. 대구는 시에서 만든 유통단지에 부지를 매입하여 개점했다. 완전히 코스트코 설계 그대로 했는데 건물공사를 탄탄하게 해서 비용이 적지 않게 들었다. 언제 돈을 벌어서 자금을 회수할 수 있을지 의문이 들었다. 그런데 영업 실적도 부진했다. 그래서 짐 시네갈 사장한테 "대구에서 영업이 잘 안 되는데 어떻게 했으면 좋겠느냐"고 물었다. 그랬더니 다음과 같이 말했다.

"콘셉트를 반드시 지키면서 토끼처럼 깡충깡충 뛰지 말고 거북이처럼 엉금엉금 10년간만 기어가면 성공하는 것이 경영 법칙입니다. 천천히 가도 될 겁니다. 끊임없이 이 방식을 고수하면 이익이 나옵니다."

짐 시네갈 사장은 오너답지 않게 그 방식대로 밀고 나가자고 답변했다. 이 말은 당장 이익을 내라고 급하게 닦달하는 많은 경영자에게 귀감이 가는 말이다. 곧 콘셉트의 중요성을 일깨워 주는 말이었다. 요즘 경영자는 자기가 해야 할 방향이나 콘셉트도 세워 놓지 않고 이익이 없다고 닦달한다. 그런 면에서 시네갈 사장의 조언은 '경영자가 조급하게 마음먹지 말고 일관성 있게 경영전략을 추진해야 한다'는 뜻으로 해석할 수 있다. 실적에만 관심을 갖고 결과를 내라며 아랫사람을 들들볶는 경영자들의 잘못된 태도를 지적한 것이다.

시네갈 사장은 평균 8% 이상 이윤을 확보하려고 하지 않았다. 어떤 한 품목의 경우 0% 이상 15% 이하로만 이윤을 붙이고 그렇게 하기 어려우면 사전 승인을 받도록 했다.

"양평동 코스트코는 현재 세계 1등이다. 최선을 다해서 합리적인 가격을 붙여놓으면 됩니다. 이윤이 떨어진다고 해서 이익을 더 붙이려고 하면 안 됩니다. 우리 소비자 가족에게 값싸게 물건을 주는 게 의미 있는 일입니다. 이것을 철석같이 지켜야 합니다. 느린 것 같지만 결국, 이래야 성공합니다."

시네갈 사장은 1994년 10월 8일 매일경제신문 인터뷰에서 이렇게 말했다.

"한국 소비자들에게 코스트코를 소개하게 되어 기쁩니다. 최저 가격으로 질 좋은 상품을 공급하는 것이 우리 회사의 경영철학입니다. 회원제 창고형 업태인 우리보다 더 낮은 가격으로 동질의 상품을 공급하는 업태는 없으리라 생각합니다. 코스트코의 성공 요인은 가치와 품질에 달려 있습니다. 신세계가 한국에서 가진 영향력과 코스트코의 세계적인 상품 공급력과 유통 노하우가 조화를 이룬다면 한국 유통업계에도 발전적인 계기가 될 것으로 생각합니다."

미국 본사에서는 양평점 영업이 호조를 보이자 끊임없이 관심을 가졌다. 어느 날 조선호텔에서 미팅을 하는데 시네갈 사장이 우리도 직접 투자하면 좋겠다면서 지분 투자나 합작회사를 제안했다. 그때 일부 경영진이 그렇게 하라고 별 뜻 없이 답변을 했다. 이 말을 전해 들은 나는 달리 생각했다. 이들이 자금을 투자한 뒤에 '콩 내놓아라, 감 내놓아라' 할 게 확실하기 때문이다.

나는 얼마 뒤 당시 유하일 코스트코 담당 이사 및 김성순 과장과 미국에 가서 미팅을 했다. 미국에서는 짐 시네갈 사장과 프란츠 라자루스 해외 담당 부사장이 참석했다. 프란츠 부사장이 "지난번 한국 미팅 때 지분 출자하는 것을 허락했다. 얼마를 출자하면 되겠느냐" 하고 이야기했다.

나는 딱 잘라버렸다. "우리는 그렇게 할 생각이 없다. 잘못 전달된 것이다"라고 말했다. 이들은 얼굴이 붉게 변했다. "무슨 이야기냐"고 되물었다.

그러다가 IMF가 터지고, 그 해 5, 6월부터 분위기가 달라져 시네갈 사장에게 "지금도 관심 있으면 코스트코를 사라"고 제안했다. 그리고 나는 퇴사를 했다. 그 뒤에 코스트코를 미국 측에 넘겨주고 신세계는 운영에서 손을 뗐다.

3장

신세계와
스타벅스의 만남

스타벅스 1호점이 이화여대로 간 사연

서울 신촌에 있는 이화여대 부근은 항상 젊은 사람들로 붐빈다. 이대생처럼 보이고 싶은 막연한 기대와 호기심에 방문하는 여성들, 이대생과 짝을 짓기 위해 어슬렁거리는 남학생들…….

요즘엔 중국 관광객들에게도 이대가 인기라고 한다. 영화 '타짜'에서 "왜 이래, 나 몰라? 나 이대 나온 여자야!"라고 말한 김혜수 대사가 한때 유행한 적도 있다. 한마디로 여성들의 '로망'인 이화여대는 사람들의 시선을 끌기에 안성맞춤이다.

그런 이유 때문일까, 세계적인 대형 커피 유통업체, 스타벅스Starbucks의 대한민국

대한민국 스타벅스 1호점인 이화여대점.

1호점도 이화여대 정문 앞에 있다. 소파에 파묻혀 아가씨 손을 매만지던 다방 중심의 설탕 커피 문화를 혁명적으로 개선한 발원지가 바로 이곳이다.

2013년 1월 3일 오후 6시, 이화여대 스타벅스 1호점. 나는 신세계 대표이사 시절 함께 일했던 임직원 2명을 만나려고 이곳에 들어섰다. 간단한 나무 탁자와 푹신한 소파까지 다양한 종류의 테이블을 세련미 넘치게 배치해 놓았다. 빈자리를 찾기 어려울 정도로 여대생들로 북적거렸다. 향긋한 커피 향이 매장에 가득 찼다.

빈자리를 찾지 못해 1~3층을 두어 차례 오르락내리락했다. 강성득 상무가 도착했다. 3층에 자리를 잡고 창밖을 보았다. 간밤에 내린 가로수의 눈이 거리의 조명과 환상적으로 어울렸다. 잠시 후 당시 국제업무과장이었던 김성순 씨도 합류했다. 카페라떼, 카푸치노, 프라푸치노 혼합, 카페모카를 한 개씩 주문했다. 우리 세 사람에게 이곳은 특별한 장소다. 우리는 스타벅스의 한국 사업권을 따기 위해 함께 구슬땀을 흘렸던 주인공이기 때문이다.

"스타벅스에 애정이 많아서 마치 자식 같습니다. 1997년에 시애틀 본사를 방문한 뒤 '이런 커피 문화는 본받을만하다'는 생각이 들었습니다. 그저 그런 커피숍이 아니라, 사람과 사람을, 사람들과 사회를 연결하는 새로운 문화공간, 열린 소통의 공간으로 승화시킨 데 매료된 것입니다. 본사에 가서 MOU^{memorandum of understanding}를 체결하는 데 2년 걸렸고, MOU에서 1호점 개점까지 또 2년 걸렸습니다. 이대 정문 앞에 1호점 부지를 확정하면서 '이제 이 사업은 계속 진행되겠구나' 생각했습니다."(김성순)

"당시 일부 신세계 관계자들은 스타벅스 사업 진출을 부정적으로 보았습니다. 로열티 비율이 높다면서 계약을 파기하자는 의견도 많았죠. IMF 영향으로 코스트코 지분 매각에다 중국 이마트 투자 축소에 이어 스타벅스 사업 추진도 어려움을 겪었습니다. 그런데 결국, 사업권을 획득했고, 스타벅스 덕분에 커피문화가 개선되었습니다. 오늘 다시 와 보니 옛 생각이 납니다. 잘 선택했다고 봅니다."(강성득)

"다른 기업에서도 스타벅스를 해 보려고 수도 없이 뛰어들었죠. 하지만 막상 시도를 하지 못했습니다. 당시 한국은 다방문화였는데 대기업 체면도 있었기 때문에 쉽게 실행에 옮기기 어려운 분위기였죠. 그저 검토만 하다 만 것입니다. 이것을 신세계가 해낸 것이죠. 우리 고유의 사랑방 문화에 새로운 커피 문화를 접목하는 혁신을 한 셈입니다. 스타벅스 1호점인 이화여대점은 예전의 다방이나 커피숍과는 너무 달랐죠. 사실 예전엔 현재의 커피숍 분위기를 상상할 수가 없었습니다."(권국주)

우리는 스타벅스 한국 사업권을 따기 위해 태평양을 수차례 횡단하면서 협상을 벌였다. 로열티를 주고 미국의 커피숍을 도입해 수익을 창출해 보자는 것은 부차적인 일이었다. 우리는 스타벅스 본사가 있는 미국 시애틀에 가보고 '이런 문화는 들여와도 좋겠다'는 확신이 들었다. 그래서 주위 반대를 무릅쓰고 일을 성사시켰다. 한국의 커피 문화를 한번 바꿔 보자는 생각이었다.

옆에 앉은 여대생 2명이 우리에게 시선을 고정하는 게 느껴졌다. 우리 대화에 관심이 가는지 귀를 쫑긋 세우는 것 같았다. 이유는 간단했다. 자신들이 커피를 마시고 있는 '스타벅스 1호점 이화여대점'을 개점한 이야기를 하고 있었으니 말이다. 그것도 생기발랄한 여대생들로 가득한 매장 분위기에 맞지 않게 60대 2명과 40대 1명이…… . 우리 정체가 궁금했을 것이다.

주위를 의식한 우리는 고개를 돌려 매장 분위기를 주욱 살펴보았다. 책을 보는 여학생, 노트북으로 보고서를 쓰는 여학생, 친구와 함께 의논해 가면서 과제를 하는 여학생, 커피를 마시면서 누군가를 기다리는 여학생, 진지하게 토론하는 대여섯 명의 여학생들……. 지금은 우리나라 어느 곳에서든지 쉽게 볼 수 있지만, 이화여대 1호점이 생길 때만 해도 생소한 풍경이었다. 그 시절 커피 문화를 주도하던 다방에서는 20~30대 여성들이 서비스를 하고, 40~50대 중년 남성들이 주 고객이었기 때문이다.

그러면, 스타벅스 1호점을 왜 이화여대 정문 앞에 열었을까? 값비싼 커피(당시 5,000원)로 여대생들의 자존심을 살짝 건드리는 '프리미엄 마케팅'을 펼친 것일까, 남들보다 우위에 서서 자랑하고 싶은 심리를 이용한 마케팅이었을까, 아니면 황금 소비 계층인 젊은 여성들을 우선 겨냥하고, 이들을 연모하는 남성들을 그다음으로 끌어들이는 작전이었을까…….

"당시 신촌에 있는 연세대와 이화여대는 미국에서 온 교환학생이 많았습니다. 미국인들도 있었고 재미교포들도 있었죠. 이들은 이미 스타벅스를 알고 있었습니다. 여름이 되면 신촌으로 몰려들었죠. 이들이 스타벅스를 자주 이용하면 저절로 홍보가 될 것으로 기대했습니다. 영어를 쓰는 학생들이 스타벅스 컵을 들고 다니면서 홍보를 해 준 셈이죠. 초기에는 멋쟁이 여대생들이 스타벅스 컵을 들고 다니는 게 유행이었습니다. 일반 믹스 커피보다 훨씬 비싼 스타벅스 커피를 들고 다니면서 자신이 최고 품질을 찾는 특별한 사람이라는 느낌이 들게 한 것입니다. 1호점을 이대 앞에 둔 것은 바로 그 이유였

습니다. 최고급 커피문화'의 입소문 진원지를 이화여대로 택한 것은 성공적이었습니다.”(김성순)

“커피도 패션이라고 하지 않습니까? 새로운 문화를 들여온 것이지요. 당시 커피숍을 대기업에서 하는 게 이상했을 겁니다. 미국 대학에 보니 교정에 스타벅스가 있을 정도였습니다. 우리가 생각하는 다방과 다른 느낌이 들었죠. 당시 여론과 수익성 문제 때문에 걱정하기도 했습니다. 점포 유지도 걱정되었지요. 본사에 수익구조 자료를 보여 달라고 해도 기업 비밀이라면서 안 보여 주더군요. 그런데 착수해 보니 문제가 없었습니다. 당시 스타벅스 본사에 자신이 있으면 지분을 투자하라고 했으나 5년 뒤에 지분 참여하겠다고 하더군요. 사업이 되는 것을 봐가면서 하겠다는 것이었죠.”(강성득)

오랜만에 만난 우리 이야기는 그칠 줄을 몰랐다. 신세계와 스타벅스가 인연을 맺고, 한국에서 커피 문화를 바꾸게 된 아련한 추억을 회고했다.

美 커피유통업체 스타벅스 국내 상륙
서울 신촌 이화여대 인근에 3층 규모의 스타벅스 국내 1호점 개점

〈연합뉴스 1999-07-14〉= 코카콜라, 맥도날드와 함께 미국 식음료 문화를 대표하는 커피유통업체인 스타벅스가 국내에 본격 상륙한다. 신세계백화점은 오는 27일 서울 신촌의 이화여대 인근에 3층 규모의 스타벅스 국내 1호점이 문을 연다고 14일 밝혔다.

미국 시애틀에 본사를 두고 있는 스타벅스는 2만 6천 명의 임직원을 거느린 대형 커피유통업체로 원두커피, 음료, 커피 기기 등 커피 관련 제품, 아이스크림 등을 판매하면서 지난 99년 3월 28일까지 7개월 동안에 7억 8천

100만 달러 어치의 판매실적을 올렸다.

이번 스타벅스 진출은 국내 커피유통시장에 상당한 영향을 줄 것으로 보인다. 특히 5천억 원대로 추정되는 커피전문점 시장이 직접적인 타격을 입을 전망이다.

신세계 관계자는 "스타벅스 국내 분점 운영은 신세계백화점 관계사인 '에스코코리아Escokorea' 가 담당한다"고 설명하고 "26일 간담회를 열어 향후 사업내용 등을 밝힐 예정"이라고 말했다.

이 관계자는 "한국 스타벅스는 커피 이외에 다양한 커피 관련 기기나 제품 등을 파는 유통업체로 기존의 국내 커피전문점과는 개념이 다르다"고 덧붙였다.

스타벅스는 이에 앞서 한국시장 진출을 위해 지난 97년 하반기에 신세계백화점과 사업계약을 정식으로 체결하고 그동안 부지물색과 실무진 교육 등 준비작업을 벌여왔다.

〈임정섭 기자〉

우연히 맺어진 스타벅스와의 인연

신세계가 스타벅스 국내 사업권을 딴 사연은 흥미롭다. 신세계는 1992년 삼성그룹에서 분리 독립한 종합유통기업이다. 중장기 발전 전략Vision-40 아래 다양한 사업을 전개하면서 백화점, 호텔, 대형 할인점이마트, 회원제 도매클럽코스트코, 외식사업, 해외 브랜드 의료 잡화 사업, I&C 등에 뛰어들었다.

여기서 회원제 도매클럽인 코스트코의 미국 관계자들이 스타벅스를 소개해 주었다. 코스트코의 대주주인 제프리 브로트만^{Jeffrey Brotman} 회장과 짐 시네갈 사장, 프란츠 라자루스^{Franz Lazarus} 부사장이 그분들이다. 1995년 어느 날 저녁, 서울 소공동 조선호텔 식당에서였다.

"좋은 사업이 있으면 소개 좀 해 주세요."

"스타벅스!"

"네? 스타벅스가 뭡니까?"

"커피숍!"

"커피숍이라고요? 신세계가 다방업까지 해서 되겠습니까?"

새로운 사람을 만나 대화하는 것은 하나의 즐거움이지만 때로는 새로운 기회를 발견하는 뜻밖의 자리가 되기도 한다. 신세계와 스타벅스의 만남은 이렇게 시작되었다.

신세계가 1994년 10월에 코스트코를 한국에 도입한 이후 미국 코스트코의 임원과 직원들이 한국으로 출장 오는 일이 잦았다. 나는 협상 뒤에도 상대편과 좋은 관계를 유지하려고 노력했다. 임원 일곱 쌍 부부가 방한했을 때는 북한산 자락의 한식당에서 식사도 하고, 전체 임원만 왔을 때에는 노래방 기기 연주를 곁들여 노래를 부르면서 즐겁게 보내기도 했다.

이들 중 해외담당 부사장인 프란츠 라자루스와 자주 만나 의견을 나누었다. 어느 날 저녁 조선호텔 식당 'Ninth gate'에서 그와 만났다. 그는 "좋은 사업을 소개해 달라"는 내 질문에 마치 예상하고 있었다는 듯이 즉각 "스타벅스!"라고 간단명료하게 말했다. 그는 말하고 나면 얼굴이 빨개진다. 다른 말을 붙이지도 않고 "스타벅스"라고만 말해서 그게 뭐냐고 되물으니 커피숍이라고만 답변했다. 또 "직접 시애틀에 가 보면 생각이 달라질 것"이라며 스타벅스에 관심을 기울여볼 것을 권유했다. 프란츠 라자루스 부사장은 동생 부인이 한국계라서 한국 문화에 관심이 많았다.

그가 말하는 시애틀이란 스타벅스 1호점 매장을 말한다. 1971년에 스타벅스를 세웠는데 그 5년 뒤에 현재 자리인 파이크 플레이스^{Pike Place} 1912번지에 1호점을 세운 것이다. 이곳은 단순히 커피만 파는 게 아니라 커피문화를 파는 곳으로 유명하다. 각종 커피 외에 빵이나 케이크를 판매했다. 심지어 쇼핑몰이나 은행, 서점과 함께 영업하는 곳도 많다.

제안을 받고 사무실에 와서 스타벅스를 알아보기로 했다. 미국에 있는 사람들에게도 물어보니 괜찮다는 답변이 돌아왔다. LA 신세계의 김성환 지사장에게도 스타벅스란 곳을 확인해 보라고 지시했다. 미국 전역에 1,400개나 있는, 매장 규모가 다양한 커피숍으로 새로운 커피 문화를 만들고 있다. 빵과 케이크도 판다고 보고가 올라왔다.

회사 관계자들에게도 모두 전달했다. "미국에 커피가 유행인데 특히 스타벅스가 대단하다. 우리가 한번 해 보면 좋겠다"고 말하자 "이거 물장사인데 우리까지 할 필요가 있을까?"하는 의견이 나왔다.

그래서 그 관계자에게 "미국에 가면 반드시 확인해 보면 좋겠다"고 했다. 미국에 다녀와서는 "그 스타벅스 대단하더군요. 곳곳에 매장이 있었습니다. 공항에도 작은 매장이 있고, 이곳저곳 빌딩에도 있더군요. 스타벅스 광고도 봤는데 참 인상적이었어요"라고 하였다.

스타벅스는 광고를 잘 안 하는데 어떻게 광고를 보셨냐고 하자 이렇게 말했다.

"미국 유나이티드 에어라인에 탑승해 차를 마시는데 스타벅스 광고가 나오더군요. 일꾼이 등에 푸대를 둘러메고, 어디로 가는데 푸대가 살짝 터지면서 뭔가 툭툭 떨어졌습니다. 그건 바로 커피 알인데 그 냄새를 맡고 사람들이 유나이티드 에어라인으로 들어가더군요. 그 사람이 비행기로 탑승하면서 스타벅스와 유나이티드 에어라인이 협력사업을 한다는 식으로 광고가 나오면서 끝났습니다. 그래서 스타벅스가 괜찮다고 생각했는데 신세계처럼 큰 회사에서 해 볼 수 있을까요?"

나는 경영진도 출자하고, 직원들도 개인 출자해서 커피 사업을 해 보면 좋겠다고 했다. 일단 스타벅스 사업을 진행하게 되었다. 스타벅스에 관심을 기울이면서 관련 자료를 수집하여 집중 연구했다. 일본, 하와이, 싱가포르, 필리핀에 이어 1997년 아시아·태평양 지역에 다섯 번째 합작사로 대만에 프레지던트 커피회사가 설립됐다는 정보가 들어왔다. 이즈음, 식품 전문가들의 의견을 들어보면 커피전문점 사업이 국내에서는 이미 한물간 사업이라고 판단하고 있었다.

하지만 선풍적으로 인기를 끄는 커피점이라면 무언가 특별한 매력이 있을 것으로 기대됐다. 스타벅스와 국내 원두커피 시장을 심도 있게 조사하라고 전략기획팀에 지시했다. 흥미로운 사실은 인스턴트커피에 익숙한 국내 소비자 입맛이 점차 고급스러워졌다는 점이었다. 고급 원두커피의 수입량이 지난 몇 년간 눈에 띄게 증가했다는 사실이 그 방증이었다. 한물간 사업이 아니라는 확신이 생겼다. 한국에 질 좋은 원두커피 시장이 새로 형성되고 있었던 것이다.

신세계는 반드시 스타벅스를 파트너로 삼아야 한다고 방침을 세웠다. 경쟁업체보다 상대적으로 젊은 층의 선호도가 낮은 신세계였기 때문에 스타벅스와 협력하는 게 필요하다고 본 것이다. 나는 프란츠 부사장에게 도와달라고 요청했다. 그는 미국에 오면 스타벅스에 방문해 보라고 하였다.

스타벅스 시애틀 1호점 풍경

1995년 10월 18일. 나는 미국으로 출장 가는 길에 시애틀을 방문했다. 김성순 과장과 동행했다. 영어와 중국어로 된 신세계 홍보 브로슈어를 준비해 갔다. 스타벅스의 전 부사장이며 해외사업 컨설턴트인 로렌즈 말츠Lawrence Maltz가 노란색 랜드로버 지프차로 마중을 나왔다. 색상이 독특하다고 했더니 무슨 기념으로 1,000대만 생산했다고 했다.

시애틀은 비가 많이 내리는 도시라 공기가 무척 맑게 느껴졌다. 컴퓨터 업체인 마이크로소프트사와 보잉사의 항공기 생산공장, 창고

미국 시애틀의
스타벅스 1호점 앞 풍경

형 할인 코스트코 등 세계적 기업의 본사와 공장이 있는 도시였다. 공항에서 시내로 접어들면서 저 멀리 보이는 시애틀 풍경이 최첨단 도시 같았다. 차창을 살짝 열어보았다. 가랑비와 안개가 자주 발생하는 도시답게 습기 찬 차가운 공기가 코끝으로 침투해 왔다. 시애틀 시민이 뜨거운 커피를 즐길 수밖에 없는 이유를 알 수 있었다.

로렌즈 전 부사장은 스타벅스 1호점으로 우리를 안내해 주었다. 1호점은 1971년에 시애틀의 바닷가에 있는 재래시장 '파머스 마켓 Farmer's Market'에 들어섰다. 주로 생선, 옷가지, 장식품을 파는 시애틀의 유일한 재래시장이다.

먼발치에 1호점 간판이 보였다. 매장에 가까이 가자 스타벅스 컵을 든 사람들이 많이 보였다. 입구에선 거리의 악사들이 공연하고 있었다. 'STARBUCKS'란 간판이 매장 앞유리 창문 위에 흰 아크릴판으로 붙어 있었다. 1970년대 분위기를 풍겼다. 시애틀 스타벅스 1호점의 간판은 그 명성에 걸맞지 않을 정도로 소박했다. 입구에 '1912'가 적혀 있었다. 연도가 아니라 번지 수란다. '1971'도 적혀 있는데 창립 연도를 뜻한다고 했다.

독특하게 생긴 로고가 보였다. 그리스로마 신화에 나오는 세이렌 형상이었다. 양다리를 벌리고 있어 무척 야했다. 그래서 스타벅스 로고를 몇 차례 바꾸었는지도 모르겠다. 하지만 1호점에서는 아직도 초창기 로고를 그대로 사용한다고

미국 시애틀의 스타벅스 본사 건물.

했다.

1호점 건물은 허름하고 장소도 좁았지만 수많은 방문객이 찾아와 기념촬영을 하고 있었다. 기념품과 텀블러, 머그잔들이 한쪽 벽면을 가득 메웠다. 세월의 흔적이 느껴지는 나무 장식장과 사다리가 운치 있었다. 커피숍보다는 관광명소나 커피 박물관 같았다. 이곳이 바로 전 세계 55개국에 1만 7000여 개 매장을 가진 스타벅스가 지난 1971년 맨 처음 매장을 연 '스타벅스 1호점' 풍경이다.

1호점의 커피콩은 어떤 맛과 향일까 궁금했다. 로렌즈가 커피를 하나씩 사주었다. 생각보다 일반 커피와는 차이가 있었다. 맛 자체가 달랐다. "커피가 맛있다"고 했더니 이게 스타벅스 커피라면서 싱긋 웃었다. 쿠키 과자도 맛이 있었다. 로렌즈의 차로 이동하여 2호점에도 가 보았다. 1호점과 마찬가지로 점원들이 상냥하고 친절한 미소를 잃지 않았다.

로렌즈는 "스타벅스는 하워드 슐츠 Howard Schultz 회장이 개발한 아이템인데 일본에도 가고 중국에도 진출한다"고 말했다. 무척 자랑스럽게 스타벅스를 소개하는 로렌즈를 보면서 커피 하나로 세계적인 브랜드를 만든다는 게 대단해 보였다.

스타벅스 슐츠 회장의 경영철학

하워드 슐츠 회장 약력

1953년 미국 뉴욕 브루클린 빈민가에서 출생

1975년 노던 미시간대 졸업

1982년 스타벅스 입사

1987년 스타벅스 회장 취임

1992년 나스닥에 SBUX로 상장

1993년 종업원 복지정책으로 "비즈니스 엔터프라이즈 트러스트상" 수상

하워드 슐츠 회장을 만나러 스타벅스 본사로 향했다. 시내 외곽으로 빠진 뒤 다소 황량한 동네로 달렸다. 텅 빈 주차장 뒤의 다소 낡은 건물로 들어섰다. 완전히 창고 같은 건물에 놀랐다. 시어스 백화점의 물류창고를 개조해서 본사 건물로 쓴다고 했다. 깨끗했으나 기대보다는 못했다. 전체 사무실은 8,000평 규모로 3개 층을 쓰고 있었다. 1층은 3,000평이었다.

사무실에 들어가 보니 전체적으로 좁고 빈약해 보였다. 현장에 나가 있는지 직원들은 많이 보이지 않았다. 하지만 신선한 분위기가 풍겼다. 겉은 낡고 오래되었으나 안에는 신경을 쓴 흔적이 역력했다. 지금은 흔한 콘셉트지만 모든 것이 개방된 인테리어가 독특해 보였다. 건물 외관과 달리 실내 인테리어는 전체적으로 단순했다. 대부분 넓은 유리벽과 고급 자재로 이뤄져 있었다. 마치 친구 집을 방문한 기분을 갖도록 편안한 분위기를 연출했다. 직원들의 근무 분위기는 무척

자유스러웠다.

사무실 곳곳을 둘러보았다. 가장 눈에 띄는 곳은 교육장이었다. 매장과 거의 똑같았기 때문이다. 주로 신입사원을 위한 교육장소로 사용하지만 모든 직원들이 마음대로 드나들 수 있었다. 최신식 에스프레소Espresso 기계를 설치해 최상급 커피를 언제든지 즐기게 해 놓았다. 커피를 무제한 공급하는 것이다.

"매장에서 근무하지 않는 본사 직원들이 실제 매장과 똑같은 환경에서 커피를 만들어 마시게 합니다. 그러면서 아이디어도 내도록 유도하는 거지요."

로렌즈가 싱긋 웃으면서 자랑했다. 그는 또 약 10명당 1개꼴로 휴게실이 별도로 설치되어 있어 충분히 휴식하고 생각하면서 업무를 보게 한다고 덧붙였다. 스타벅스가 직원들의 창의성을 존중하는 회사임을 알 수 있는 풍경이었다.

"이런 환경에서 일해 보고 싶네요."

동행한 김성순 과장이 부러운 표정을 지으며 이렇게 말했다.

그다음, 음악을 담당하는 부서를 돌아봤다. 칸막이를 친 공간에 책상이 두어 개 있고 두 사람이 일하고 있었다. "무엇을 하는 부서냐"고 물어보니 전 세계 매장에 동일하게 공급하기 위해 음악을 선별한다고 했다. 가령, 비올 때, 날씨 좋을 때, 어떤 음악을 내보내야 커피와 연관되는지 연구한다는 것이다. 시간대와 날씨, 손님 수에 따라 들려주는 음악이 달랐다.

"매달 한 차례 100여 곡이 담긴 CD 2~3장을 각 매장에 공급합니다. 클래식뿐만 아니라 재즈, 뉴에이지 등 다양한 장르의 음악을 CD 음반으로 만들어서 보내는 것이죠. 한번 배포한 CD는 1년 이상 사용할 수 없습니다. 유통기간을 딱 1년으로 못 박은 것이죠. 그런데 매달 새로운 CD로 음악을 교체하는 매장이 많기 때문에 유통기간은 더 짧습니다. 이 기간이 지난 음악을 절대 틀지 못하도록 합니다. 다른 음악을 임의로 들려줘도 안 됩니다.”

음악 부서 직원의 설명을 들으면서 “이것도 스타벅스 마케팅 기법”이라고 생각했다. 전 세계 매장에서 같은 종류의 음악을 트는 것은 경쟁사와 차별화하는 전략이다. 커피뿐만 아니라 ‘기분’까지 파는 감성 마케팅이라고 할 수 있다. 본사에서 가장 인상적인 곳은 바로 음악 부서였다.

이윽고, 하워드 슐츠 회장이 집무하는 자리에 도착했다. 슐츠 회장은 격식을 차리지 않고 반갑게 맞아주었다. 40대 중반으로 보이는 그는 깔끔한 캐주얼 스타일이었다. 키는 1m 75 정도였고 체형은 마른 편이었다. 그는 ‘커피를 갈아 다이아몬드로 만드는 기업가’, ‘천 년의 커피 역사를 새로 쓴 신화의 주인공’으로 통한다. 그런데 직접 만나보니 미국에서 가장 존경받는 기업 총수가 아니라 언젠가 만난 적이 있는 이웃집 친구처럼 친근하게 느껴졌다.

놀라운 것은 사장실과 회장실이 별도로 없었다는 점이다. 그냥 칸막이를 치고 근무했다. 책상도 비서 것보다 작았다. 회장 비서 책상 뒤에 있는, 일반 직원들과 같은 크기의 책상이 슐츠 회장이 일하는 자리였다.

“스타벅스는 직급에 따라 사무 공간의 크기를 결정하지 않고 업무에 따라 합리적으로 공간을 배정합니다. 회장과 사장이 사무실에 머무는 시간이 거의 없고 주로 매장에 나가 있기 때문에 큰 집무실이 필요 없습니다.”

　내가 슐츠 회장과 미팅한 장소도 직원들이 공동으로 사용하는 회의실이었다. 슐츠 회장은 현장을 중시하는 경영자였던 것이다. 고객의 생각을 접하고 아이디어를 얻으려면 현장에 자주 가야 한다는 점은 내 관점과 일치했다.

　슐츠는 계약에 관한 언급은 하지 않았다. 그가 코스트코의 프란츠 부사장에게 신세계를 소개받아서인지 대화는 순조롭게 풀렸다. 이야기를 나눈 실마리는 한국과 미국의 문화였다. 그리고 커피 문화로 화제를 이어갔다. 슐츠는 커피를 단순한 음료로 보지 않는다면서 "coffee is fashion"이라고 힘주어 말했다.

　"세상을 살면서 겪는 온갖 스트레스를 풀어주는, 평온한 공간 '스타벅스'를 만들고 싶었습니다. 이것을 '스타벅스 경험Starbucks experience'이라고 합니다. 삭막한 현대사회에서 사람과 사람, 사람과 사회의 연결고리로 커피를 활용할 수 있지요. 스타벅스에서 커피를 마시고, 잠시 눈을 감으면 다른 세상을 만날 수 있습니다. 그래서 우리는 편안하고 마음을 안정시키는 공간을 고객에게 판매하는 것입니다. 커피를 마시면서 담소도 나누고 음악도 들으면서 긴장을 풀 수 있는 오아시스라고 할 수 있습니다. 단지 커피만 파는 장소가 아니라 사람들이 친밀한 분위기를 느낄 수 있는 감성적인 경험을 제공하는 것이 다른 커피숍과 다른 점입니다슐츠 회장이 평소 언론에 소개하는 '스타벅스 경험'."

　슐츠는 그윽한 눈길로 내 눈을 응시하면서 스타벅스 커피 문화를 설명했다. 커피를 바라보는 그의 관점이 새롭고 산뜻하게 다가왔다. 어떤 일을 하든 '고객 관점'에서 바라보고 물건 대신 문화를 팔려고 애쓴 경영자라는 점을 알 수 있었다. 독창성이 풍부하고 사고가 유연한 사람이라는 것이 감지된 것이다.

나는 스타벅스가 미국 직장인들이 가장 선호하는 기업이 된 비결이 무엇이냐고 물어보았다. 슐츠는 자신이 어렵게 자라온 과정을 설명하면서 말을 이어나갔다. 그는 "기업의 성패는 수익을 거둬 사회에 얼마나 많이 환원하고 직원들에게 어떠한 배려를 하는가에 좌우된다"고 말했다. 스타벅스가 '종업원'을 없애고 모두 동업자로 만들었다는 말이 이해됐다. 슐츠는 "만일 회사 간부와 주주들이 종업원들을 희생시켜 이익만 챙기려 든다면 바람직하지 않은 일이다. 함께 상생해야 한다. 결승점에서 오너만 환호하고 직원들이 행복을 느끼지 못한다면 무슨 의미가 있겠느냐"고 말했다.

대화 분위기가 무르익자 하워드 슐츠 회장에게 한국 시장에 진출할 의사가 있는지 물었다. 의향이 있다면 신세계를 파트너로 삼아 달라고 제안했다. 그는 본인이 최고경영자지만 해외사업은 담당 임원과 협의할 사항이라며 구체적인 답변을 피했다.

하워드 슐츠 회장과 이야기를 나누고, 관계자들에게서 들은 스타벅스의 특징은 아래와 같다.

첫째, 스타벅스는 끊임없이 제품과 서비스를 혁신하면서 세계적인 브랜드로 올라섰다. 이 과정에서 현장 직원들의 살아 있는 경험과 지식을 슬기롭게 활용했다. 커피와 우유를 미세한 얼음과 섞은 프라푸치노가 대표적인 사례다. 이것은 캘리포니아 산타모니카 지역 관리자가 낸 아이디어다. 스타벅스 이미지와 맞지 않는다는 이유로 한때 채택되지 않았으나 매장 책임자의 설득으로 빛을 보았다. 커피를 종이컵에 담은 일, 음악 CD를 편집해 판매한 일도 현장 최일선에서 고객들을 만나는 직원들의 아이디어에서 나왔다.

둘째, 스타벅스는 광고를 거의 하지 않는다. 고객들이 스타벅스 로고가 박힌 컵을 들고 다니면서 마시는 그 자체가 스타벅스 홍보라고 본다. 매출의 일정 비율을 광고비로 책정하는 다른 기업들과 다르다. 대신 스타벅스는 매년 일정 비율의 수익금을 빈민구호활동 지원에 쓴다. 이러한 정책으로 직원들의 자부심과 애사심이 향상됐다. 동시에 스타벅스는 미국에서 가장 존경받는 기업 중의 하나가 되었다.

셋째, 스타벅스는 이미지 전략을 잘 펼쳤다. 전체 매장에서 똑같은 스타일을 창출해 시선을 끌었다. 표준화된 맛과 통일된 인테리어로 세련미와 아늑함을 동시에 느낄 수 있도록 배려한 것이다. 동시에 슐츠는 이탈리아 밀라노의 에스프레소 바에서 아이디어를 얻어 광고 로고 디자인에서 고객들이 낭만적인 커피 경험을 떠올리도록 했다.

넷째, 스타벅스의 명성은 맛과 이미지, 그리고 직원 관리가 어우러진 합작품이다. 이들은 최고의 맛을 내기 위해 정말로 열심히 연구한다. 최고 품질의 커피를 만드는 것은 그 무엇에도 양보하지 않는다. 인공 향을 넣지 않고 프랜차이즈로도 운영하지 않는다. 커피의 신선한 향을 유지하기 위해 7일 이내에 판매한다. 일주일이 지나면 재고 커피를 자선단체에 기부하는 게 스타벅스 원칙이다.

다섯째, 슐츠 회장은 자수성가한 기업가다. 뉴욕 빈민가 브루클린에서 가난한 트럭 운전사 아들로 태어났다. 수많은 역경이 있었지만, 노력과 슬기로 극복했다. 그는 150가구가 작은 승강기 한 대를 같이 쓰는 열악한 동네에서 성장했다. 가난을 잊기 위해 미식축구를 하였고 그 덕분에 장학생으로 대학에 진학했다. 매혈까지 하면서 힘겹게 대학을 졸업하고 가전제품 판매회사에 들어가 수석 부사장까지 역임했다. 그러다 우연히 이탈리아 커피점에서 원두의 매혹적인 향기와 스타벅스의 예술적 낭만에 반해 스타벅스를 세계적인 커피 유통업체로 키우는 데 도전한 것이다. 커피 체인회사로는 처음으로 미국 나스닥시장에 상장하는 성공을 거뒀다.

여섯째, 아르바이트 직원을 포함한 전 직원에게 스톡옵션 기회를 제공한다. 또 법적 의무사항이 아닌데도 아르바이트 직원들에게까지 의료보험료를 지원한다. 대다수 기업이 의료보험료가 워낙 비싸 지원할 엄두를 내지 못하지만, 스타벅스는 직원 복지에 아낌없이 투자한다. 회사에서 배려하는 만큼 직원들 충성심이 강해 1997, 1998년 연속 포천지에서 선정하는 '일하기 좋은 100대 기업' 순위에 오르기도 했다. 커피문화를 일구겠다는 직원들의 열정은 연봉 삭감이 발생해도 하루 12시간 노동을 기꺼이 받아들였다.

한마디로, 슐츠 회장은 기업 상황을 정확히 파악하고 미래 방향을 읽기 위해 끊임없이 고민하고 연구한 사람이다. 여기에다 자신만의 부가가치를 추가해 다른 커피업체와 차별화함으로써 스타벅스 성공 신화를 만들었다. '스타벅스' 하면 'love'를 떠올린다는 그는 스타벅스를 사랑하고 지키며, 20만 명에 달하는 직원들에게 깊은 책임감을 느끼고 있었다. 그는 '신뢰'의 중요성을 강조하면서 공동체 구성원들의 삶을 더 낫게 만들려고 노력했다.

미국 출장에서 돌아온 뒤에도 슐츠 회장과 대담한 기억이 가끔 떠오르곤 했다. 어느 날도 그런 회상에 젖다가 또 다른 상념으로 빠져들던 중에 '나를 포함한 최고경영자들CEOs이 가는 길의 끝에는 누가 기다리고 있을까?' 하는 생각에도 잠시 머물렀다. 그러자 CEOs라는 글자가 chief executive officers의 약자가 아닌 고객^{Customer}, 사원 Employee, 주주^{Owner}, 사회^{Society}의 이니셜이 되어 스치고 지나갔다. 그렇다! 최고경영자들을 주체로 보면 이들은 객체가 되겠고, 이 네 객체를 충족시키기 위해 노력하는 끊임없는 과정도 경영이 아니겠는가 싶다. 슐츠 회장도 크게 강조했던 'Society', 곧 기업의 사회적 책임은 최고경영자들이 자칫 놓치거나 등한시할 수 있어서 글자 끝자리에 붙었나 보다.

신뢰감 안겨 준 프레젠테이션

나는 한국에 돌아와서 스타벅스 사업권을 반드시 확보해야겠다고 결심했다. 곧바로 전략기획팀에 스타벅스 유치에 총력을 기울이라고 지시했다. 부서원들은 이메일과 팩스로, 신세계가 어떤 회사인지, 커피사업 계획이 무엇인지 계속 자료를 보냈다. 이렇게 자주 접촉하면서 스타벅스와 친밀도를 높여 나갔다. 반복은 효과적인 설득 방법이 될 수 있기 때문이다.

그런데 스타벅스는 이미 국내 식품전문업체들과 몇 년째 협상하고 있었기 때문에 신세계가 아무리 구애해도 짝사랑에 불과했다. 스타벅스의 콧대는 높을 대로 높아 그 어떤 달콤한 제안에도 콧방귀를 뀔 판이었다. 신세계로서는 가장 늦게 출발한 약점을 감수하고, 승산이 없어 보이지만, 사업 다각화를 위해 최선을 다하기로 했다.

스타벅스는 중국계로서 법률 및 해외담당 부사장인 진룽왕^{Jinlong}

Wang을 여러 차례 신세계 본사로 보내 협상을 하게 하였다. 이때마다 스타벅스를 도입하겠다는 강한 의지를 보이고 구체적인 사업계획을 역설했다. 해외사업 총괄 책임자는 하워드 슐츠 회장과 함께 창업 초창기부터 일해 온 하워드 베하Howard Behar가 임명되었다. 하워드 부사장은 마음씨 좋은 시골 아저씨처럼 온화한 성격이었지만 진룽왕 부사장은 고집이 무척 세고 항상 자신의 주장을 관철하는 사람이었다. 이들과 협상을 벌이면서 여러 번 사업을 포기하고 싶은 마음이 들 때도 있었다.

신세계와 협력관계에 있는 코스트코의 오너 제프는 우리에게 적잖은 도움을 주었다. 그는 시애틀 상공회의소에서 막강한 힘이 있었는데 스타벅스에 출자하고 있었다. 프란츠는 제프에게, 제프는 슐츠에게 "한국에 투자하려면 신세계가 좋다. 코스트코도 하는데 사업을 잘한다"고 이야기를 좋게 해 준 것으로 보인다.

우리는 실무 협상을 위해 여러 차례 스타벅스 본사로 임직원을 파견하였다. 특히 김성순 과장이 계약서 초안을 갖고 자주 드나들었다. 김 과장에게 "웰컴 홈"이라고 본사 직원들이 인사할 정도로 두어 달 간격으로 자주 방문했다.

스타벅스 미국 본사는 물론 한국 지점이 있는 미국 상공회의소와 시티은행에서도 신세계를 조사한 것으로 보인다. 그러나 이것이 끝은 아니었다. 마지막으로 사업 제안을 한 신세계를 포함해 상당수의 업체를 압축해 최종적으로 협상 대상업체를 선정하는 순서가 남았다. 최종 협상 대상자로 선정된 3개 사가 살아남은 뒤에는 전보다 더 피말리는 순간이 이어졌다. 스타벅스는 한국의 3개 업체와 개별적으로 협상하면서 가장 유리한 조건을 제시하는 업체를 선택한다는 계획이었다.

1997년 어느 날 마침내 스타벅스 본사에서 연락이 왔다. 한국시장 진출을 공식화할 계획이고, 신세계를 방문해 사업계획을 듣고 싶다는 것이었다. 나는 곧바로 회의를 소집했다.

"스타벅스 본사 관계자들에게 프레젠테이션을 멋있게 해 봅시다. '경영 콘서트'로 만들어보면 좋겠어요. 사업계획서부터 프레젠테이션 구성까지 철저히 준비합시다."

그리고는 누구를 발표자로 할 것인지 고민했다. 통상 국내 기업들은 중요한 프레젠테이션을 임원이 직접 처음부터 끝까지 혼자 진행하는 것이 관례였다. 그러나 우리는 프레젠테이션에 젊은 남녀 직원들을 내세워 영어로 진행하도록 했다. 우리 의도가 제대로 전달되도록 하기 위해서였다. 요즘이야 영어를 유창하게 구사하는 임직원이 많지만, 당시는 유통 업계에 높은 수준의 영어를 구사하는 직원이 거의 없었다. 다행히 신세계는 해외거래선과 교류하면서 영어에 능통한 인력을 다수 확보하고 있었다. 재미교포 출신 김성순 과장과 영국에서 유학하고 스페인어에도 능통한 여직원 김정은 씨가 주축이 되었다.

프레젠테이션에 참여하는 직원들은 완벽하게 준비를 하였다. 완전히 새로운 기법으로 프레젠테이션을 준비하여 예행연습을 했다. 사진과 그래픽 등 시청각 자료도 섬세하게 준비했다. 발표하는 원칙은 '철저한 자료 준비'와 '간단명료'였다. 치밀하게 준비한 자료들을 간결하고 단순하게 배치하여 설명했다. 장황한 설명은 금물이었다. 브리핑 차트 한 페이지에 세 줄 정도 요약하여 담을 수 있을 만큼만 내용을 알맞게 넣었다. 직원들은 사업경험은 부족하지만 세련되게 진행할 수 있는 자질과 능력을 갖고 있었다.

드디어 프레젠테이션을 하는 날이 되었다. 김성순 과장이 총괄적으로 이끌어가면서 1시간 동안 진행했다.

"신세계에서는 모든 부분을 다 잘할 수 있습니다. 시스템적으로 업무에 접근하기 때문입니다. 홍보, 포장, 진열, 가격 등 모든 면에서 마찬가지입니다. 신세계에서는 스타벅스를 '여러 개의 사업 중 한 개'가 아니라 '스타벅스' 그 자체를 주력 사업을 키울 것입니다. 특히 중견 간부가 아닌 사장이 직접 챙길 것이기 때문에 성공할 가능성이 높습니다."

각 분야 담당자들이 교대로 발표를 했다. 신뢰감을 심어주는 데 총력을 기울였다. 특히 통관에 관한 노하우를 잘 과시했다. 코스트코와 비즈니스할 때 통관에 애를 먹었기 때문에 통관에 관한 준비도 잘할 수 있다는 믿음을 심어준 것이다. 점포개발에 관해서는 점포개발 담당자가 직접 발표하였다. 전문가별로 그들의 궁금증을 해소해 주는 데 초점을 맞춘 셈이다. 부동산 시장에 관한 노하우도 강조했다. 부동산에 따른 성패 요소가 크다는 점을 알려주었다.

프레젠테이션 직후 스타벅스 측의 반응은 무덤덤 무표정이었다. 비슷한 시기에 3~4개 업체의 프레젠테이션을 들었기 때문에 바로 반응을 내보이기는 어려웠을 것이다. 신중하게 표정관리를 하는 바람에 당시엔 결과를 예측하기 어려웠다.

하지만 진롱왕 부사장을 비롯한 심사자들은 프레젠테이션을 매우 인상 깊게 받아들인 것으로 알려졌다. 영업, 판매, 판촉, 자금, 통관 등 분야별로 실무직원들이 직접 영어로 진행한 데에서 성의를 읽은 것이다. 진롱왕 부사장은 국내 경쟁사들과 차별화한 발표에 상당히 높은 점수를 주었다고 한다. 또 다른 스타벅스 관계자는 신세계가 후발주자임에도 사업 제안서가 훌륭할뿐더러 통역 없이 프레젠테이션을 듣게 한 점이 크게 부각되었다고 말했다. 다른 경쟁업체보다 불리한 조건에서도 스타벅스 측과 자유롭게 소통하며 자신감을 피력한 것이 주효한 셈이다.

신세계와 스타벅스, MOU 체결

밀고 당기는 협상이 지속되다 1997년 6월 27일에 MOU를 체결했다. 그해 6월 24일에서 27일까지 강성득 상무와 곽인곤 부장, 김성순 국제업무과장, 김정은 씨 등 4명이 미국 시애틀의 스타벅스 본사를 방문했다. MOU 체결하는 게 목적이었다. 로열티를 깎고 연도별 개점 의무 점포 수를 협약하고, 자본 참여 시기를 협의하는 일이었다.

강 상무는 미국 출장에 앞서 여러 가지 고민을 했다. 실무책임자로서 예상되는 문제점을 정리해 가면서 대응방안을 메모했다.

첫째, 대기업에서 커피숍 사업에 뛰어드는 데 따르는 여론을 걱정했다. '대기업에서 다방업까지 진출하는 게 타당한가'와 같은 역풍을 겁냈다. 지금도 골목상권 이야기가 나오지 않는가. 그때까지는 대기업에서 다방업이나 커피 사업을 시도한 적이 없었다. 그래서 스타벅스 본사와 신세계 경영진 및 일반 직원들이 함께 투자하는 방안을 대안으로 검토하기도 했다.

둘째, 로열티와 마케팅 수수료도 부담스러웠다. 로열티는 잔 커피와 커피 원료, 음식에 따라 차등 적용했다. 점포 수가 늘어나면 마케팅 수수료를 면제하거나 단계별로 인하해 달라는 게 신세계 측 요청이었다.

셋째, 개점 의무조항도 고민스러웠다. 국내 변호사와 협의하여 MOU에는 포함하고 본 계약에는 완화하는 방안을 갖고 있었다. 스타벅스 측은 '5년에 45개 점포를 개설하고, 연도별로 균등하게 1년에 10개 점포씩 늘려나가야 한다'고 했고, 신세계 측은 '5년에 45개 점포로 하되, 초기에는 1년에 6개 점포 정도씩 적게 개점하고, 연도가 지나면서 늘리는 방안'을 제시했다.

넷째, 지분 참여를 놓고 의견이 엇갈려서 걱정했다. 신세계 측은 "초기부터 참여하라", 스타벅스 측은 "5년 뒤 참여하겠다"고 맞섰다. 결국, 5년 뒤에 하기로 했다.

다섯째, 국내 부동산 가격으로 볼 때 건물 1층은 워낙 비싸기 때문에 수익 구조를 맞추는 게 힘들다는 점이다. 특히 거액의 보증금을 지급해야 하기 때문에 단기적으로는 수익성이 낮을 수밖에 없었다. 이윤이 높다고는 하나 수익을 낼 수 있을지 걱정이 앞섰다. 스타벅스 본사에서는 대로변의 큰 빌딩을 선호했는데 너무 고가라서 엄두를 내기가 어려웠다. '물장사'라 이윤은 많겠지만, 임대료에 너무 많이 투자하면 수익을 낼 수 있을지 염려되었다.

여섯째, 파트 타임 직원들로 매장이 제대로 운영될지도 의문이었다. 문을 여닫는 점포 책임자를 어떻게 두어야 할지 고민스러웠다. 직원들의 대다수는 파트 타임 직원들인데 대기업에서 과연 이들을 정식 직원으로 채용할 수 있을지도 장담할 수 없었다.

일곱째, 수익을 낼 수 있을지 의문이 들었다. 도대체 하루에 몇 잔을 팔아야 이익이 남겠는가. 시간당 매출을 따져보면 수익구조가 맞지 않았다. 1분당 5컵, 20초당 2컵을 팔아야 수지가 맞는 구조였다. 일반적인 셈으로는 계산이 안 나온다. 과연 테이크 아웃이라는 방법으로 수익 구조를 맞출 수 있겠는지 걱정되었다. 하지만 이것이 성공한다면 '테이크 아웃'이란 새 문화를 정착시키는 것이다.

"신세계에서 다른 사업은 많이 해 보았지만, 커피숍과 같은 서비스업은 안 해 본 것이기 때문에 감을 잡기가 정말 어렵습니다. 하지만 새 영역에 도전한다는 마음으로 협상해 보겠습니다."

강성득 상무는 이런 부담을 안고 미국 출장길에 올랐다. 강 상무는 특유의 꼼꼼한 일처리 방식을 발휘하여 치밀하게 협상에 들어갔다. 생각대로 안 되면 그냥 돌아오겠다는 각오였다. 신세계 일부 임직원들이 로열티라도 깎아야 한다면서 스타벅스 사업권 획득에 부정적이었기 때문이다.

스타벅스 측 협상자들은 자기 회사에 자부심을 갖고 있었다. 표정이 밝고 자신만만해 보였다. 강 상무도 지지 않았다. 카랑카랑한 목소리로 또박또박 자신감 있게 협상을 주도했다. 신세계는 삼성그룹 일원으로, 별도로 독립했으며, 종합유통기업이라고 소개했다. 주로 삼성과 연관된 이야기를 많이 했다.

"백화점뿐만 아니라 대형 할인 매장인 이마트도 운영합니다. 해외 유명 브랜드인 조르지오 아르마니Giorgio Armani, 에스카다ESCADA

등도 취급하고 있죠. 코스트코도 운영하고 외식 사업에도 노하우가 많습니다. 문화 사업에도 관심이 많은데 신세계미술관은 우리나라 최고 수준입니다."

스타벅스 본사 측에서는 신세계를 상당 부분 알고 있었다. 코스트코를 통해서 사전 정보를 얻은 것이다. 외국 회사와 협력해서 일할 수 있는 회사라는 신뢰를 어느 정보 확보한 것으로 보였다.

"한국에서는 부동산이 비싸서 수익 구조를 맞추는 게 힘들 수 있습니다. 로열티를 내리지 않으면 돌아가겠습니다."

강 상무의 발언에 스타벅스 측에서는 당황스러운 표정을 보였다. 급기야 그를 설득시키려고 애썼다. 이윤이 좋은데 왜 깎으려고 하느냐면서 끈질기게 회유했다.

강 상무가 "그러면 수익구조를 좀 보여달라"고 했다. 이들은 말로만 두루뭉술 이야기하고 자료를 주지는 않았다. 나라별로 부동산 가격이 다르기에 일괄적으로 비용을 말하기가 어렵다는 게 그 이유였다. 결국, 숨 막히는 협상 끝에 1997년 6월 27일에 신세계와 스타벅스는 MOU를 체결했다.

한국 사업권 단독 파트너로 최종 선정

우여곡절 끝에 1997년 9월, 신세계는 스타벅스 한국 사업의 단독 파트너로 선정됐다. 신세계는 계약서 문안에 중국도 사업 지역에 포함한다는 내용을 삽입하려 했으나 관철하지 못했다. 스타벅스가 독자적으로 진출하려는 계획을 이미 확정해 둔 터라 성사가 불가능한 제안이었지만 내내 아쉬움으로 남았다. 그렇지만 그 외 계약조건은 신세계 요청이 모두 수용됐다.

일본은 조인트 벤처Joint venture로 계약했으나 싱가포르와 같이 라이센스 계약을 맺었고 스타벅스 국내 분점 운영은 신세계백화점 관계사인 에스코코리아Escokorea가 담당했다. 개점 시점과 사업규모, 실무직원 교육 등 세부 사항도 협의를 완료했다. 교육은 약 5명이 3개월 정도 미국 본사에서 실시하기로 했다.

사내 통신으로 스타벅스 비즈니스에 동참할 직원들은 신청하라고 했다. 반응은 뜨거웠다. 백화점은 오기를 꺼리는 분위기가 많았는데 커피숍에는 오히려 관심이 많았다. 젊은 사람들이 특히 많이 달려들었다. 혜화동에 사는 주부 사원 박명진 씨는 "스타벅스를 내가 꼭 해야겠다. 제대로 배워보고 싶다"며 의욕을 내비쳤다. 프랜차이즈를 주

1997년 9월 신세계가 스타벅스 한국 사업권을 획득한 뒤 조인식을 하는 장면.

는 것으로 알고 있었던 모양이다. 박 씨는 당시 40대 초반이었는데 나이가 많아 회사 내부에서 부정적이었다. 하지만 열정이 대단해 연수단에 포함시켰다.

"추석 직전인데 연수를 떠나보내서 미안합니다. 좋은 커피 문화를 배워오셔요."

9월 17일, 미국 시애틀 스타벅스 본사로 연수단을 파견했다. 추석 직전에 출발해서 12월에 돌아오는 3개월 일정이었다. 특수 임무를 띤 직원들은 박명진, 강훈, 허창영, 유동환, 최인환 씨 등 다섯 명이었다.

스타벅스 본사에서도 연수단을 환영했다. 본사 직원 2명이 시애틀 공항으로 직접 마중을 나왔다. 연수 첫날, 슐츠 회장은 우리 일행과 일일이 악수하면서 특별한 관심을 보였다.

"한국에서 온 팀입니까? 수고 많습니다. 우리 커피 좀 마셔보셨나요? 스타벅스 커피 문화가 한국 고객들에게도 전달되도록 잘 부탁합니다."

본사 연수는 철저하게 매장 견학과 실습 위주로 진행했다. 교육 내용은 직원 선발 방법, 점포 순익 계산법, 커피 관련 상식, 커피 제조법, 고객 응대 요령, 문을 여닫는 방법 등이었다. 교본(매뉴얼)에 따라 표준화한 방법을 배웠다. 도심에 있는 매장을 견학할 때 테이크 아웃 손님들이 길게 줄지어 서 있자 "우리 손님이 이렇게 많다"면서 자랑했다. 스타벅스에 관한 자부심이 대단해 보였다.

연수단은 스타벅스 본사 교육에서 인상 깊은 몇 가지 사항을 본사에 알려왔다.

"직원들을 종업원이 아니라 '파트너'로 대해 주었습니다. 그게 가장 기억에 남습니다. '직원들은 같이 일하는 사람이다. 그들도 주인이다'

라는 겁니다. 교육할 때 그것을 무척 강조했습니다. 한국에서 아르바이트 직원들에게도 그런 식으로 대하라고 하더군요."

직원 근무수칙 '스타(벅스) 스킬' 세 가지도 전해왔다.

① 자긍심 함양 및 고취
② 경청과 수긍
③ 도움 요청

이것은 고객에게도 적용하는 것으로 별(★)과 함께 이 문구를 게시하고 끊임없이 강조한다고 했다.

"상사가 부하에게 야단을 치면서도 그냥 혼내키지 않습니다. 해명을 충분히 들어줍니다. 그런데 곧바로 재반박을 하지 않습니다. 인내심을 갖고 들어주면서 왜 잘못을 한 것이고 앞으로는 어떻게 해야 하는지를 친절하게 알려줍니다. '이렇게 하면 좋지 않겠냐'고 방법을 가르쳐 주는 것이죠. 그 정도로 부하 직원들을 존중합니다. 이것이 바로 자긍심을 함양해 주는 것이라고 봅니다."

교육 방식은 주입식과는 거리가 멀었다. 연수생들이 주체가 되어 각자 생각을 발표하게 했다. 팀별로 발표를 많이 하도록 시켰다. 보통 두 팀으로 나눠서 발표했다. 유치원 아이들이 종이에 그림을 그리고 글씨를 적어가는 것과 비슷한 방식이었다.

"우리는 보통 커피가 그냥 고소하다는 식으로 이야기합니다. 그런데 선생님은 '햇볕이 쨍쨍 내리쬐는데 양산을 가져와 펴는 느낌'이라는 식으로 표현하게 하더군요. 미국식 교육이 그런가 봅니다."

연수단은 스타벅스의 다양한 커피도 수시로 맛보았다. 그중 드립

커피라는 게 있었다. 한약처럼 진했다. 박명진 씨는 이렇게 전했다.

"우리나라 사람들이 먹을 수 있을지 걱정됐습니다. 너무 강했거든요. 그래서 물을 타서 희석해 보는 실험도 해 보았죠. 그런데 너무 흐려서 약간만 흐리게 하기로 했습니다. 회의를 하면서 의견을 모았답니다."

연수가 막바지에 이르렀을 때 IMF가 터졌다. 미국 직원들이 신문을 보여 주면서 걱정을 했다. 신문엔 큼직하게 '한국은 이제 이빨 빠진 아시아의 호랑이가 되었다'는 제목이 적혀 있었다. 연수단은 '이제 이렇게 망하는 것 아닌가' 하면서 발을 동동 굴렀다. IMF 여파로 연수단이 귀국한 뒤에도 곧바로 개점을 못하고 시장조사만 했다. 1호점 개점까지는 무려 2년이나 걸렸다.

한편, 신세계가 스타벅스 사업권을 땄지만 다른 회사에서도 스타벅스에 수도 없이 접촉한 것으로 알려졌다. 모 건설회사 오너가 스타벅스를 미리 접촉했다. 그런데 프랜차이즈로 시도한 모양인지 미국 본사와 의견 일치를 보지 못했다. 건설업과는 맞지 않다는 게 그 이유였다. 미국 교민들과 한국 대기업에서도 스타벅스 본사에 접촉하고 있었다. 그런데 이들은 브랜드 사용권만 따서 프랜차이즈를 하겠다는 생각을 한 모양이다. 그래서 스타벅스 본사에서는 한국 사람들은 계속 프랜차이즈만 고집하고 직영에는 관심이 없다는 것으로 이해하고 있었다. 그래서 한국인들을 꺼린다는 말이 들리기도 했다. 그러던 중 신세계와 스타벅스가 만난 것이다. 본사에서는 직영을 생각하고 있었다.

사실 스타벅스는 원천적으로 사업 아이템이 좋았다. 시애틀에 가

보면 이것을 알 수 있다. 대부분 1층은 100평이다. 숙제하고 독서를
하고 담소를 나누는 분위기는 영락없는 우리 전통적인 사랑방 그대로
다. 그래서 '이게 사업이 되겠구나' 하는 확신이 들었던 것이다.

스타벅스 스타일 그대로!

최근의 일이다. 지인에게 전화가 왔다.

"권 사장, 책에 자네 이름이 등장하더라고."

"왜? 무슨 책인데?"

"제목은 기억나지 않지만 아마 스타벅스에 관한 내용이 나오는 책
이었어."

바로 책을 수소문해서 읽어 보았다.

그런데 우리의 결론을 뒤집는 일이 한 가지 있었다. 하루는 당시 신세계 대
표이사였던 권국주 대표와 스타벅스 추진팀이 티타임을 갖게 되었다. 90년대
스타벅스는 미국에서 승승장구하고 있었고, 스타벅스의 한국 사업권을 따기
위해 대기업을 포함한 100여 곳의 국내 회사가 경쟁을 벌였다. 그 중 신세계
는 유통업체라는 이점이 있어 쟁쟁한 기업들을 물리치고 스타벅스 미국 본사
의 낙점을 받았다. 그런 만큼 우리는 자부심이 대단했고 임원들도 스타벅스 사
업에 큰 관심을 쏟았다. 회사에서도 스타벅스 사업에 큰 기대를 걸고 있었다.

권국주 대표와의 티타임에 우리는 그동안 시장조사를 통해 얻은 정보와 분
석을 마구 쏟아내며 스타벅스 사업 방향에 대한 의견들을 개진했다.

"셀프서비스를 하면 값싼 이미지를 줄 수 있기 때문에 고객들에게 직접 갖

다 줘야 합니다. 앞치마도 일반 주방에서 쓰는 것 같은 앞치마가 아니라 허리 아래만 두르는 앞치마로 바꿔야 합니다. 또 카페에 딱딱한 의자는 말이 안 됩니다. 푹신푹신해야 손님들이 좋아하죠. 더구나 카페는 주로 여성들이 많이 이용하니 아기자기하고 고급스러운 분위기를 연출해야죠. 한국은 까다로운 시장이니만큼 한국인의 입맛에 맞게 모두 바꿀 필요가 있습니다.”

저마다 스타벅스의 스타일 중 한국 시장에는 맞지 않을 거로 생각한 부분들을 열심히 지적했다. 우리의 얘기를 주의 깊게 듣던 대표님은 약간 심각한 표정을 띠고 말씀하셨다.

“우리는 쟁쟁한 기업들을 물리치고 스타벅스 한국사업권을 획득했습니다. 경쟁도 치열했고 더욱이 로열티를 지급하고 사업권을 가져온 것입니다. 만약 스타벅스가 정말 탐나는 브랜드가 아니었다면 왜 그 많은 기업이 경쟁을 했을까요? 스타벅스가 가지고 있는 노하우와 시행착오를 거치며 만들어 놓은 매뉴얼이 훌륭하기 때문에 많은 업체가 경쟁에 뛰어들었고 우리는 로열티를 지급하며 브랜드를 들여오는 것입니다. 그러니 여러분은 어떻게 하면 한국시장에 맞게 스타벅스를 변형할까를 고민하지 말고 스타벅스 브랜드를 어떻게 하면 한국에서 성공시킬 수 있을까를 고민해야 합니다. 게다가 하워드 슐츠 회장도 강조하지 않았습니까? ‘스타벅스는 커피를 파는 것이 아니라 질과 서비스, 그리고 만남의 공간을 제공하는 커피서비스를 판다’고 말입니다. 그러니 우리도 커피뿐만 아니라 그 문화를 함께 판매해야 합니다.”

사실 지금이야 ‘커피를 파는 것이 아니라 문화를 판다’라는 말이 워낙 유명해서 무슨 말인지 충분히 이해가 가지만 대표님의 의미심장한 말씀을 들으며 나를 비롯한 우리 팀원들은 그 뜻이 정확히 무엇인지 알지 못했다. 그래서 마음속으로는 여전히 ‘그대로 해서 성공할 수 있을까? 하루에 300만 원 이상의 매출을 올릴 수 있겠어?’라는 의문을 품었다. 그러나 권국주 대표님의 ‘스타벅스의 스타일을 그대로 받아들여 사업을 전개해야 한다’라는 말씀은 이후 내가 할리스 커피사업을 할 때, 그리고 카페베네 사업을 진행하면서 금과 옥조가 되었다. 그때는 경험이 없어 몰랐지만, 경험을 하고 난 후에는 그 말의 의미가 마치 스펀지가 물을 흡수하듯 속속들이 와 닿았다.

〈출처 : 카페베네 이야기, 강훈 著〉

입안의 진한 커피 향처럼 남아 있는 스타벅스를 향한 깊은 애정은 여전히 남다를 수밖에 없다. 요즘 웬만한 약속은 스타벅스로 정하는 통에 그곳에서 하루 가운데 얼마간의 시간을 보낸다. 젊은이들 대화하는 중에 스타벅스가 '별 다방'으로 불리는 것을 우연히 듣게 돼 정말 기뻤다. 커피 가격은 다른 커피전문점보다 비싸지만 서울 중심가에는 큰길 건너 하나씩 있을 정도로 많아져 스타벅스가 미국에서와 마찬가지로 새 커피 문화를 꽃피우고 있음을 확인할 수 있다.

일부에서는 스타벅스와 같은 외국 브랜드 커피숍을 들여오는 게 바람직하지 않다고 반대할 수도 있다. 하지만 세계화, 국제화 흐름을 막을 수는 없다. 오히려 각 부문의 스타벅스가 우리나라에 진출하는 것을 두 팔을 들어 맞이해야 한다. 외국 브랜드와 치열하게 겨루면서 우리만의 경쟁력을 키우고 세계로 진출하면 되는 것이다. '우리 식의 스타벅스'를 만들겠다는 공격적인 마인드를 가져야 한다. 커피 질을 관리하기 위하여 전 세계의 커피 생산지를 점검하고 고객 취향을 분석하여 미국 전역의 점포에서 방송하는 음악까지도 점검하는 프로 정신을 배워야 한다.

오히려 한국 녹차를 스타벅스를 통해 세계로 내보낼 수 있지 않은가. 우수한 경영 능력, 경영 노하우를 배워야 한다. 경쟁하기 위하여 선진 제조업체를 모방하였고 그 과정에서 경영력의 성장이 있었다는 점을 기억할 필요가 있다. 스타벅스처럼 작은 커피숍이 세계적인 기업이 되기까지는 최고경영자의 열정과 도전과 양심, 솔선수범, 리더십이 있었기 때문이고 우리는 이것을 배우면 된다.

P A S S I O N

2부

권국주 사장의
경영 에세이

1

낮은 곳에서

이때는 제대로 갖추어진 업무 환경이나 잠자리가
중요하지 않던 시절이었다.
또한, 내가 있는 자리가 높든지 낮든지 중요하지도 않았다.
그저 내 마음은 항상 낮은 자리에 있었다.
지금 생각해보면 그 자리에서 열정을 품고 한 걸음씩 행동하며 지켜봤던 것이
하나씩 쌓여, 리더에게 필요한 내공이 되었던 것 같다.

경영 철학의 초석

"국주國周, 나라를 두루 살펴야지" 하고 농을 걸어오는 이들이 있다. 내 이름은 할아버지가 지어주셨는데, 훗날 유통업에 몸담으라고 이런 이름을 지어주신 게 아닌가 싶다. 할아버지께서 멋진 이름을 지

어주셨지만, 어릴 땐 이름보다도 '권 부잣집 손자'로 통했다. 할아버지께서 일제 강점기 말기에 물경 2만 석을 생산하는 농지를 가진 거부였기 때문이다.

내 인생 회고에서 할아버지와 아버지 이야기를 빼놓을 수 없다. 두 분을 통해 배운 기업가와 리더가 지녀야 할 경영철학이 오늘의 나를 만들어주었기 때문이다. 나뿐 아니라, 조직을 끌고 가는 모든 리더에게 삶의 교훈이 될 것이다.

우선, 할아버지 廣坡 權演洙^{광파 권연수}는 안동 권씨 安東權氏 33세 손^{世孫}으로 1889년 4월 경상남도 창녕군 영산면 월령리에서 태어났다. 처음에는 50석 거리가 채 안 되는 땅으로 농사를 짓기 시작해서 8·15 광복 즈음해서는, 창녕과 창원에서 엄청나게 많은 땅을 가진 큰 부자가 되었다.

일제 강점기, 창녕의 남곡면^{現, 남지읍}도 일본인의 손아귀에서 벗어날 수 없었다. 그들은 낙동강 유역에 눈독을 들이고 조선인이 손대지 않은 미개간지와 늪지대를 대대적으로 싼값에 매입하여 개간했다. 또 영남수리조합을 만들어 본격적인 개간과 영농사업에 들어갔다. 농지는 조선인을 소작인으로 두고 쌀을 수확한 뒤에 대부분 일본으로 반출했다.

할아버지는 비옥한 논을 사는 방법을 찾아 즉시 실행에 옮겼다. 임야를 개간하여 옥답을 만들기 시작한 지 수 년만에 미곡 100석을 생산할 수 있는 농지를 확보했다. 그뿐만 아니라 마금산^{馬金山} 온천수를 이용하여 보통의 모내기 시기보다 약 1개월 전에 묘목을 육성하고 그것을 조기에 모내기함으로써 수확량을 늘리는 방법도 개발했다. 소문이 나자 군수를 비롯한 총독부 고관과 도지사까지 찾아와서 할아버</sup>

지의 증산 모내기법을 확인했다.

100석을 생산한 논에서 차츰 200석으로, 그다음 해에는 300석으로 수확량이 늘어났다. 나이 오십에 이르러 약 500석의 쌀을 생산하는 논을 갖게 됐다. 그 당시 경남 창원군 북면 신촌리에는 일본인이 식산은행에서 차입하여 개간한 '창원농장^{昌原農場}'이 있었는데 이것이 부실해져서 부채를 갚지 못하게 되었다. 할아버지는 이 농장을 식산은행의 강권으로 떠맡을 수밖에 없었으나 결과적으로는 대성공을 거두었다.

우리 집안 자손은 할아버지 이야기를 들으면서 많은 가르침을 받았다. 할아버지께서는 후손에게 어느 곳에 가든지 항상 대접받는 사람이 되라고 하셨다. 또 "잘 사는 방법이란 따로 있는 것이 아니고 그저 부지런히 자기 일을 연구하며 노력하고, 절약하여 저축하는 길밖에 없다"고 말씀하셨다. 그러기 위하여 다음 사항에 유의하라고 하셨다.

① 충효^{忠孝}·신의^{信義}
② 성실^{誠實}·근면^{勤勉}
③ 예절^{禮節}·검소^{儉素}

할아버지는 내가 15세였을 때 돌아가셨지만, 나는 할아버지와 함께 살았기에 다른 손자보다 더 많은 가르침을 받았다. 또 할아버지 삶의 이야기들은 집안에 그대로 남아 있었다. 할아버지는 내 인생관에, 특히 내 경영관에 간접적으로 지도해 주시고 영향을 가장 많이 끼치셨다.

고난과 시련에서 고통을 감내하며 성공을 향해 매진하는 기업가 신념도 할아버지 가르침이요, 개척자 길을 열어가는 리더의 진정한 모습도 할아버지에게서 배웠다. 근검·절약정신도, 인화人和도, 부자의 사회적 역할도 할아버지에게 배웠다. 몇 가지 할아버지에 관한 일화를 소개한다.

일본 관리들 앞에서 한글로 조사弔詞, 독립운동 자금도 지원

창녕군 남지읍 남지리와 함안군 칠서면 계내리를 잇는 남지철교南旨鐵橋는 우리나라 근대문화유산 등록문화재 제145호다. 2011년에 상판 일부가 내려앉아 보수 공사를 한 바 있다. 1933년에 개통했는데, 개통 뒤에 건설 책임자였던 일본인이 바로 사망하는 일이 일어났다.

일본 관리의 요청으로 장례식에 조선인 지역유지 몇 분이 조사弔詞를 했다. 할아버지도 그 중 한 분이었다. 조사는 모두 일본어로 진행했다. 그런데 할아버지만은 우리말로 조사하셨다. 참석한 사람들이 모두 놀라면서 웅성거렸다. 하지만 할아버지는 끝까지 우리말로 읽어 내려가셨다. 중도에 제지당하지도 않았다. 이후에도 일본인들은 아무런 문제 제기를 하지 않았다. 이들은 할아버지가 독립운동에도 자금을 지원하셨다는 사실을 꿈에도 몰랐을 것이다.

땅바닥의 쌀 한 톨도 허투루 버리는 일 없는 '절약정신'

창녕에서 남지로 가는 막차 버스는 그야말로 초만 원이었다. 정류장 땅바닥에는 하얀 쌀알이 한 줌 흩어져 있었다. 승객들은 별생각 없이 쌀알을 밟으면서 버스에 올랐다. 이 광경을 지켜보던 할아버지는 비좁은 틈을 뚫고 버스에서 내려 쌀알을 줍기 시작하셨다. 사람들은 고개를 돌려 바닥에 하얀 쌀이 한주먹 흩어져 있는 것을 발견했다. 허리를 숙인 할아버지를 뒤로하고 막차 버스는 출발했다. 할아버지께서는 쌀 한 톨을 얻기 위해 일 년 동안 땀을 흘려야 하는 농부들의 노고를 생각하니 그냥 지나칠 수 없었으리라. 할아버지는 주운 쌀을 소중히 호주머니에 담고서 남지를 향해 출발하셨다. 이슬을 맞아가며 오십 리 밤길을 걸어서 집에 도착하시자마자 호주머니에서 쌀을 내어 할머니에게 건네며 말씀하셨다.

"보소. 이 쌀이 뭔지 아나? 쌀알이 하나하나 복이로소이다."

한 톨의 쌀도 허투루 다루는 법이 없었고 스스로 입고 먹는 것도 아주 남루했으나 가난한 자에게는 쌀과 옷을 후하게 적선하셨다. 사재를 출연하여 고향인 월령리에 초등학교도 설립하셨다.

1945년에 해방이 되었다. 그 많은 농토와 땅은 토지개혁으로 국가에 헌납됐다. 그런 와중에도 나라와 민족이 번영하려면 후세 교육이 중요하다며 창녕군 남지중학교, 남지고등학교를 설립하셨고, 영산중학교, 창녕중학교, 창녕고등학교에는 학교 부지를 기증하시고, 또 사학재단에 창립기금을 희사하셨다. 일민학원一民學院(초대원장은 안호상 전 문교부장관)을 창설하여 영재 양성에도 힘쓰셨고 서울에 있는 이화학원의 사친회 회장도 2년간 맡으셨다. 그뿐만 아니라 남산양조주식회사서울, 극동무역주식회사서울, 성동직물공장서울, 경남여객(주) 등을 운영해 사업가로도 크게 성공하셨다.

"권 부잣집 창고에는 쥐가 없단다."

할아버지 할머니를 비롯한 가족 10명과 머슴 8명, 가정부 3명 등 모두 20여 명이 마산리 집에서 함께 살았다. 게다가 매일 아침, 저녁으로 걸인이 10명 이상이 다녀갔다. 낮에는 낮대로 동냥하러 오는 사람이 평균 5~6명, 해가 지면 하루 숙박을 원하는 과객이 7~8명 되었다.

이처럼 많은 사람이 찾아와도 할아버지 할머니께서는 하나같이 정중히 대접하셨다. 찬사의 소리는 그칠 줄 몰랐다. 베풀 수 있는 자의 고마움을 항상 부처님께 감사드리며, 적선하신 것이다. 그러니 그 인심은 온 고을은 물론 도내로 퍼졌다. 얻으러 오는 사람, 자고 가는 사람 모두 하나같이 복 많이 받으시라고 인사를 하고 떠났다. 가운은 나날이 융성했다.

이상하게도 그 넓은 창고에는 쥐가 한 마리도 없었다. 쥐들도 이 인심을 조금이라도 아는 듯이 '우리가 양곡을 축내면 그 많은 사람에게 줄 양식이 줄어들 텐데……' 하면서 곡식을 먹지 않은 모양이다. 할아버지 할머니께서는 이를 항상 고마워하셨다. 이 사실이 전해지자 사람들은 "쥐들도 권 부자 인심에 감동하여 스스로 자중하기 때문이 아니겠느냐"고 말했다.

"분에 넘치는 낭비와 남용을 사양하라."

일제 강점기에는 여관에 투숙하면 아침·저녁밥은 그 여관에서 주었다. 손님을 끌기 위하여 깨끗한 환경을 유지하고 밥상에 올린 반찬까지 신경을 쓰려고 애를 썼다. 대개 밥상 찬은 20여 종이 넘는다. 할아버지께서는 여관 밥상을 대하실 때 "돈을 주었다 하여 모든 반찬에 수저를 대면 안 된다"고 말씀하셨다. 스스로 자실 것 2~3종의 반찬에만 손을 대셨다. 분에 넘치는 낭비와 남용을 사양하신 것이다.

"다 먹지도 못하는 찬을 이것저것 손대면 결국엔 나중에 누가 먹어도 먹을 음식이 불결해진다. 낭비는 검소한 생활정신에 어긋나는 것 아닌가. 스스로 아끼는 자에게 복이 온다."

3전짜리 국밥과 2전 어치의 고구마

할아버지께서는 현장에 가실 때 항상 도시락을 지참하셨다. 부득이한 경우엔 점심이나 저녁에는 2전 어치의 삶은 고구마(그때는 2전 주면 삶은 고구마 큰 것 2~3개를 주었음)나 길거리에서 3전짜리 국밥(음식점에서는 10전씩 하였음)을 자셨다.

"가난한 사람의 물건을 팔아주어서 좋고, 돈이 적게 들고 배불러서 좋다. 배가 부르면 돈이 많이 드나 적게 드나 마찬가지다."

3전짜리 국밥을 자시는 할아버지께서는 걸인에게도 3전짜리 국밥을 사 주신다. 이 장면을 본 사람들은 고개 숙여 그 인심을 고마워하였다. 이런 일은 일상생활에서 항상 볼 수 있었다. 소문이 퍼져 군내에서 할아버지를 모르는 사람은 없었다.

"나는 안 죽는다. 살리지 마라."

해마다 여름이 되면 남지 낙동강에는 연례행사처럼 홍수가 찾아왔다. 남지 철교산에서 보면, 집과 돼지, 소, 참외, 수박, 사과, 보리집단, 심지어는 사람까지 떠내려온다. 대개 물에 빠진 사람들은 "사람 살려" 하고 구원을 요청한다. 그러다 남지철교에 부딪히면서 수중으로 말려 들어가 실종된다.

그런데 이상하게도 떠내려오는 어느 한 사람은 "나는 안 죽는다. 살리지 마라"고 말한다. 사람들은 "아마도 미친놈인가 보다" 하고 보고 있었다. 그런데 살려달라고 구원을 요청한 사람은 다 죽고 "나는 안 죽는다. 건지지 마라"고 외친 사람은 살아남았다. 그는 저 밑에까지 떠내려가다가 털털 털고서 죽지 않고 올라오더라는 것이다.

이 이야기는 할아버지께서 홍수로 실의에 빠진 농민의 사기를 올려주기 위하여 하신 말씀이다. 곧 살아야 한다는 의지만 있으면 어떤 난관이 닥쳐오더라도 죽지 않고 살 수 있다는 것을 강조하신 것이다.

할아버지 방 안 창고는 쓰레기통?

근검절약은 할아버지의 생활신조였다. 밖에서나 길거리에서나 또 어느 때 어디서든지 조금이라도 이용가치가 있다고 보이는 물건은 모두 주워오셨다. 언젠가는 필요할 것이라며 방 안 창고벽장에 넣어 두셨다. 이런 것이 모이고 모여서 마치 쓰레기통 같았다. 병마개, 헌 못, 헌 철사, 헌 병을 모조리 모으셨다. 조금이라도 여백이 있는 종잇조각은 철사에 끼어 모아 두었다가 필요할 때 쓰셨다. 어느 해 조선총독부 일본인 고위관리가 창원농장에 왔다. 용무 중에 종이가 필요하다고 하니 할아버지께서는 새 종이를 내지 않고 그가 요구하는 크기의 종 잇조각을 내어 오셨다. 그 관리는 할아버지의 근검절약 정신에 탄복하였다.

"권 부자에게 오늘의 부가 있음은 우연이 아니군요."

이 관리는 매년 연하장을 보내는 것을 잊지 않았다. 또 이 실화를 부하직원에게 이야기하였다고 한다. 6·25전쟁이 터지자 당시 서울에 서 기거하던 할아버지는 피난길에 올라 마산까지 천 리를 걸어오면서 몸이 쇠약해져 69세를 일기로 돌아가셨다.

한편, 거부의 둘째 아들로 태어난 아버지는 경남 진주농림학교를 졸업한 뒤 일본의 대학에서 경제학을 공부하셨다. 조용한 성품이면서도 활동적이었다. 운동으로 몸을 단련해 달리기 선수와 농구선수를 하셨다.

해방 직후부터 할아버지께서는 당신 사업을 아들에게 물려주기 위해 경영 수업을 하셨다. 그러나 아버지 노력보다 성과는 시원치 않았다. 부산의 제빙공장을 인수하려다 실패하셨다. 또 전선공장 등 적산회사敵産會社(일본인이 소유하다 두고 간 회사)를 인수하려다 이마저 손에 넣지 못하셨다. 서울을 자주 오갔으나, 연고지가 지방이다 보니 정보 수집에 한발 늦어 매번 기회를 놓치셨다.

그러던 중 버스운송회사를 인수하는 데 성공하셨다. 회사는 차량뿐만 아니라 정류장으로 사용하는 대지를 마산, 부산 등에 보유하고 있었다. 자산 규모가 꽤 컸다. 인수 뒤에는 반드시 직접 경영을 해야 하는데, 경영 능력도 검증되지 않은 친척을 믿고 모두 맡기셨다. 이것이 화근이 되어 낭패를 보셨다. 그 뒤에는 실패와 좌절을 딛고 다시 일어서지 못하셨다.

어릴 적 온순했던 나는 좀처럼 남 앞에 나서기를 싫어했다. 이런 성품은 아버지를 닮았다. 아버지는 '내 인생관 형성의 직접적인 스승'이었다. '유심소작唯心所作', 즉 '모든 것은 마음에 의해서 결정된다'며 매사 최선으로 생각하고 모든 사람을 정성으로 대하라고 했다.

"항상 긍정적인 생각을 하고 최선을 다하여 그 결과를 기다리는 자세를 가져야 한다. 결과에 순응하는 자세로 현재에 만족하되 미래 설계를 게을리해도 안 된다."

아버지의 이런 말씀은 평생을 두고 내 생활과 함께한 가치였다. 반면, 경영자였던 아버지는 내게 교사에 더 가까웠다.

나는 태어나서 중학교 다닐 때까지 할아버지와 함께 살았다. 큰 울타리 속에 집이 세 채가 있었고 가운데에는 큰 농장 사무실이 있었다. 제일 위쪽에 꽤 많은 계단을 올라가면 할아버지 집이 있었다. 그곳에서 잠을 자곤 한 기억이 있다. 피부병과 위장병 치료로 좋다고 소문난 집 앞 마금산 온천에 가족과 자주 갔다. 하지만 겨울이 되면 찬물에 세수하기 싫어서 1분도 채 안 걸리는 온천 목욕탕에 혼자 뛰어가 세수만 하고 오곤 했다.

할아버지, 아버지 그리고 나에게로 이어지는 삼대三代의 연결고리는 숙명적으로 나를 경영학을 전공하게 했다. 또 삼대의 연결고리가 나를 삼성그룹에 입사하게 하여 신세계 경영자가 되게 한 것이 아닐까? 사고의 틀이나 인생관, 경영자로서의 철학 등은 독서, 체득, 사숙私淑, 간접적인 배움 등 여러 가지 방법을 통해 습득되고, 심화하여, 결국에는 내 것으로 만들어졌다. 나의 리더십은 타고난 품성과 나를 가르친 분들의 인생과 철학, 내가 직접 경험한 것에서 얻은 자각과 내가 만난 인연이나 영감에서 나온 것들이다.

낮은 곳에서 생긴 발판

나는 고교 시절부터 삼성에 입사하고 싶었다. 군 복무를 마친 뒤 그 바람은 더욱 강렬해졌다. 공교롭게도 내가 통학하던 시내버스는 정릉을 출발해 명동 미도파 앞을 거쳐 반도호텔 건너편의 삼성그룹 본관이 보이는 을지로 입구를 지나쳤다. 버스에서 건물 입구에 걸려 있는 삼성 로고를 바라보며 반드시 삼성에 입사하겠노라 다짐했다. 버스 노선이 내로라하는 백화점 앞을 경유한 것을 보면 내 인생행로가 이미 결정돼 있었는지도 모른다. 대학교 4학년 9월에 삼성그룹 공채시험에 합격했다.

삶은 한 번의 큰 기회보다는 마음에 품은 작은 생각이나 습관에 의해 더 많이 좌우된다는 사실을 잘 알고 있었다. 당시에도 삼성이 대학생 직장 선호도 조사에서 1위를 차지했다. 필기시험 합격자들이 치르는 면접시험에는 고(故) 이병철 선대 회장께서 참관하여 무척 떨렸다. 너무 떨어서 불합격하지 않을까 걱정했다.

삼성그룹 합격 통지서를 받은 이듬해 1월, 나를 포함해 55명의 그룹공채 10기생들이 신세계백화점 5층에서 입사식을 마치고 제일제당, 제일모직, 전주제지 등을 돌면서 실습교육을 받았다. 그중 세 사람이 나중에 삼성 계열사 사장까지 올랐다.

나는 처음에 경리 업무를 지원했다. '관리의 삼성'이라고 할 만큼 관리 능력이 뛰어난 조직에서 일을 배울 바에는 제대로 익혀야겠다고 생각했기 때문이다. 우수한 비지니스맨의 필수조건은 경영 수치를 가지고 경영 상태를 읽을 수 있어야 한다고 판단했다. 정식 발령받은 첫 회사는 출범이 임박한 삼성전자였다. 당시 신규 사업팀이라는 명칭으로 회사 설립을 준비하던 부서에서 경리 업무를 시작했다. 돌이켜 보면 세계적 기업으로 위상이 높아진 삼성전자의 창립 기반을 닦는 데 힘을 보탰다는 점에서 자랑스러운 일이 아닐 수 없다.

토요일 어느 날, 직속 이사가 경기도 수원에 함께 가자고 했다. 목적도 모른 채 코로나 승용차 앞자리에 올라탔다. 시청 앞 삼성빌딩에서 출발한 승용차는 막 개통한 서울~수원 간 고속도로를 쏜살같이 달려 수원에 이르렀다. 이사는 부동산 중개인과 현장을 둘러보고 토지 매입 방안을 논의했다.

그곳은 삼성전자 공장이 들어설 매탄동 부지였다. 그 뒤 나는 이 부지를 매입하는 자리에서 지주에게 돈을 지급하는 출납 업무를 보았다. 나중에는 서울과 수원을 오갈 시간이 없어 아예 여관에서 지냈다. 낮에는 주민으로 구성된 삼성전자 유치위원회 회원들과 함께 땅 주인들을 찾아다니며 권유와 설득을 반복했다. 밤에는 여관방의 벽에 걸어놓은 수원지역 공장 부지 지도에서 매입이 성사된 부분에 색깔을 입혔다.

그해 여름, 이번에는 울산 언양으로 파견 명령을 받았다. 이때부터 산속의 천막을 사무실 삼고 여관을 집 삼아 전투하듯 일했다. 삼성은 일본 NEC^{일본전기주식회사}와 합작해 삼성 NEC^{현재 삼성 SDI}를 설립하고 공장 부지 매입을 추진 중이었다. 여기에서도 땅 매입을 지원하는 경리 업무를 맡았는데 잠바 차림에 군화를 신고 업무를 봤다. 주로 양산 통도사를 끼고 있는 신불산 주변의 목장 주인을 만나 매매를 설득했다. 또다시 여관방에 지도를 걸어놓고 매입한 땅에 색칠했다. 이렇게 '땅 장수' 노릇을 한 경험이 나중에 경영자로서 이마트 개점 예정 부지를 물색하는 안목을 갖게 하는 데 도움이 됐다. 어떤 일이든지 다소 불만스러워도 여러 차례 겪은 경험이 나중에 피가 되고 살이 된다는 것을 깨달았다.

어느새 나는 삼성 NEC 소속으로 바뀌어 그곳에 근무하면서 공장 건설공사와 관련한 경리 업무를 했다. 초기에 전력선이 그곳까지 미치지 못해 촛불을 켜고 일해야 할 정도로 근무 여건이 열악했다. 황량한 벌판에 관리동으로 쓰일 임시 건물이 지어졌다. 며칠 뒤 출근해 보니 관리동이 사라져버렸다. 임시 건물이 바람에 날아가 책상과 걸상이 황토를 뒤집어쓴 채 널브러져 있었다. 알고 보니 이 지역은 신불산 밑에 있어 바람이 세기로 유명한 곳이었다.

"아이고 이걸 어째. 경리 자료가 엉망이 되었네."

공장 건설 현장이라서 선임자도 없이 혼자서 상당 기간 경리 업무를 했다. 사업 계획을 짜고 원가 계산 방법을 적용하여 재고자산의 평가와 손익계산을 했다. 그룹 운영팀에서 갑자기 자료를 요구해 오는 일이 많아 원가산출을 위해 밤을 지새우곤 했다. 업무에 열중하는 가운데 3년이라는 세월이 쏜살처럼 흘러갔다. 경리부서 부하직원도 여러 명으로 늘어났다. 나는 자신감이 붙어 소신 있게 업무 처리를 할 수 있었다. 정규 교육으로도 많이 배울 수 있지만, 결국, 인생에서 꼭 필요한 능력은 실무를 하면서 대부분 혼자서 터득해야 한다는 것을 새삼 느꼈다.

업무를 점검하고 견제하기 위해 NEC에서 파견한 일본인 과장과 종종 마찰을 빚었다. 게다가 삼시 세끼 구내식당에서 밥을 먹고 기숙사에서 잠을 자다 보니 사생활이 실종돼 허탈했다. 워낙 외딴곳이라 주말에는 친구조차 만날 수 없었다. 결혼하고 가정을 꾸리려면 서울로 전속해야겠다고 생각하고 그룹 내 다른 회사로 옮기기로 마음먹었다. 정부에서 매입한 영빈관을 중심으로 호텔^{현재의 신라호텔} 증축공사를 하고 있었는데 그곳으로 발령을 받아 경리 업무를 맡았다.

1973년 1차 오일 쇼크가 발생했을 때다. 일본 제휴선인 오쿠라^{オークラ} 호텔의 자금 지원이 끊기고 당시 사치 업종으로 분류되는 호텔업

에 외화를 쓴다고 여론의 뭇매를 맞자 호텔 증축공사가 잠정 중단됐
다. 경리 조직이 축소되면서 경리과 직원 세 명 중 한 사람이 이동해
야 할 판이었다. 이때 나는 신세계로 회사를 옮기게 되었다.

'타이밍'을 배우다

1974년 12월 25일, 신세계로 발령받은 나는 기획조사과에서 첫 업
무를 시작했다. 첫 업무는 그해 사업계획을 세워 집행하는 것이었다.
신세계 전체의 영업 관리 업무도 맡았다. 관리 체계를 중시하는 삼성
그룹으로서는 당시 시장 상황과 백화점의 추가 개점이 잘 접목되지
않을 때가 많아 유통 사업의 이점을 느끼지 못하고 있었다. 단지 적자
를 계속 발생시키는 문제투성이 집단으로만 인식하는 시각이 팽배했
다. 심지어 신세계 본관 전체를 임대로 내놓으면 많은 이익이 나는데
굳이 직영할 필요가 있느냐는 의견까지 고개를 내밀었다. 그럴 바에
야 다른 그룹에 회사를 매각하는 것이 좋지 않겠느냐면서 실제로 접
촉하기도 했다. 상대 회사는 '관리의 삼성'도 해내지 못한 일을 어떻게
감당할 수 있겠느냐며 거절했다고 한다.

이처럼 침체된 사내 분위기에서 중심 부서인 관리부와 그 소속부
서인 기획조사과의 역할은 무척 컸다. 일손이 모자라 영업관리, 영업
기획, 조사, 감사 업무까지 관장해야 하므로 밤낮없이 일했다. 사무실
에서 하지 못한 일을 여관으로 싸들고 가 직원들과 밤새는 날이 부지
기수였다. 바꿔 입을 옷을 가족이 가져와 여관에서 받기도 했다. 아무
튼, 이 일을 주 업무로 맡으면서 1년 정도를 백화점 앞에 있는 '삼복여

관'에서 내 집처럼 살았다. 맡은 업무는 내가 아니면 안 된다는 의식과 열정으로 최선을 다했다. 당시 함께 일했던 부하·동료는 나중에 신세계 중역으로 또 대표로 활약하면서 회사 성장을 이끌었다.

내가 신세계에 근무하기 전, 직원의 직영화와 신용카드 최초 도입 등 선진적으로 영업하던 신세계백화점은 국내 경기 활성화와 영업 호조에 힘입어 호기 있게 대구지점을 열었다. 그런데 곧바로 닥친 석유 파동에 직격탄을 맞고 손실이 쌓이자 철수할 수밖에 없었다. 뉴욕지점도 자체 문제와 석유 파동 이후의 경영 압박이 복합적으로 작용해 폐점했다.

슈퍼 체인점 사업 역시 5개 점포만으로는 판매 신장에 한계가 있고 큰 수익을 기대할 수 없었다. 슈퍼스토어 경영에 필요한 전문지식과 전문인력이 부족한데다 막대한 자본 투자가 필요해 경영이 더욱 어려워졌다. 투자 비용이 많았음에도 5~10%밖에 되지 않는 수익이 영업 경비를 감당할 수 없었다. 영업 일변도의 경영 체제를 개선하기 위해 경영진단을 통해 대책을 수립했으나 부진 늪에서 빠져나오지 못했다. 점포별 채산성에 의한 경영전략을 다시 세우고 철저하게 관리했다면, 비록 잘못된 타이밍의 피해는 완전히 해소하기 어려웠다 하더라도, 이처럼 참담한 성적표를 받지는 않았을 것이다.

이런 점포들을 정리하기로 내부 방침을 정하자 침체된 사내 분위기는 더욱 암울해졌다. 5개 슈퍼스토어를 정리하기 위해 나를 포함한 전담팀이 현장에 파견됐다. 재고 상품 처리를 위해 매장 근무도 하고 철수 뒤에 남은 상품은 다음 점포로 이월하는 일도 했다.

신세계는 너무 앞서서 슈퍼를 열고 철수했다. 결국, 1975년 8월 역촌점이 개점 8개월 만에 문을 닫았고, 12월에 장위점이 철수했다. 그

다음 갈현점과 반포점, 마지막으로 수유리에 있는 하이퍼마켓을 폐점함으로써 신세계스토어는 모두 철수하게 됐다. 새로운 소매업태에 관한 고객의 인식이 성숙한 뒤에 슈퍼스토어를 시작했더라면 성과는 달랐을 것이다.

나는 여러 경영자가 시기를 잘못 선택해서 실패하는 것을 보아왔다. 어떤 경영자는 좀 더 많은 경영 정보를 수집해야 하는데도 너무 성급한 결정을 내려 실패한다. 다른 이는 많은 정보를 모으려 기다리다 기회를 놓친다. 그만큼 적정한 시점을 맞추는 게 말처럼 그리 쉽지는 않다.

실패한 결정은 판단을 잘못해서가 아니라 '제때' 결정을 내리지 못할 때 발생한다. 결국, 신세계에 입사해 가장 먼저 현장에서 배운 것은 '타이밍'이었다. 그런 기회를 어떻게 회사로 끌어들여 성장 동력이 되게 만드느냐가 중요하다. 세상 모든 일이 그렇듯 모든 것은 다 '시간'이 있다. 그것을 놓치면 많은 것을 잃는다. 그 '타이밍'이 너무 빨라도 너무 늦어도 실패한다.

"도대체 권국주가 누구냐?"

1980년, 신세계의 고민은 많았다. 슈퍼 체인점 사업 실패의 아픈 기억이 채 가시지 않았지만, 이제 동업계와 치열한 경쟁도 해야 하고 백화점의 추가 개점도 더는 미룰 수 없었다. 만일 거대한 자금이 들어가는 백화점마저 실패한다면 그야말로 돌이킬 수 없는 치명타가 될 상황이었다. 그런데 막상 영등포역사를 중심으로 후보지를 물색해 보니 미개발지와 '(주)경방' 소유지를 빼놓자 점포가 들어설 만한 자리가 없었다. 우선적으로 영등포 로터리와 역사 사이 주변을 고려했다. 그런데 부지 가격도 맞지 않았고 기존 상점들이 오밀조밀하게 형성돼 있어 매입이 거의 불가능했다.

그해 10월, 신세계백화점 영등포 개점 준비에 속도를 냈다. 나는 관리부장으로서 현재의 영등포점 부지를 매입하는 업무를 지휘했다. 여관을 잡아 놓고 세 팀으로 나누어 부동산중개소를 방문했다. 서로 시치미를 뚝 떼고 흥정했다. 소문이 나면 땅 주인이 턱없이 값을 비싸게 부를 게 뻔하기 때문이다. 땅값 상승을 우려한 나머지 주로 내 명의로 땅을 사러 다녔다. 신세계란 이름을 밝힐 수가 없어 법으로 보장된 명의신탁을 해서 매입한 것이다.

그런데 매매해야 할 필지가 많고 주인들도 제각기 많다 보니 소문이 날 수밖에 없었다. 일부 땅 주인이 "우리 부지가 팔려서 이사를 한다"고 말하자 다른 땅 주인들도 "어? 우리도 땅 팔고 이사 가는데……" 하면서 소문이 난 것이다. 좀 더 치밀하게 계획을 세웠어야 하는데 우리가 너무 순진했다. 이런 땅을 살 때는 돈을 더 주는 방법밖에 없었다. 처음엔 조금 올려달라고 했으나 주변 사람들이 부추겨서 땅값이 막 올라갔기 때문이다.

처음 백화점 예정 부지에 포함된 몇 군데는 내 명의로 매입하는 게 가능했으나 그 이후로는 땅을 살 수 없었다. 젊은 사람이 무슨 돈이 있어 땅을 사느냐, 용도가 무엇이냐며 부동산중개소에 내놓은 땅마저 거둬들이고 팔 생각을 하지 않았다. 당시 필지는 22개였는데 한때 회수 분위기도 생겼다.

"도대체 권국주가 누구냐?"

어느 땅 주인이 용역회사에 의뢰, 내 뒷조사를 한 일이 발생했다. 흥신소에 알아보니 내가 누구인지 금방 나오더란다. 신분이 밝혀지고 배후에 신세계가 있다는 사실이 드러나고 말았다. 예정지 평당 단가가 점점 올라가고 그 주변 땅값마저 덩달아 치솟았다. 심지어 우리 집에까지 몰려와 떼를 쓰는 바람에 귀가도 못하고 아파트 단지를 배회하기도 했다.

영등포역 윤락가 주변 필지를 살 때 에피소드가 있었다. 우리 직원들이 땅을 보러 날마다 드나들다 보니 나중에는 아가씨들이 얼굴을 알아보고 잡아끌지 않았다. 아가씨들과 연애하려는 게 아니라 부지 매입이 용무라는 걸 알게 된 것이다. 자신이 소유한 땅 인근으로 윤락가가 침범하다 보니 창피해서 못살겠다면서 빨리 팔려고 하는 사람도 있었다. 한 줄은 윤락가, 한 줄은 비윤락가 식으로 접해 있다 보니 곤혹스러워하기도 했다. 어느 날 아들과 딸 손에 이끌려서 땅을 팔러 온 부부도 있었다. 신세계가 땅을 사려고 한다는 게 밝혀지자 부모는 좀 더 오른 다음에 팔 생각으로 팔지 않겠다고 한 모양이다. 그랬더니 자녀들은 창피한 윤락가를 빨리 떠나자면서 부모를 데리고 온 것이다.

백화점 부지를 살 때의 뒷이야기는 무척 많다. 팔겠다고 해 놓고 안 파는 것은 다반사고 우리 구역 내 다른 필지를 먼저 사서 우리에게 좀 더 비싸게 팔려고 시도하는 일도 있었다.

주인들은 부동산을 갖고 더 버티면 가격이 올라간다고 기대를 한다. 하지만 적당한 시점에서 타협하고 파는 게 좋지 무리하면 결국, 손해를 본다. 어느 땅 주인은 설계사무소에 자문을 받은 뒤 찾아와 자기 소유의 땅을 매입하지 않고는 절대 건축할 수 없다며 상상조차 할 수 없는 매매가를 제시했다. 결국, 그 부지를 제외하고 건물을 짓기로 했다. 지금도 그 부지는 팔지도 못하고 그대로 있다.

부지 매입을 마친 뒤 신세계백화점 영등포점 건설본부를 신설했다. 건설본부의 부본부장을 맡은 나는 건축 전문가 채용부터 서둘렀다. 1982년 9월부터 기존 건물들을 철거하고 연말에 기공식을 열었다. 삼성그룹 회장단과 계열사 사장들, 지역 국회의원과 주민이 참석한 가운데 성대하게 첫 삽을 떴다.

공사에 속도가 붙자 개점 준비도 박차를 가했다. 양복 주머니에 너댓 개씩 수첩을 넣고 다녔다. 수첩마다 상품의 특성과 매장에 필요한 사항, 예상되는 고객 불만, 직원들 인적 사항까지 세밀하게 메모했다. 본격적인 영업에 초점을 맞춘 상권분석 및 시장조사를 바탕으로 층별 구성을 확정하고 일본 미쓰코시 백화점에 인테리어를 의뢰했다. 국내 최초로 POS System판매 시점 정보관리 시스템, Point of Sales도 도입하기로 확정했다. 영등포점 투자의 중요성을 고려하여 우수사원을 순차적으로 배정했다. 공사는 예정대로 진행됐다. 주차빌딩도 모습을 드러냈다. 인테리어와 POS 시스템도 점검이 끝났다.

1984년 5월, 드디어 영등포점이 문을 열었다. 영등포점 개점은 신세계의 다점포화 전략을 알리는 첫 신호탄이었다. 매입 전담 부서에서 각 점포에 상품을 공급하는 것이 경영에 효율적이라는 판단에서 매입본부를 설치했고 그 일부를 내가 맡았다. 매입본부는 농산, 청과, 채소와 수산 등 1차 식품을 최우선으로 개선하는 것을 중점 업무로 삼았다. 값싸고 질 좋은 상품을 매입하기 위해 거래처를 방문하거나 산지에 직접 찾아가는 일을 마다하지 않았다. 이른 새벽, 바이어와 함께 노량진 수산시장을 찾아가 구매조건, 경매상황 등을 점검하고 중개인과 의견도 교환했다. 경매사의 흥정 붙이는 소리에 활기 넘치는

새벽시장에서 바이어가 좋은 상품을 구하려고 노력하는 모습이 아름
답게 보였다.

외국에서 수입하는 것이 요즘처럼 그리 수월하지 않던 시절이라
바나나, 파인애플 등 열대 과일을 공급해 줄 곳을 찾기 위해 거제도
와 제주도를 누볐다. 제주도 머스크멜론 하우스에서는 한 개의 과일
을 생산하기 위해 온갖 정성을 쏟는 농민을 만났다. 머스크멜론은 단
지 하나의 상품이 아니라 생산 과정이 흡사 예술품을 창조하는 것 같
았다. 정성을 다하는 생산자의 땀과 신세계 직원들의 관심이 덧입혀
진 상품들이 본점과 영등포점 식품부에 들어찼다.

개점 첫날은 고객이 구름처럼 몰려들었다. 혼잡을 피하려고 정문
셔터를 7번이나 내려야 했다. 건설본부 부본부장으로서 처음부터 영
등포 개점 준비에 참여한
나는 이 광경을 지켜보면
서 벅찬 가슴을 억누르기
가 어려웠다. 그런데 개점
뒤 어느 정도 기간이 지나
자 기대와 달리 영업실적
이 부진해졌다. 개점한 지
보름에서 한 달 정도 뒤에
는 보통 매출이 빠진다고
하지만 마음이 편치 않았
다.

개선 방안에 모두 고심
했다. 백화점 매장을 여는

신세계백화점 영등포점
개점일 풍경

오전에는 고객 발길이 뜸했다. 특히 비나 눈이 오면 매출이 형편없이 떨어졌다. 게다가 영등포점에 관한 시민의 선입견은 시급히 개선해야 할 문제였다. 인근 토박이 주민은 영등포를 서울 시내가 아니고 수도권의 시흥시 정도로 인식하고 있었다. 영등포 부지를 물색하러 돌아다닐 때 "주인이 없다"며 "서울에 갔다"는 말을 듣기도 했다. 또 오죽하면 고객들이 쇼핑하러 백화점을 방문한 것이 아니라, 영등포 지역 건물 중 처음으로 설치된 에스컬레이터를 타보러 왔겠는가. 사고 예방을 위해 에스컬레이터마다 사원을 배치해야 할 정도였다. 개점 뒤 주민이 "우리 동네에 신세계백화점이 생겨났다"며 좋아했지만, 상품이 본점보다 못하다는 편견은 없어지지 않았다. 영등포 신세계백화점의 부진 속에서 나에게 새로운 기회가 주어졌다.

삼성에 입사하여 신세계백화점 영등포점 개점까지, 나는 청춘 시절을 보냈다. 말만 들어도 가슴 떨린다는 청춘 시절을 회상하면 마음이 뜨거워진다. 이때 정말 쉬지 않고 달렸고 그러다 보니 새로운 기회도 생기는 것 같다. 이때는 제대로 갖추어진 업무 환경이나 잠자리가 중요하지 않던 시절이었다. 또한, 내가 있는 자리가 높든지 낮든지 중요하지도 않았다. 그저 내 마음은 항상 낮은 자리에 있었다. 지금 생각해보면 그 자리에서 열정을 품고 한 걸음씩 행동하며 지켜봤던 것이 하나씩 쌓여, 리더에게 필요한 내공이 되었던 것 같다.

2

신독으로 평가하라

'무편착심^{無偏着心}'은 리더가 기억해야 할 성어다.
사람 관리나 일을 하면서 어느 한 편에 기울이지 않고
공명정대하게 판단해야 한다는 뜻이다.
리더는 특정인에게 마음이 기울어 균형감각을 잃는 것을 가장 경계해야 한다.

제대로 된 평가

신세계 영등포점이 개점한 지 열 달이 지나도 매출 실적이 부진하자 정기인사에서 나를 영등포점장으로 발령냈다. 솔직히 말해 부장에 오르기까지 기획·관리 부문에서 일하다 매입본부장을 맡았을 때는 다소 당황스러웠다. 그렇지만 줄곧 일해 온 기획·관리 업무에는 영업부 총괄업무가 포함돼 있던 터라 점장 직무는 자신이 있었다. 막 부임했을 즈음에는 종전과 같은 침체 국면은 벗어나는 듯했다. 부분적으로는 호전 조짐이 보이는 매장도 눈에 띄었다.

전임 점장의 노력이 곳곳에서 느껴졌다. 그는 결실을 채 보지 못하고 다른 보직으로 옮겨간 것이다. 세상을 살다 보면 많은 사람이 이런 경험을 한다. 공과의 결과는 즉시 나타나기도 하고 시차가 생기기도 한다. 시차가 발생하는 공과 때문에 자신의 '공'이 남의 것이 되기도 하고 반대로 '과'를 떠안기도 한다. 그러나 이것이 흔히 말하는 운이나 재수로 치부되면서 그냥 넘어가면 일단락되는 것일까? 적어도 조직에서는 이러한 점을 간과해서는 안 된다고 본다. 이 경험은 내가 조직이나 임직원 개개인을 평가하는 데 두고두고 참고한 평가 기준이 되었다.

즉시 결과가 나타나는 매출실적에 따른 논공행상이나 칭찬은 지극히 당연하다. 이런 것은 현장을 벗어나서 파악하더라도 오류를 범할 가능성이 거의 없다. 그러나 결과와 숫자만으로 답을 찾거나 평가할 수 없는, 사원들의 다양한 행태 속에서도 기업은 쉼 없이 활동한다. 그 속에서 밖으로 드러내지 않은 채 나보다 남을 더 빛나게 하는 사원들, 나보다 조직을 우선하며 노력하는 사원들을 찾아내고 격려하는 행동은 작지만 중요한 일이다. 그런데 이것은 현장을 벗어나서는 파악할 수 없다.

'내가 밤샘하면서 일한다고 누가 알아줄까?' 이런 안일한 생각이나 회의감이 지배적인 정서를 형성한 기업이라면 상황이 심각해진다. 하찮게 보이지만 맡은 바 역할을 묵묵히 수행하는 사원들도 신바람 나게 일할 수 있는 직장으로 만들어야 한다. 그들의 역할, 그들의 존재 가치를 높이 평가해 주는 회사임을 사원들 스스로 느낄 수 있도록 해 주는 게 필요하다. 현장을 누비는 최고 책임자의 진정성에서 우러나오는 말과 행동에 그 답이 있다.

신독愼獨

여름이 지나 가을이 익어가고 있었다. 추석맞이 행사가 한창인 어느 날, 아침 일찍 신세계백화점 영등포점에 들렀다. 항상 하던 대로 지하 식품부에서부터 매장을 둘러보려고 계단으로 내려갔다. 깜짝 놀랄 광경이 눈앞에서 벌어지고 있었다. 개장 시간이 다가오는데 매장 정리가 전혀 안 되어 있었다. 마치 어젯밤 폐장 뒤 분위기 그대로였다.

명절용 선물세트 박스가 여기저기 쌓여 있는 가운데 남자 사원이 매장 중앙 바닥에 골판지 상자를 깔고 잠자고 있었다. 둘러보니 한 사람이 아니었다. 이곳저곳에서 사원들이 골판지를 펴놓고 새우잠을 자고 있었다.

"아니~ 도대체 어떻게 된 일이지? 밤을 홀랑 새우고 잠들었단 말인가?"

갑자기 눈자위가 붉어지고 가슴이 먹먹해졌다. 아마 밤새도록 선물 세트를 정리하다가 미처 마무리하지 못하고 고단하여 잠든 모양이다. 정리해야 할 상품을 산더미 같이 남겨두고 집에 갈 수 없었던 것이다. 이런 사원들을 매장에 그대로 놓아두고 집에서 편히 자고 나온 내가 부끄럽기까지 했다.

이때를 생각할 때마다 '신독'이라는 말의 의미를 되새겨 보곤 한다. 이것은 중국 고전인 대학大學과 중용中庸에 있는 말이다. '남이 보지 않는 곳에 혼자 있을 때에도 도리에 어긋나지 않도록 언행을 삼간다'는 뜻이다. 또 남송南宋의 주희朱熹는 신독의 '독獨'을 '여러 사람과 함께 있더라도 남이 모르는 자신의 마음속'으로까지 넓혀 해석하였다. 곧 여러 사람 속에 있을 때, 드러내지 않는 자기의 마음까지도 거짓되거나 속여서는 안 된다는 의미도 담고 있다. 율곡 선생도 '학문에 정진하면서 늘 마음에 되새기며 혼자 있을 때도 도리에 어긋나는 일이 없도록 마음을 경계하여 조심스럽게 행동했다'고 한다.

그런데 앞서 말한 현장에서 그대로 잠자던 사원들을 올바르게 인사 평가를 해 줄 수 있어야 한다. 이런 사람들을 찾아내어 제대로 평가해 주지 않으면 '반신독反愼獨' 문화가 독버섯처럼 자라난다. 정말로 좋지 못한 결과가 나온다.

대개 조직원들을 세 가지 부류로 나눌 수 있다. 자신이 일한 것 이상으로 과대 포장하여 알리는 사람이 있는가 하면 자신이 일한 만큼만 알아주기를 바라는 사람도 있다. 또 남들이 알아주든 알아주지 않든, 남들이 보는 곳이든 보지 않는 곳이든 자신의 책임과 역할을 다하는 사람도 있다.

"누가 보든 보지 않든 맡은 일을 열심히 해야 합니다. 이것을 실천하는 직원들에겐 반드시 값진 보상을 할 것입니다. 그런 문화가 뿌리 내릴 때 신세계는 앞서 나갈 수 있습니다."

나는 신세계인들이 신독에 충실한 사람이 되기를 간절히 바라면서 기회가 있을 때마다 강조했다. 그런 정신이 신세계 기업문화로 자리 잡도록 임직원 인사 평가 때 신독의 정도를 포함했다. 이러한 인사 평가법을 적극 알려 신독 정신을 확산하려고 노력했다.

과장과 대리급들에게 실무 시험을 치르게 할 때도 신독의 실천 여부를 기재해 주었다. 성적표가 나오면 한 사람당 한 장씩 점수를 적고 그 사람에 관한 특징이나 일하는 자세, 주의해야 할 사항을 적어서 봉투에 넣어 주었다.

"너무 고압적으로 부하 직원들을 다루면 불만이 쌓여서 능률이 오르지 않습니다. 결국, ○○○ 과장도 일하기 어려워집니다. 상사가 있든 없든 일을 스스로 찾아서 할 수 있도록 분위기를 만들어주어야 합니다. '신독의 문화'를 기업문화로 자리 잡게 해야 한다는 말입니다."

"지난달 마케팅 전략 회의에서 ○○○ 대리가 낸 아이디어가 채택되었더군요. 정말로 훌륭한 방안이었어요. 남의 눈을 의식하지 않고 열심히 일하는 자세가 무척 마음에 듭니다."

"○○○ 과장은 좀 더 밝은 표정으로 일하면 좋겠습니다. 본인 마음은 그렇지 않겠지만, 겉으로 드러나는 인상이 너무 딱딱하고 차갑게 느껴집니다. 누가 보든 안 보든 항상 웃는 얼굴이 되도록 애를 써 보세요."

약 100명에게 이런 메모를 곁들여 성적표를 나눠주었다. '이것은 잘 한다', '그것은 못한다', '이것은 더 신경을 써야 한다'고 적어놓은 것이다. 개인별 상황을 소상히 알고 있었기에 가능했던 일이다. 신독이란 단어는 쓰지 않았지만, 그것과 자연스럽게 연결하여 평가한 것이다. 회사 전체가 충격에 빠졌다. 대표이사가 어떻게 모든 과장급 사원에 관해 이렇게 파악했는지 뜻밖이라는 것이다. 일부 직원들은 "나도 미처 생각하지 못한 것을 지적해 주시니 부끄럽기도 하지만, 한편으론 고맙습니다"고 말했다.

"높은 간부가 매장에 온다고 열심히 하고, 오지 않는다고 대충 하면 곤란합니다. 우리가 가장 눈치를 봐야 할 사람은 고객입니다. 고객을 위해서 항상 잘하고 있어야 합니다. 상사가 오면 꾸중 받을까 봐 긴장하는 문화는 유통업에서는 필요 없습니다. 오직 고객만을 생각해야 합니다. 고객 만족을 위해서 일하면 되기 때문입니다."

나는 누가 오면 열심히 하는 척하는 직원들은 신뢰하지 않았다. 현장에 갈 때마다 누가 신독 정신을 실천하는지 눈여겨봤다. 급기야 '모범상'을 없애고 '신독상'으로 대체했다.

"승진이나 승격을 놓고 '운이 따른다', '운이 없다'는 말을 하기도 합니다. 그 말은 맞기도 하고 안 맞기도 하죠. 프로야구에서 타격 1위의 타율은 3할 5푼 정도입니다. 피나는 노력으로 공 10개 가운데 3~4개 정도를 맞추는 것을 보면 인생이란 '십중 삼十中三'은 노력이 지배하고 '십중 칠十中七'은 운명이 지배하는 것 같습니다. 다만 '십중 삼'을 다한 뒤에야 '십중 칠'이 찾아오는 법이겠지요."

1992년 3월 신세계 인사팀 주관으로 '4급 승격 사원과의 대화'란 행사를 열었다. 승격이란 '직급이 상승했다'는 뜻이다. 겉으로 보기에는 일 내용이나 역할 측면에서 변화가 없다고 느낄 수도 있다. 하지만 내부적으로는 똑같은 일을 하더라도 종전과 다른 자세로 일한다고 판단하여 직급을 올려준 것이다. 그래서 나는 승격 사원들에게 예전과 달리 좀 더 발전된 업무 자세를 지녀야 한다고 교육했다.

"여러분 동료 가운데는 '십중 삼'의 노력을 다했는데도 운이 따르지 않아서 승격되지 못한 사원도 있고, 혹은 '십중 칠'의 노력을 여러분만큼 기울이지 않았기 때문에 승격하지 못한 사원도 있을 것입니다. 여러분은 운도 따랐겠지만, 노력을 게을리하지 않았을 것으로 봅니다. 승격을 진심으로 축하합니다."

나는 평소 승격 사원들 한 명 한 명에게 큰 기대를 걸었다. 이들의 역할에 따라 신세계란 조직의 발전 속도가 달라진다고 보았기 때문이다. 내가 이들에게 당부하는 '모범적인 승격 사원상'은 아래와 같다.

첫째, 정성의 소중함을 키워가는 사원이다.

둘째, 신중하고 입이 무거운 사원이다.

셋째, 깔끔한 언어를 사용하는 사원이다.

넷째, 스스로 값진 사람이 되려고 노력하는 사원이다.

93년 9월 21일 열린 '4급 승격자 교육'에서는 아래 일화를 들려주었다.

"오늘은 토인에게 구두를 판매한 이야기를 들려 드리겠습니다. 미국의 구두 제조사 A, B사가 아프리카에 구두판매 계획을 수립하려고 조사원을 아프리카에 파견했습니다. A사 조사원은 "현지 사람들은 거의 맨발이어서 시장성이 없다"고 타전했고, B사 조사원은 "모두 맨발이라 시장은 무한하다"고 연락해 왔습니다. 결과는 어떻게 되었을까요? 결국, B사가 시장 확대 전략을 전개하여 성공을 거뒀습니다."

소극적인 사람은 매사를 어둡게 생각하며 비관적으로 본다. 따라서 일은 추진되지만, 소극적이 되어 벽에 부딪히면 좀처럼 극복할 수 없다. 이런저런 이유를 붙여서 행동하려고 하지 않아서 결국, 기회를 잃는다. 신세계의 발전을 위해서는 4급 승격자들만이라도 소극적인 마음을 버리고 적극적인 행동으로 자신감을 가지라고 강조한 것이다. 소극적으로 나서면 자신도 모르는 사이에 사고방식이 소극적이 되기 때문이다.

"가장 무서운 것은 참는 힘을 잃어버리고 포기하는 나약한 생각입니다. 참고 견디는 힘을 상실하고 '안 됩니다, 무리입니다' 하고 포기하는 직원이 있습니다. 그것이 습관이 되면 어떤 일이든 금방 내던지고 맙니다."

사실 누구나 힘겨운 일을 하고 싶지는 않을 것이다. 하지만 어차피 해야 할 일이라면 사명감으로, 자기 역할에 혼을 담아서 일하는 게 좋지 않을까. 사명감이 있는 사람들은 반드시 훌륭한 실적을 남기기 때문이다.

"예를 들어보겠습니다. 분필 하나로 낙서를 해서 사람들에게 폐를 끼치는 사람도 있지만 흑판에 훌륭한 문장이나 필요한 정보를 써서 유익함을 주는 사람도 있습니다. 메스로 사람을 죽이기도 하고 사람의 생명을 구하기도 합니다. 성냥 한 개비로 불을 내어서 많은 사람을 고통받게 하기도 하고 화로에 불을 붙여 따뜻한 요리를 만들기도 합니다."

나는 "여러분이라면 어느 쪽을 선택하겠냐"고 물었다.

"후자입니다."

참석자의 답변이 교육장에 울려 퍼졌다. 나는 어차피 해야 할 일은 즐겁게 하라고 당부했다. 그리고 일에 임하는 자세 세 가지를 소개했다.

첫째, 명령을 받고 일을 시작하는 유형이다. 주체성이 없고 말하는 것밖에 하지 않는 현상유지형이다. 가장 많은 직원이 여기에 속한다. 쉬지도 않고, 늦지도 않게 일하는 경우다.

둘째, 찾아서 일하는 유형이다. 자신이 무엇을 하면 좋을까 항상 연구하고 스스로 깨우쳐 일하는 사원이므로 상사는 안심할 수 있다.

셋째, 일을 만들어서 하는 유형이다. 문제의식으로 현상의 방식에 의문을 품고 개선하려는 유형이다. 우수한 사원이라고 할 수 있다.

우리가 일하는 자세에 따라 발휘되는 힘의 차이를 살펴보자. 싫어서 하는 일이 1의 힘밖에 없다면, 자신이 납득하고 하는 일은 1.6배의 힘, 스스로 알아서 하는 일은 1.6~2배의 힘을 낼 수 있다. 말할 것도 없이 어차피 할 바에는 2배, 3배의 힘을 내면 좋지 않을까? 그렇게 하면 일에 관한 한 자유인이 된다. 자유인이란 스스로 여유 있는 행동을 할 수 있는 사람이다. 자신의 의지로 추진하는 일을 하므로 일이 즐거워진다.

나는 또 7무주의^{7無主義}에서 탈피하자고 했다. 이것은 ① 무목표^{無目標}, ② 무기력^{無氣力}, ③ 무노력^{無努力}, ④ 무책임^{無責任}, ⑤ 무관심^{無關心}, ⑥ 무감동^{無感動}, ⑦ 무예절^{無禮節} 이다. 나는 계속 힘주어 말했다.

"경쟁이 없고, 물질적으로도 풍요하고, 어버이는 아이들을 걱정할 필요가 없고, 학교는 얼마든지 있고, 회사도 많아 취직하기도 어렵지 않은 환경이라면 그 누구도 강한 인간으로 성장할 수 없습니다. 큰 행복을 잡기 위해서는 목표를 선명히 하고 자신의 능력을 높이는 노력을 아끼지 말아야 합니다. 모든 것에 진지하게 대처하기 위해 기력을 충실하게 하고 예의 바르게 행동하는 것이 좋습니다. 어떠한 일이든 아이들과 같은 호기심을 갖고 달려들어야 합니다."

나는 7무주의는 인간성이 결여된 증명으로 인생을 살아가는 데 암적 존재가 될 뿐이라고 자극을 주었다. "주위 사람들이 인간성을 상실하고 마이너스 방향으로 흐른다고 해서 나도 똑같아야 할 이유는 전혀 없다"고 말했다.

4급 승격 사원과의 대화를 생각하면 오히려 나 스스로를 돌아본다. 이들과의 대화는 사실, '여기까지 하면 될 거야'하고 그만 열정을 놓고 싶었을 때마다, 마음을 강하게 하려고 나에게 다그쳤던 이야기였다.

유통업은 결국 사람이 다다. 특별한 기술력이 필요한 분야가 아니고 고객 중심의 서비스가 중요한 분야다. 그러다 보니 사원들의 마음과 생각이 중요한데, 나는 24시간 그들과 함께하며 그들에게 사명감을 줄 수 없다. 그래서 단 한 번의 만남이라도 그들에게 목표를 다잡을 수 있는 말을 하려 한다. 혹시 본인도 모르게 펴져있는 7무주의 암을 깨닫게 해 주려 하였고 분명한 성과가 나타나지 않더라도 신독을 몸소 실천하는 사원에겐 반드시 칭찬을 해 주려고 했다. 그래야 내가 지켜보지 않아도 사원들 스스로 목표의식이 있는 사원이 될 수 있기 때문이다.

아브라카다브라 abracadabra
● ● ● ● ● ●

'무편착심無偏着心'은 리더가 기억해야 할 성어다. 사람 관리나 일을 하면서 어느 한 편에 기울이지 않고 공명정대하게 판단해야 한다는 뜻이다. 리더는 특정인에게 마음이 기울어 균형감각을 잃는 것을 가장 경계해야 한다.

명심보감 준례 편에 '출문여견대빈出門如見大賓'이 나온다. "밖에 나서는 순간 마주치는 모든 사람을 큰 손님 섬기듯이 하라. 자기를 낮춰라. 우리가 만나는 모든 사람을 귀하게 여겨야 한다"고 풀이할 수 있다. 예수님도 지도력을 '지배하는 대신 스스로 낮추고 타인을 배려함으로써 목표를 달성하는 것'이라고 하였다. 가뭄이 든 사회에 단비를 내리게 하는 사람rain maker이 진정한 리더란 뜻이다.

'비비디 바비디부Bibbidi Bobbidi Boo'는 신데렐라에 등장하는 요술 할머니가 호박과 누더기 옷을 마차와 아름다운 드레스를 바꿀 때 쓰는 주문이다. 생각과 꿈을 실현시키는 마법의 용어다. '아브라카다브라'는 주문을 외우면 마음먹은 대로 모든 것이 이루어진다는 이야기도 나온다. 결국, 하지 않고 저절로 되는 일은 없고 노력해서 안 되는 일도 없다는 뜻이다.

리더는 이렇듯 항상 이런 마음을 갖고 조직을 이끌어야 하고, 조직원들로 하여금 누가 있든지 없든지, 보든지 안 보든지 자기 업무를 묵묵히 수행하는 생각을 품도록 안내해야 하는 것이 아닐까.

3

고객 , 또 고객

유통업이나 서비스업 종사자들의 상식 중 하나는 '친절하라'는 말이다.
그런데 이것을 하기가 말처럼 그렇게 쉽지 않다.
신입사원도 알고는 있지만, 고참사원도 행하기는 어렵다.
위대한 상식은 반복적으로 함으로써 체질화하는 것 이외에는 왕도가 없다.
고객은 언제나 옳다.
고객 불만은 경영개선을 위한 가장 좋은 선물이라고 생각해야 한다.

"안 된다 하면 안 된다."

"점장입니까? 여기 책임자냐구요?"

50대로 보이는, 덩치 크고 성질 급한 고객이 점장실로 들어서며 싸울듯한 기세로 내게 말했다.

"네. 그렇습니다. 영등포점장 권국주라고 합니다."

그는 분을 삭이지 못해 얼굴이 벌겋게 달아올랐다. 크게 숨을 몰 아쉬곤 다짜고짜 말했다.

"제가 무리한 요구를 한 겁니까?"

"아, 비서에게 전해 들어서 대강은 알고 있습니다. 우선 자리에 앉 아 차 한 잔 드시면서 차근차근 말씀해 보시죠."

매장에서 고객과 판매담당 사이에 실랑이가 벌어졌고, 감정이 격 해진 고객이 그만 판매담당의 뺨을 때린 사건이 일어났다. 고객이 정 수기까지 바닥에 내팽개치는 바람에 파편이 여기저기 튀어 백화점이 아수라장이 되었다고 비서에게 보고받았다.

"비싸게 주고 산 제품이 열흘도 안 돼 고장 나서 바꿔 달라는데 뭐가 문제입니까?"

"……."

열흘 전에 정수기를 사간 고객이 제품을 교환해 달라고 왔는데 판매사원이 사용한 제품이니 교환이 어려워 애프터서비스를 해 주겠다고 답변했다고 한다. 그런데 그다음이 문제였다. 판매사원에 이어 판매담당이 성질 급한 고객과 상대하면서 똑같은 답을 한 것이다.

"판매담당은 뭐하는 사람입니까? 기다렸다가 그에게 들은 얘기는 규정이 그러니 바꿔줄 수 없다는 대답이었어요. 관리자와 만나도 답변이 변한 게 없었습니다. 시간만 보낸 셈 아닙니까?"

"네. 잘 알겠습니다. 고객님께서 원하시는 대로 새 제품으로 교환해 드리겠습니다. 직원들 일 처리가 미숙해 죄송합니다. 정중히 사과드립니다."

"아, 아니에요. 진작 내가 원하는 대로 했으면 좋았으련만. 제가 성미가 좀 급해서……."

화가 다소 누그러진 표정이 읽혔다. 곧 FM^{층 책임자}을 불러 고객이 원하는 대로 제품을 교환해 주라고 지시했다. 고객은 멋쩍은 듯 자리를 두리번거리며 시선을 맞추지 않은 채 "아까 일은 미안했어요. 손찌검까지 할 일은 아니었는데……"라며 점장실을 나갔다.

FM과 판매담당을 점장실로 불러들였다. 그들은 겸연쩍은 표정을 지으며 어정쩡한 자세로 서 있었다. 매장 규정대로 처리하려다 뺨을 맞았으니 그럴 만도 했을 것이다.

"FM과 담당이라는 사람이 고객응대 솜씨가 그 정도밖에 안 되는가?"

두 사람은 눈이 휘둥그레졌다. 기대가 완전히 빗나간 것이다. 예상하지 못한 질책에 수긍할 수 없다는 듯 말했다.

"매장 규정에 따라……."

"너흰 맞아도 싸다. 야! 이 친구들아, 고객이 우리를 먹여 살리는 것 아니냐. 그러니 고객에겐 안 된다고 하면 안 되는 거야. 고객을 위한 것이라면 다른 쪽 뺨도 맞을 각오를 해야지."

이 일이 있은 지 얼마 뒤 영등포점은 '단골 고객 늘리기' 캠페인을 펼쳤다. 친절은 당연히 핵심 주제였다. 이미 실시해 오던 상품의 모니터링 제도에 고객 서비스 모니터링 제도를 추가했다. 여성 모니터 요원을 채용하여 소형 녹음기를 들고 매장을 돌면서 고객이 판매사원과 대화하는 것을 녹음하게 했다. 물론 판매사원은 녹음하는 줄을 전혀 모른다. 고객 응대 장면을 녹음하여 좋은 사례와 좋지 못한 사례를 활용하게 한 것인데 판매사원은 녹음한 것을 같이 들으면서 깜짝 놀라곤 했다.

"자네~ 그리하면 안 되겠지?"

개점 시간이나 폐점 시간 때, 현관으로 들어오거나 나가는 손님이 아무도 없는데도 방송 멘트에 따라 그저 기계적으로 인사를 하는 일도 많았다. 친절하게 보이겠다고 90°로 숙이는 배꼽 인사는 오히려 역효과만 초래할 수 있다. 사원들과 대화할 기회가 있을 때마다 "친절은 정성"이라며 "마음에서 우러나오지 않는 친절은 오히려 불쾌감을 줄 수 있다"고 말했다. 기계적으로 인사하는 것보다는 고객이 지나갈 때를 기다렸다가 가벼운 묵례를 하든지 정감 어린 말 한마디를 건네는 것이 훨씬 더 진정성 있어 보인다. 90°로 인사하는 것보다는 눈이라도 마주치는 게 더 효과적이다.

백화점의 가장 큰 행사는 정기세일이다. 세일 기간 중의 매출액은 연간 매출의 상당 부분을 차지할 정도로 비중이 크다. 그래서 백화점마다 고객 유치를 위해 광고에 열을 올리고 고객은 고객대로 세일을 손꼽아 기다린다. 고객의 심리상태는 평소와 좀 달라진다. 많은 사람이 몰려 매장이나 통로에서는 고객들끼리 서로 부대끼게 되고, 그런 와중에 들러야 할 매장과 사야 할 품목은 더 많고, 평소보다 몇 배 더 바빠진 판매사원의 응대는 영 마음에 들지 않게 된다.

물건값이 싸졌다는 이유로 평소보다 마음이 너그러워져 웬만한 불편을 감내하는 고객은 없다. 오히려 신경이 더 예민해져서 마찰을 빛을 가능성이 더 커진다. 판매사원은 판매사원대로 행사 준비에 이미 심신이 피로해진데다 평소보다 많은 고객을 응대하다 보면 신경이 날카로워져 있으니 설상가상이다. 밤샘도 마다치 않고 행사를 준비하느라 몹시 지칠 수밖에 없다. 사방에서 몰려드는 손님들을 응대하느라, 냉난방이 무색할 정도로 맺혀 있는 이마의 땀방울을 보노라면 어깨라도 주물러 주고 싶은 마음이 굴뚝 같다. 하지만 이런 마음을 접어두고 친절까지 할인해서는 안 된다. 답은 정해져 있는 것이다. 세일은 물건값을 세일하는 것이지 친절마저도 세일하는 것이 아니라는 사실이다. 어떠한 상황에서도 친절해야 한다는 원칙은 결코 회피하거나 대체할 수 없는 판매사원의 숙명이다. 그러니 감내하라고 할 수밖에 없다.

고객이 보내는 몸의 언어를 알아차리는 센스도 필요하다. 고객에게 "뭐 찾으시는 거 있으세요?"라고 말했다간 백전백패하고 만다. 고객 눈을 읽고 동선에 따라 무얼 원하는지 미리 파악하는 것이 필요하다. 이렇게 질문하면 고객은 백이면 백 "그냥 둘러보고 있어요" 하고 답할 것이다. 고객들 동선을 지켜보고 있다가, 어떤 코너로 직행하면 그때부터 '이런 종류를 찾으실 땐 이런 게 좋다'고 해야 반응이 좋다. 남성복 코너에 찾아와 양말을 사는 고객이 있다. 싸구려를 산다고 무시해 버리면 결국, 큰 손님을 놓치는 법이다. 양말을 사는 사람이 셔츠도, 양복도 살 것이다.

해박한 상품지식이 구비되지 않은 친절은 불완전하다. 고객을 응대하다가 상품지식에서 막혀 버리면 잘 나가다가 돌부리를 만난 것과 같다. 상품지식은 판매력 증진만을 위해 필요한 것은 아니다. 영등포점은 매주 수요일을 '상품 지식의 날'로 정하고 개점 전에 파트별, 코너별로 모여 주요 상품, 특히 신상품을 주제로 한 강의나 연구발표를 하도록 했다.

어느 날 한 협력업체 대표를 초청해서 듣는 강의가 핸드백 코너에서 열렸다. 협력업체에 부담이나 피해를 주는 일은 절대 용납하지 않았으나 상품교육을 위한 업체 협조만은 인정해 줬다.

"핸드백에는 왜 흠이 많은가요?"

강의 끝머리에 한 여사원이 손을 들고 일어나 질문을 했다. 당시는 합성한 가죽을 가공해 깔끔한 정장 스타일에 어울리는 핸드백이 주류를 이룰 때였다.

"가죽에 흠이 있는 것은 자연스러운 것입니다. 콧기름이나 손때가 묻으면 자연스럽게 메워집니다."

강의자가 이해하기 어려운 답을 내놓았긴 했으나 현장 사원들이 패션 트렌드를 읽을 수 있었다. 또 코너마다 상품 지식 카드를 비치해 수시로 상품 정보를 습득하는 데 활용했다. 정기적으로 영등포점 전체가 참가하는 상품지식이나 고객 맞이 경연대회도 개최했다.

> 백거이^{白居易}가 도림선사에게 물었다.
> "어떤 것이 불법^{佛法}의 대의^{大義}입니까?"
> "악을 짓지 않고 선행을 받들어 행하라."
> "세 살짜리 아이도 그런 것은 알겠습니다."
> "세 살짜리 아이도 말은 할 수 있으나 여든 노인도 행하기는 어렵다."
> 백거이가 드디어 절을 하였다.

'착하게 살아라'와 같이 바람직한 삶을 영위하기 위한 가장 기본적이고 보편적인 상식 중의 상식을 위대한 상식이라고 말할 수 있다. 유통업이나 서비스업 종사자들의 상식 중 하나는 '친절하라'는 말이다. 그런데 이것을 하기가 말처럼 그렇게 쉽지 않다. 신입사원도 알고는 있지만, 고참사원도 행하기는 어렵다. 위대한 상식은 반복적으로 함으로써 체질화하는 것 이외에는 왕도가 없다.

고객은 언제나 옳다. 고객 불만은 경영개선을 위한 가장 좋은 선물이라고 생각해야 한다.

비프렌딩Befriending

● ● ● ●

"자기 업무? 당연히 중요하지. 하지만 남의 부서가 잘 할 수 있도록 도와주는 비프렌딩 정신도 반드시 필요한 거야."

대표이사에 오른 뒤에는 영등포점의 하모니^{Harmony}를 비프렌딩이라는 용어로 바꾸어 지속적으로 추진했다. 훈훈한 정이 넘치는 친구같이 마음을 나누자는 의미였다. 자신의 업무가 아니더라도 별도로 나뉜 부서가 따로 없이 바쁜 곳에 가서 서로 돕는 따뜻한 문화를 만들어보자는 취지였다.

유통업을 보면, 조직과 부서 간에 서로 이해관계와 다툼이 많다. 하지만 모든 의사결정은 회사 전체적으로 어느 것이 좋겠는지 객관적인 기준을 가지고 판단해야 한다. 바이어 별로, 영업과장 별로 상호 협조가 어려운데 그렇게 해서는 안 된다. 남의 부서, 타 부서가 잘 되는 것을 축하해 주는 분위기를 최고경영자는 만들어야 한다.

신세계 영등포점장으로 있을 때 일이다. 백화점 4층 매장엔 여성 캐주얼, 아동복, 신생아복 그리고 문구 및 완구, 서적 파트가 섞여 있었다. 때문에 담당 부서가 달라서 서로 다른 수많은 행사에 맞춰 탄력적으로 운영하는 게 쉽지 않았다. 매출 목표를 달성해야만 하는 형편이다 보니 매장의 점유 공간을 빌린다는 것은 꿈꾸기조차 어려웠다.

어느 날 매장에서 어린이날 행사 준비를 한창 하고 있었다. 정문 앞에 매대를 펼쳐 놓고도 모자라 4층의 문구·완구와 아동복 코너는 사람이 오가기 어려울 정도로 상품이 꽉 들어찼다. 관리자들조차 매장이 협소하니 어쩔 수 없는 일이라며 크게 신경을 쓰지 않았다. 반면에 5층으로 올라가는 에스컬레이터 앞 여성복 매장인 '아일랜드'는 여유 공간이 많았다.

문구와 완구를 담당하는 바이어를 불렀다.

"매장이 고정이라고 부장들이나 바이어들 생각도 고정된 건가요?"

무슨 얘기인지 이해하지 못한 듯 그는 아무런 반응을 보이지 않았다.

“많이 파는 게 최고가 아니오. 물건 파는 데만 관심을 가져 이렇게 고객들을 불편하게 해서 되겠는가 말이오.”

“아, 예. 하지만 상품을 제대로 진열할 공간이 없습니다.”

다시 캐주얼 담당 바이어를 불렀다.

“에스컬레이터 앞 매장의 일부분을 완구 행사에 사용하도록 양보해 주게.”

캐주얼 담당 바이어의 표정이 일그러졌다.

“그건 안 될 말씀입니다. 점장님도 잘 알고 계시지 않습니까. 매출이 매장 평수에 비례한다는 것을……”

즉시 그를 꾸짖었다.

“이 광경이 보이지 않는가. 자네가 점장이라면 이렇게 놔두는 것을 지켜보겠나. 자네의 매출목표를 빼줄 테니 매장을 정리하게. 바이어쯤 되면 좀 더 앞을 보고 넓게 봐야 한다네. 바로 눈앞의 매출보다 고객 편의를 먼저 고려해야 하네.”

고객 편의가 당장 매출보다 더 중요하다는 사실을 관리자들이 깨달아야 한다고 보기에 이렇게 한 것이다. 사실 추가로 상품을 진열한다고 해서 매출이 눈에 띄게 늘어나지는 않는다. 하지만 본 매장의 고객이 통행에 불편을 겪지 않고 편하게 쇼핑할 수 있도록 하는 것도 중요하다. 나라든 기업이든 부처 이기주의, 부서 이기주의를 버리고 공동의 이익을 추구해야 한다.

'허심청 브로이' 부산 명소된 사연

1998년 신세계 사장을 그만둔 뒤 농심의 메가마트와 호텔 농심의 대표이사를 겸했다. 호텔 농심은 본래 동래관광호텔을 인수 합병해 호텔 사업부로 편제하여 운영했으나 경영실적이 신통치 않았다. 고급 온천 사우나인 '허심청' 역시 경영 상태가 나아지지 않았다. 호텔과 허심청을 통합 운영하면서 다소 낡은 허심청의 리뉴얼을 계획했다.

기본 콘셉트로 첫째, 깨끗함을 강조했다. 둘째, 복잡하지 않은 단순함을 내세웠다. 셋째, 즐거움이 있는 엔터테인먼트 공간으로 만들자는 것이었다. 보수 공사 뒤 남·여 총 3,000명이 동시에 입장할 수 있는 1,300여 평4,300m²의 온천탕에는 장수탕, 회목탕, 동굴탕, 노천탕 등 40여 종의 효능별 욕탕, 또 확 트인 초대형 온천탕에서 자연채광 시스템을 보수 재정비했다. 예술적 조형미를 갖춘 아름다운 실내 휴식 공간과 찜질방을 새로 설치하여 가족이 함께 휴식하기에 아주 좋았다.

그런데 제과점, 일식당이 있는 1층은 로비처럼 쓰이는 1,000여 평의 공간이 텅 비어 있어 스산한 분위기를 자아냈다. 이 공간이 농심그룹의 골칫거리로 등장한 지 10년째 되다보니 회장도 활용방안을 찾지 못해 매우 걱정하는 장소가 됐다는 얘기를 들었다. 가끔 땡처리 물건을 파는 장소로 이용할 정도였다.

2004년 2월 호텔 농심 서울 본사 회의실. '허심청 1층 개선 방안 회의'를 위해 부산의 임원들을 호출했다.

"1층은 10여 년 가까이 제대로 영업을 하지 못했습니다. 농심그룹의 골칫거리입니다. 겨우 땡처리 공간으로 활용해서야 되겠습니까? 대형 식당이나 독일 맥줏자가 맥주집을 하면 어떻겠는지 의견을 말해 보셔요. 이대로 방치해서는 안 됩니다.”

참석자들은 당황해 하는 기색이 역력했다. 대형 식당이나 자가 맥줏집은 자료와 상식이 없어 당장은 판단하기가 어렵다는 표정이었다. 한참을 고심하던 이들은 난색을 표했다.

“자가 맥주에 관한 자료를 찾아보고, 매장 도면도 살펴보기 바랍니다. 공부한 뒤 다시 회의합시다.”

일주일 뒤, 여러 차례 갑론을박 끝에 품질을 제대로 갖춘 독일 정통맥줏집을 여는 것으로 방향을 잡았다. 다행히 부산 지역 수돗물을 독일 맥주회사에 보내 검사한 결과 독일보다 오히려 수질상태가 좋다는 통보를 받았다.

서울 강남을 중심으로 유행한 브로이 맥주를 1개월 동안 조사했다. 대부분 맥주보다는 음식 매출이 많았다. 당시 우리나라에는 자가 맥줏집 운영에 관한 법률이 정리되어 있지 않았다. 그때 전국적으로 110여 개 업체가 운영 중이었으나 2~3군데를 제외하고 영업이 신통치 않다는 보고를 받았다. 2004년 4월에 최종 콘셉트를 결정했다.

첫째, 독일 정통맥주 맛을 유지하자. 기존 운영 중인 자가 맥줏집들이 원가절감을 위해 국산 맥아를 같이 사용함으로써 독일 맥주의 고유한 맛을 제대로 살리지 못한다고 판단했다. 그래서 독일에서 마시는 맛과 똑같은 맛을 유지할 것을 특별히 강조했다. 그 맛을 그대로 내기 위한 방안을 찾기 위해 고민하다가 독일인 양조 제조사를 채용했다.

둘째, 엔터테인먼트를 특별하게 준비하자. 서양인 뮤지션으로 구성된 밴드를 찾도록 했다. 밤무대에서 필리핀 가수들이 많이 활동하는 탓에 저렴한 이미지를 벗어나지 못하고 있었기 때문이다. 서양 가수들의 음악성에 막연한 선입견이 작용했다고도 할 수 있으나 아무튼 서양 밴드를 무대에 세우도록 했다.

셋째, 가격은 싸고 맛있고 안주는 푸짐하게 하자. 온천장은 주변의 부산대 학생들과 주민 등 일반 대중이 많이 이용한다. 그들이 부담 없는 가격에 독일맥주 맛을 즐길 수 있는 장소가 돼야 한다고 생각했다. 메뉴 음식은 직접 시식하고 확인한 뒤 결정 내렸다.

넷째, 서비스를 재미있고 특이하게 하자. 고객과 거리감을 없애기 위해 함께 어울리고 즐길 수 있는 분위기를 연출하게 했다. 함께 노래를 부르고 손뼉을 치며 흥을 돋우기 위한 갖가지 아이디어를 짜냈다. 밴드가 쉬면 요리사들도 주방에서 나와 무대 앞에서 난타 공연을 하거나 춤을 추기도 했다. 주방도 안이 다 보이게 공개했다. 방송국 공연 PD라도 된 느낌으로 뒤에서 일일이 지적했다. 직원들에게 격려금도 챙겨 주면서 사기를 올려 주었다. 이 같은 마케팅 전략을 세우고 실무 책임자에게 어떠한 경우라도 이 네 가지 콘셉트만 정확히 지키면 성공할 수 있다고 강조했다.

5월과 6월에는 도면작업 및 설계를 했다. 6~7월엔 업체를 선정해 공사에 들어갔다. 실무자 중심으로 일할 수 있도록 적극 지원했다. 나는 업체를 선정하는 데에도 전혀 관여하지 않았다. 호텔 9층 라운지에서 담당 책임 부장과 독대하면서 이렇게 말했다.

"부정을 하려면 팔자를 고칠 정도로 하고 그렇지 않으면 자질구레한 부정은 하지 마세요. 업자랑 밥도 먹지 말고, 이 프로젝트가 실패로 끝나면 우리 둘 다 그만두는 겁니다."

"제 명예를 지키겠습니다. 사장님을 믿고 최선을 다하겠습니다."

"독일에서 맥줏집을 본 적이 있나요? 없으면 공사를 당장 중단해서라도 독일에 다녀오시오."

어느 날 나는 실무 책임자와 호텔 디자인 담당자를 독일에 다녀오게 했다. 이들은 일주일 동안 뮌헨München을 중심으로 여러 도시를 돌아다니면서 맥주 맛도 느끼고 정보도 취합해 돌아왔다. 귀국 보고를 받고 내부 인테리어를 전면 수정해 독일 맥줏집 분위기를 그대로 연출하도록 했다. 특히 내부 바닥에 높낮이를 주어 탁자와 의자를 여러 형태로 만들게 했다. 커다란 실내 공간에 각기 독립되고 다양한 인테리어가 가능해졌다.

2004년 10월, 드디어 독일인 양조 제조사가 100% 독일 재료를 사용하여 맥주를 생산하기 시작했다. 정통 독일맥주 전문점 '브로이하우스'가 문을 연 것이다. 그 해 12월까지 성수기라 영업이 그런대로 되었으나 1월이 되면서 매출 상승세가 주춤했다. 하지만 고객 중심의 서비스를 개발하고 각종 이벤트를 벌여 상승세를 이어갔다.

당시 나는 부산에 월 2~3회 내려갔다. 밤늦게 맥주 홀에 가 보기도 하고 호텔과 주방에도 자주 들어갔다. 부산에 가지 않을 때에는 매일 자정을 전후해 점장을 비롯한 책임자들에게 직접 전화를 걸었다.

"오늘은 어떤가? 고객은? 매출은?"

그 때문인지 그들은 제때 퇴근하지 못했다. 휴일도 없이 일했다. 불평 없이 오직 브로이하우스를 활성화하기 위해 몰입했다. 등 두드려 주면서 잘한다고 칭찬했다. 온갖 이벤트를 여는 등 눈물 나는 영업을 펼친 직원들의 열정이 더해져 브로이하우스는 부산의 명소로 자리매김했다.

어떤 프로젝트든 위에서 보여 주는 관심이 중요하다. 그래야 성공한다. 일본에 출장을 다녀오면서 주방에서 사용할 수 있는 일본의 유명한 칼을 주방장에게 사다 주기도 했다. 요리용 칼인데 주방장이 무척 좋아했다. 또 나는 주방에 아무 때나 드나들었다. 밥 먹고 나오다가도 "밥 잘 먹었다. 찬이 좋다"고 인사하니 주방 직원들이 신바람 나게 일했다.

허심청 브로이가 성공한 것은 농심그룹에서도 아주 충격으로 받아들였다. 당시 농심 임직원들은 부산에 오면 허심청 브로이를 보고 가야 했을 정도였다. 맥주에 관심이 많은 전국 방방곡곡의 사람이 벤치마킹으로 삼기도 했다.

부산에 출장 오셔서 허심청브로이 매장을 둘러보시고는 회장님이 말했다.

"권 사장이 10년 묵은 체증을 쑤욱 내려가게 했소. 예산이 얼마나 들었소?"

"허심청 리뉴얼과 브로이 매장 비용까지 총 70억 원입니다."

"권 사장! 정말 간이 크군요."

70억이란 말을 들은 회장은 약간 놀라셨다. 예산을 미리 보고했으면 착수하지 못했을지도 모른다. 하지만 성공적인 아이템으로 검증되어 내 판단이 옳았음을 모두 인정했다.

허심청 브로이하우스의 성공은 리더의 정확한 지침과 사전에 정확한 콘셉트를 결정한 것, 그리고 그것에 맞는 서비스를 제공한 데서 비롯한다. 하지만 이 모든 것이 고객 중심의 생각이 아니었다면 할 수 없었을 것이다. 고객이 공감하는 이벤트와 메뉴를 지속적으로 개발하여 정통 독일 맥주전문점 사업이 지속적으로 성공할 수 있었다.

4

지역 밀착형

소비자는 결코 먼저, 기꺼이 다가오지 않는다.
소비자를 다가오게 할 수 있는 조건을 기업이 먼저 만들지 않으면 안 된다.
그 지역의 역사나 문화, 혹은 사건 등 지역 정서를 움직일 수 있는 것이면
무엇이든 그 대상으로 삼을 수 있다.

"신세계백화점에서 나왔습니다!"

세계에서 가장 규모가 큰 소매점인 월마트를 만든 샘 월튼 회장은 부지런히 발로 뛰면서 상품 공급자를 만나 싼 가격에 팔 것을 설득하는 독특한 영업 전략을 폈다. 또 상점 부지 물색을 위해 미국 전역을 누비는 동안 아이디어가 떠오를 때마다 소형녹음기에 녹음하고 즉시 실행했다. 월마트는 현장 경영에서 얻은 수많은 아이디어가 만들어낸 결과물이다. 그의 경영 습관에 공감한 뒤부터 본격적으로 실천하기 시작한 나의 메모 습관은 시간이 흐를수록 더욱 방대한 자료로 쌓여 갔다. 언제든지 지난 메모를 살펴볼 수 있도록 정돈한 업무 노트들은 '책장 속의 스탭'이 되어 답답하거나 궁금할 때 한몫을 해 주었다.

다양한 아이디어를 이리저리 섞다 보면 혁신적인 방안이 나오곤 한다. 모방을 통해 혁신에 성공한 기업들의 공통점은 그들에게 가장 중요한 역량, 곧 핵심역량이 무엇인지를 쉽게 파악하는 능력을 갖추고 있다는 것이다. 공정하고 자유로운 경쟁 속에서는 기업이 시장에 제공하는 혁신의 질에 의해 승자와 패자가 결정된다.

영등포 점장이 된 직후 적잖은 시간을 들여 작성한 업무 노트를 살펴보았다. 점포 영업과 관련해 필요한 사항을 진행할 것과 하지 말아야 할 것, 그리고 역점을 둬야 할 사항을 정리한 뒤 취임식에서는 간단하게 두 가지 핵심 사항만을 강조했다.

첫째, 인근 주민으로부터 사랑받는 백화점, 즉 지역 밀착형 백화점을 만들겠습니다.
둘째, 이를 위해 믿음과 신뢰의 경영을 하겠습니다.

이후 나의 업무는 이 두 가지 콘셉트를 실행하는 데 초점을 맞췄다. 요즘이야 '사랑'이란 말을 남발할 정도로 많이 쓰지만, 당시엔 파격적이고 생소한 느낌을 줄 때였다. 스스로 이를 지키고 실천하겠다며 '사랑'이란 낱말을 과감하게 채택한 것이다.

일 잘하는 '상머슴'은 얼굴을 보이지 않고 등을 보이고 일하고, 그래야 아래 머슴이 이를 보고 배워 따라 한다고 했다. 점장인 내가 앞장서고 실천하고자 노력한다면 영등포점 전 직원들이 따라 주리라 생각했다. 그리고 그들은 잘 따라주었다.

"음~, 지금 날씨는 어떤가?"

잠자리에서 눈을 뜨면 창밖부터 궁금해진다. 그날의 영업 실적과 깊은 연관이 있는 소매업을 하면서 생겨난 버릇이다. 비가 오거나 눈이 오면 매장은 텅 비어 썰렁한 느낌마저 든다. 고객이 찾아주지 않으면 그들을 찾아 나설 수밖에.

영등포 지역 주민에게 백화점을 홍보하도록 지시했다. 많은 돈을 들여 꾸며 놓은 매장이 고객 발길을 붙들지 못하고 썰렁할 때도 잦다. 오전이 그렇고, 비나 눈이 오는 날은 더 심했다. 주부 고객을 끌어들일 수 있는 오전 전략이 필요한 이유다. 직원들에게는 사내에서 무료감을 느끼기보다는 주변 아파트를 방문하여 주부들과 대화하는 것이 더 좋지 않겠느냐며 외근을 독려했다. 현관문조차 열어보지 못하고 돌아오기도 했고 더러는 대화를 많이 나누고 돌아오는 사원도 있었다.

“어머니! 안녕하세요. 신세계백화점에서 왔습니다.”

아파트 현관문이 열리자 한 아주머니가 빼꼼 얼굴을 내밀었다.

“무슨 일인지……”

“아, 염치없지만 차 한 잔만 주십시오. 언제라도 매장에 오셔서 매니저인 저를 찾으시면 차를 대접하겠습니다. 잠시 시간 좀 내서 친한 분들을 모아오세요.”

지역 밀착형 백화점으로 변신하기 위한 노력은 인근 주민의 인식을 조금씩 바꿔 놓았다. 매출도 차츰 늘어갔다. 가장 많은 시간을 할애해야 할 것은 고객들의 하소연을 들어주는 일이다. 남편과 아이를 걱정하는 이야기를 들어주다 보면 고객과 사이가 좁혀지면서 차츰 그들이 백화점을 가까이하기 시작했다.

일반적으로 새로 부임한 점장은 매장부터 고치려 한다. 인테리어에 모두 돈을 써버리면 벌어도 이익이 없다. 매장을 그대로 둔 채 상품 판촉에 힘쓸 방안을 찾아야 한다. 회의에서 얻은 결론이 현장에서 전혀 다른 결과를 낳는 것을 자주 보았기 때문이다. 판촉이란 것이 무조건 퍼주는 것, 할인해 주는 것은 아니다. 다른 아이디어가 필요하다. 판촉활동을 활발하게 하면 매출도 눈에 띄게 신장한다.

신세계백화점 영등포점장 시절, 주변 아파트 공략에 성공하자 직원들이 1호선 지하철이 동인천까지 연장되는 것을 계기로 노선을 따라 판촉활동에 나섰다. 한편으로 백화점 앞마당에서는 연예인을 동원한 판촉행사가 매일 열렸는데 뽀빠이 이상용 씨는 단골 출연자였다. 당시 인기배우인 장미희 씨 등이 직접 방문해 개인 소장품과 예장품을 판매하는 '연예인 옷 자선바자회'를 열기도 했다. 주부백일장, 서예대전 등 각종 이벤트는 고객의 관심도를 높이는 촉매제로 작용했다. 특히 문화교실을 활성화한 것이 사랑받는 백화점으로서 기반을 닦는 데 도움이 됐다. 매주 4일 내지 5일 정도 개최한 결과, 1년이 지난 뒤 약 2만 명의 주부가 영등포점 문화교실을 거쳐 갔다. 이를 통해 영등포점 이미지를 개선했고 고정 고객도 늘렸다. 지금은 모든 백화점이 다 하지만, 그 당시에는 상당한 인기를 얻었다.

유통시장에서 살아남으려면 고객 변화에 집중해야 한다. 영등포점 직원들은 고객이 무엇을 바라는지 정확히 파악하기 위해 노력했다. 거기에 맞는 층·열·코너별 상품 구성, 광고 판촉전략, 가격 체제, 서비스 등 여러 방면에서 새로운 판매 방법을 강구했다. 영등포점은 신세계백화점의 첫 부도심 상권 진출 프로젝트로서 지역밀착형 유통의 시금석을 마련하고 다점포화의 시동을 걸었다는 점에서 의미가 있었다.

지역밀착 마케팅은 한때 생소했지만, 지금은 누구에게나 친숙한 말이다. 글로벌 기업마저도 지역 밀착 마케팅에 열을 올리고 있어 이젠 기업의 숙명적 과제라고 해도 과언이 아니다. 특히 지역에 기반을 둔 소매업 중심의 지역밀착 마케팅은 모든 시장을 동일한 시장으로 보고 전개하는 전사적 차원의 마케팅보다 그 역할이 더 중요하다.

사람마다 생김새가 다르듯 상권도 지역에 따라 그 특성이 다르므로 전사적 접근방식으로는 한계가 있다. 또 상권별·고객 유형별로 세분화한 마케팅을 해야 하기 때문에 경험이나 감에 의존해서도 안 된다. 따라서 지역밀착 마케팅은, 전사적인 방침을 제외한 대부분의 권한을 점포에 위임했다. 현장을 가장 잘 알고 있는 사람들이 권한을 가지고 소신껏 운영하도록 한 것이다. 비록 시행착오가 있을지라도 마케팅 방향이나 아이디어 제안자의 자리에서 너무 무리하게 앞서 나가려고 하지는 않았다.

일본 이세탄백화점의 바이어는 상품 판매 뒤의 수치정보뿐만 아니라 고객이 관심을 많이 보이는 상품은 어떤 것인가, 오래 살펴보는 상품은 어떤 것인가, 많이 만져보는 상품은 어떤 것인가 등을 조사하여 매입 계획을 수립했다고 한다. 지역밀착 마케팅은 판매사원이나 매장 관리자들만 참여해서 될 일이 아니다. 단순한 판매 실적뿐만 아니라 고객 행동도 파악하면서 마케팅에 반영할 때 성과를 볼 수 있다. 따라서 매입 부문과 영업 부문이 잘 소통할 것과 고객들의 행동 하나하나까지도 무심히 보지 말 것을 어느 현장에 가서 누구를 만나든 당부하곤 했다.

모든 업종, 모든 기업이 지역밀착 마케팅을 한다고 해도, 가령 금융기관에서 어떤 특정지역에서만 판매할 수 있는 금융상품을 개발하기는 어렵다. 통신기기 제조업체가 어떤 지역 주민만을 대상으로 전혀 다른 휴대전화기를 개발하는 것도 사실상 불가능하다. 그러나 소매업은 그것이 가능하다. 그러한 상품을 발굴하고, 개발하고, 성공시키고, 이를 다시 리프레쉬하는 끊임없는 작업들이 결코 쉬운 일은 아닐지라도……. 그래서 나는 '여기밖에 없는 상품'을 만들 수 있는 아이디어를 끊임없이 제안하라고 당부했다.

밀착하려면 어느 한 쪽이 다가오거나 양쪽이 다가와야 가능하다. 가장 좋은 밀착 형태는 양쪽에서 기꺼이 다가가고자 할 때다. 그러나 시간차가 발생한다. 소비자는 결코 먼저, 기꺼이 다가오지 않는다. 소비자를 다가오게 할 수 있는 조건을 기업이 먼저 만들지 않으면 안 된다. 그 지역의 역사나 문화, 혹은 사건 등 지역 정서를 움직일 수 있는 것이면 무엇이든 그 대상으로 삼을 수 있다. 그래서 나는 '여기밖에 없는 에피소드'를 만들어 달라고 요청했다. 또 그런 아이디어를 끊임없이 제안해 달라고 당부했다. 광주 신세계백화점의 신세계갤러리는 광주에만 있는 에피소드의 한 사례다.

마케팅 개념을 너무 협의로 해석하면 지역밀착 경영은 성공하지 못한다. 그 지역에서 펼쳐지는 모든 기업활동과 임직원의 행동도 마케팅 영역으로 보고 접근해야 한다. 하지 말아야 할 것을 하지 않는 것도 마케팅이다. 지역에만 기반을 둔 영세 협력업체라 할지라도 횡포를 부리거나 고자세를 취하지 말아야 한다. 사원들과의 관계에 있어서도 모기업이나 본부에서 파견된 사원들의 자기관리는 대단히 중요하다. 상생의 정서가 어느 한 곳에서라도 막혀버리면 지역밀착 마케팅은 완성된 것이 아니다.

농심 메가마트에 있을 때 이야기지만, 지역밀착 마케팅과 관련하여 한 가지 기억나는 일이 있다. 나는 가능한 부산이나 외국에 갔다 오더라도 공항버스를 자주 이용했다. 어느 날 부산에서 돌아올 때 김포공항에서 삼성동 공항터미널 가는 리무진 버스의 앞자리에 탔는데 버스 속 TV 광고에서 '강원도로 기업 투자를 많이 해 달라'고 도지사가 설명을 하였다. 여러 가지 혜택과 장점을 상세하게 늘어놓았다.

그걸 보면서 도지사가 광고는 잘하지만 실천에는 문제가 있다고

생각했다. 우리 회사가 춘천에 있는 강원도 도청과 아주 가까운 거리
에 건물을 사서 백화점을 열었는데 1년이 지나도 한번도 오지도 않
고 관심도 기울이지 않는 것 아닌가. 약 300억 원을 투자하고 고용도
300명 이상 하는데……. 강원도로 투자하라고 비싼 돈 들여서 광고하
면서 막상 강원도에 투자한 업체에는 관심도 없는 것은 문제가 있다.
바로 실천이 부족한 것이다.

"강원도가 광고만 하면 뭐합니까? 막상 투자해도 관심도 못 받
는데……. 우리는 앞으로 형식적인 것, 속 보이는 것은 하지 맙시다."

이런 이야기를 춘천 점장에게 했더니, 점장이 도지사 비서실에 전
화하여 전달한 모양이었다. 며칠 뒤 도지사가 우리 매장에 와서 1시
간 정도 이곳저곳 보면서 격려하고 돌아갔다.

지방자치단체장이든 기업 경영자든 이렇게 매사에 관심을 가지고
일을 해야 한다. 도지사의 점포 방문으로 강원도민인 매장 직원 모두
"우리 도지사님께서 다녀가셨다"면서 기분이 얼마나 좋아졌는지 모
른다.

지방 진출 1호점 광주 신세계

광주 신세계백화점은 검토 단계에서부터 지점이 아닌 독립법인으
로 출범하는 것으로 구상했다. 독립법인은 광주 진출 전략의 핵심요
소 중 하나였다. 지역 기업을 만들어 그것을 뿌리로 삼아서 가지를 치
고 꽃을 피워야 명실상부한 지역밀착 경영이라고 할 수 있다.

백화점 업계는 1990년대 중반에 할인점과 TV 홈쇼핑, 아울렛, 인

터넷 쇼핑 등 새로운 업태들과도 본격적인 경쟁에 들어감으로써 차별화 전략이 필요해졌다. 더욱이 지방화 시대에 대비해 지방 개점을 서둘러 추진해야 하는 상황이었다. 그 이면에는 지방에 대규모 점포가 속속 들어서면 중소 유통기업과 중소상인이 위축될 것이 분명하고, 이에 따른 사회적 갈등이 예상되기 때문에 서둘러 개점해야 한다는 절박감도 작용했다.

하지만 사내에는 신규 사업 추진에 부정적 인식이 팽배해 있었다. 속사정을 좀 이야기하자면 신세계가 삼성그룹에 속해 있다 보니 모든 투자의 우선순위에서 밀려나 있었다. 오히려 그룹 관계사 증자나 신규 사업 투자에 참여시킴으로써 자체 사업에 신규 투자할 여력이 더욱 부족했다. 특히 유통업은 업의 개념이 부동산업과 관련 있다는 고정관념도 신규투자나 사업 확장의 걸림돌로 작용했다. 발상의 전환이 필요했으나 그 인식은 여전히 유효했다. 땅을 매입해서 건물을 짓고 영업하다가 적자가 나더라도 부동산 가격만 올라가면 그 상승분으로 상쇄하면 된다는 사고가 불변의 진리처럼 인정되었다.

내 생각은 달랐다. 만일 전략적이거나 영업 수익적인 측면에서 개점의 당위성만 확보된다면 점포를 임차해서라도 개점해야 한다는 주장을 펴왔다. 대표이사가 된 뒤에는 임차할 수 있는 점포를 적극 물색하기 시작했다.

"우리 신세계는 대구와 영남을 기반으로 하는 기업 아닌가요?"
"삼성그룹에서 뻗어 나온 신세계가 왜 광주에서부터 합니까?"
"광주 시내에서 너무 외곽이라 사람들이 오겠어요?"
여전히 지방색이 타파되지 않은 사회 분위기 속에서 영남 태생의 기업이라는 한계를 넘지 못하고 있었다. 신세계가 광주광역시에 진출할 기회가 오자 주위 사람들을 설득했다. 성공에 결정적인 역할을 하는 아이디어는 반대편 생각을 포괄할 수 있는 마인드가 있을 때 나올 수 있다.

"향후 신세계가 전국 유통망을 구축하려면 이번 기회를 놓치면 안 됩니다. 그것도 호남 기업인 금호그룹과 연계하면 영업적으로 성공할 겁니다."

향후 신세계가 전국적인 점포망을 구축하는 데 있어서 다시 찾아오지 않을 좋은 기회였다. 광주지역 토종 재벌인 금호그룹의 간접 지원을 받을 수 있어 유리한 조건을 갖춘 셈이었다. 더구나 삼성그룹과 완전히 분리한 만큼 공격적인 경영이 가능한 상황이었다.

생각을 바꾸고 관점을 바꾸면 모든 것이 다르게 보인다. 지금까지 해오던 업의 개념도 새로운 눈으로 봐야 한다. 주변 환경이 변하면 가장 먼저 자신부터 변해야 하며 그다음에는 변화해야 하는 논리를 만

(주)광주신세계백화점 개점 장면.

들어야 한다. 그리고 행동에 들어가야 한다.

피터 드러커Peter Ferdinand Drucker는 "늦게 내린 올바른 결정보다 빨리 내린 틀린 결정이 그래도 낫다"고 말했다. 9·11 테러 당시 뉴욕시장이었던 루돌프 줄리아니Rudolph William Louis Giuliani III 역시 "기업 경영에서 리더가 내려야 할 의사 결정은 무엇이 아니라 언제 하느냐가 더 중요하다. 빨리 내린 잘못된 결정이 늦게 내린 바른 결정보다 낫다"고 말했다.

다시 한번 열린 임원회의에서 광주백화점 개점을 강력하게 주장했다. 회의에서 백화점 입점 사업계획의 타당성을 보고했다.

① 신세계가 유통업을 영위하면서 전국적인 영업망을 구축해야 한다.
② 건물을 임대하므로 투자비 부담이 적다.
③ 공항과 고속도로 톨게이트에 인접해 빠른 시일 내 중심상권으로 부상할 것이다.
④ 터미널이 있어 집객 효과가 있다.
⑤ 지역 기반이 확고한 금호그룹 건물에 입점하므로 후광효과를 얻을 수 있다.

마침내 대다수 임원의 부정적인 견해에도 회의 막판에 광주 개점이 최종 결정됐다. 1995년 4월에 별도법인을 개점하고, 8월 25일에 지방 진출 1호점인 광주점이 드디어 문을 열었다.

'Plan-Do-See'냐 'Do-Plan-See'냐

(주)광주 신세계백화점에 인력을 내려보낼 때 일부에서 반발했다. 심지어 점장으로 발령된 이사가 신설법인으로 적을 옮기는 것에 불만을 토로했다. 신세계에서 중도에 퇴직해야 하므로 퇴직금이 적어지고 신설법인은 복리후생제도가 모기업과 다를 것이므로 직원들의 경제적 손실이 크다는 이유였다. 그래도 이것은 대표이사인 나의 지시라며 앞으로 두 번 다시 별도 법인에 관한 이야기가 없도록 못을 박고 방침을 강행시켰다.

사업을 추진하면서 여러 가지 문제에 봉착할 때마다 지역 기업이라는 점이 해결책을 찾는 데 도움이 되었다. 또 마찰이 빚어진 지역주민을 설득하는 좋은 방편으로도 한몫했다. 개점 뒤 마케팅에도 그 쓰임새가 있었다.

1995년에 자본금 5억 원에 광주 신세계백화점이 출범했다. 대표이사는 내가 맡았다. 이때 마련한 출자자금의 성격을 놓고 나중에 문제가 돼 사회로부터 잠시 오해를 받기도 했다. 신설법인의 주주 정용진 씨가 부당하게 자금조달을 했다고 시민 단체가 고발했기 때문이다. 신세계를 퇴직하고 난 뒤에 편법 경영권 승계 의혹으로 검찰 조사를 받는 등 곤란을 겪었으나 퇴임 사장이 진솔하게 사실을 사실대로 이야기하자 검찰에서 납득하고 무혐의 처분을 내렸다.

광주에 신세계백화점을 개점하자는 주장이 임원진의 반대에 부딪혀 받아들여지지 않는다고 이내 포기했다면 지금의 광주 신세계백화점은 존재하지 않았을 것이다. 경영학에서는 먼저 계획을 세우고^{Plan} 그다음 실행에 옮기며^{Do} 마지막으로 그 일이 잘 되나 안 되나를 살피라고 See 한다. 그러나 실제 일을 하다 보면 'Plan-Do-See'의 순서대로 업무처리를 하기 어려울 때가 잦다. 오히려 'Do-Plan-See'로 처리해야 할 때도 잦다. 광주 신세계백화점도 그랬다.

개점까지 많은 난관이 있었으나 하나하나 해결하고 있는데 또 다른 커다란 암초가 가로막고 있었다. 백화점이 입점할 장소가 터미널에 부속된 건물이므로 1층은 무조건 금융기관이나 우체국 등 지역주민을 위한 공공시설만 허가를 내준다는 것이었다. 관청에 달려가 설득했으나 허사였다.

터미널을 이용하는 고객들의 발길을 돌리게 하려면 건물 1층을 효과적으로 활용해야 했다. 백화점 1층은 첫인상을 결정하는 중요한 자리이므로 집객력과 이익률이 높은 품목으로 구성해야 한다. 그런데 1층을 광장으로만 사용해야 할 판이니 고민이 깊어졌다. 이미 'Do' 다음에 발상을 전환하여 여건에 맞는 새로운 아이디어를 짜내지 않으면 안 되는 상황에 봉착했다. 피할 수 없다면 마인드를 긍정적으로 바꾸고 즐겨야 한다. 그래야 건강에도 좋고 결과도 좋아진다. 보통의 백화점과 전혀 다른 1층으로 매장을 구성해야 한다면 상식적으로는 분명 약점이다.

하지만 광주 신세계백화점의 점포 콘셉트를 '새로운 생활문화를 제안하고 시민과 함께하는 정통백화점'으로 정한 만큼 대형 문화센터나 미술관 등을 1층의 얼굴로 만든다면 예향藝鄕의 도시 광주에 어울리겠다는 생각이 떠올랐다. 또, 그렇게 만들겠다고 하면 건축허가를 받는 데도 아무런 문제가 없을 것 같았다. 신세계갤러리, 상품권 숍, 우체국, 은행, 고객만족센터 등의 편의시설이 들어선 1층의 격조 높은 문화공간과 더불어 쇼핑을 즐기는 광주시민의 모습이 머리에 그림처럼 그려졌다.

지방에 연고를 둔 백화점들의 상당수가 어려움을 겪고 있었지만, 광주 신세계백화점은 이런 분위기에 개의치 말고 '넓고 쾌적한 쇼핑공간'을 만들어서 지역 주민에게 '쇼핑의 새로운 개념을 제시'하자는 의욕에 불타 있었다. 인테리어는 일본 회사인 국제장식國際裝飾에게 맡겼다. 좋은 정보력을 가지고 상대적으로 저렴한 자재를 사용해 좀 더 고급스러운 인테리어를 연출해 달라는 애초의 주문대로 잘 나와 주었고 주변 평가도 좋았다. 거기에 다시 무선 POS 시스템이 도입되어 최첨단 시설을 갖춘 미래형 백화점으로 꾸몄다. 규모는 지하 3층에서 지상 8층, 연면적 1만 7,000여 평에 매장면적은 8,000여 평, 동시주차 1,000대 규모로 호남권 최대 규모였다.

지방업체를 발굴하여 신세계 협력업체로 사업 기회를 제공하고, 자금이 부족한 업체에는 사업비를 지원하여 상생할 수 있게 하고, 우수상품은 이마트, 코스트코에도 판매할 수 있도록 했다. 또 기존의 신세계 인력을 최소화하고 현지 인력 채용을 극대화했다. 지역문화사업 참여도 시도하는 등 지역밀착 경영이라는 원래의 취지를 살리는 데 최선을 다했다. 틈만 나면 광주에 내려가 매장에 서서, 통로의 간이의자에 앉아서 사원들과 대화를 나누거나 점장에게 보고를 받는 등 현장 소통을 멈추지 않았다. 이런 노력 끝에 광주 신세계백화점은 순항을 했다.

한송이의 조그마한 국화꽃 하나 피우는 데도 천둥도 치고 소쩍새도 울고 하지 않는가. 세상에 그냥 되는 게 없다. 주위에서 보면 쉽겠지만 하나의 점포, 하나의 콘셉트로 유통이 성공하려면 얼마나 많은 보이지 않는 노력이 있어야 하는지를 느끼게 하는 점포다.

백화점 업계의 '지역 1번 점 전략'

'지역 밀착형'이란 그 지역에 공헌하는 영업 전략을 말한다. 광주의 특징은 예향의 도시라는 점이다. 그림에 관심이 많고 화가도 많다. 백화점에서도 미술관을 1층에 크게 짓는다. 미술전시회를 하면 상상하기 어려울 정도로 고객이 많이 모인다. 아줌마들이 아이를 등에 업고 전시회를 관람하고 비싼 카탈로그를 사간다. 광주 화가들이 전시회의 테이프 커팅을 할 때는 광주직할시장도 자주 참석했다.

유통은 장사라고 하지만 지역민의 생활과 문화 스타일을 바꾸는 일이기도 하다. 고객에게 화려한 진열대와 상품을 보여주는 것보다 멋진 경험을 제공하는 것이 훨씬 더 중요하다. 그래서 마케팅은 고객 영혼에 호소해야 하고, 상술에는 철학이 깃들어야 한다. 광주 신세계백화점을 경영하는 동안 지역 사회에 참여하고 공헌하는 문제는 나의 큰 관심사였다.

우선, 기업 이윤의 사회 환원 차원에서 장학금 제도를 만들었다. 결손가정 가장, 효자·효녀 학생들을 추천받아 장학금을 전달하는 방법을 택했다. 학교 측에 맡겨 성적 우선으로 지급하는 장학금은 일반적으로 널리 시행되고 있었기 때문에 사회적 효용성이 높도록 아이디어를 낸 것이다.

1층에 마련된 신세계갤러리는 시민과 고객은 물론 지역 출신 화가들의 사랑방 역할을 맡았다. 특히 서양화가 강연균, 오승윤^{作故}, 황영성 화백 등이 앞장서서 미술전시회 개최에 힘을 모아주었다. 제2회 광주비엔날레 개최를 앞두고 당시 비엔날레 진행위원장인 강연균 화백이 공식후원사인 광주 신세계백화점에 도움을 요청해 와서 3억 원을 후원했다.

나는 화가들을 초청하여 식사를 대접하고, 화실에도 가보고 다양한 행사를 기획해 보았다. 독도 문제가 쟁점이 되자 독도에 화가들이 가서 그림을 그리게 하여 전시회를 열었다. 산수가 수려한 인근 담양군 가사문화권의 식영정과 소쇄원, 환벽당, 송강정, 면앙정을 정비할 필요가 있다고 보고 비용 마련을 위한 그림 전시회를 열기도 했다. 전시한 그림은 모두 판매되도록 알선하는 일을 마다치 않았고 수익금은 지역사회단체에 기증했다. 김대중 전 대통령 생가가 있는 하의도를 중심으로 그림을 그리게 하고 작품을 팔았다. 공모전을 열어 특상 수상자는, 당시에는 거금인 시상금을 주고 프랑스 파리를 견학하는 기회를 주었다. 프랑스 화가 작품을 구해 전시회도 개최했다. 작가들과 연계한 행사는 지역 미술의 자생적이고 독자적인 발전 가능성을 모색하는 데 이바지했다.

신세계의 광주 진출이 성공작으로 확인되자 롯데, 나산, 리베라, 한신코아, 거평 등 대형 유통업체들이 지방 개점을 경쟁적으로 추진했다. 1990년대 후반에 현대백화점과 롯데백화점이 잇따라 광주에 진출함으로써 광주는 서울을 제외한 전국 최대의 각축장이 되었다. 백화점 기업에게 있어서 1등 백화점이 되어야 한다는 '지역 1번점' 전략은 결코 포기할 수 없는 전략의 핵심이라 할 수 있다. 단순히 매출에서만 1등이 아니라 지역문화와 공동체를 선도하는 랜드마크로서의 위상까지 1등으로 확보해야 한다는 목표까지 포함하는 것이다. 문화사업에 참여하고 이바지해야 진정한 지역 1번 점이 될 수 있다.

환경보호 활동은 저비용으로 좋은 효과를 볼 수 있으므로 적극 참여하는 것이 좋다. 광주 신세계백화점은 자연분해가 가능한 비닐 쇼핑백과 재생종이 쇼핑백을 개발해 사용했다. 또, 무등산 정화운동과 순천 주암호 살리기 캠페인을 고객 마일리지 제도와 연계하여 전개했다. 광주를 연고지로 하는 여자 프로농구단 '쿨캣'을 창설하고 광주 지역 실외골프연습장이 주최하는 아마추어 골퍼들의 정기 라운딩에 스폰서도 해 주었다. 아주 사소한 배려가 큰 반향을 불러일으킨 적도 있었다. 광주 운림동 아파트 단지 안에 있는 큰 기둥으로 된 시계가 오랫동안 작동이 안 된다는 사실을 우연히 알게 됐다. 아무도 모르게 새 시계로 교체했는데 얼마 뒤 광주 신세계백화점에서 남몰래 한 것으로 밝혀졌다. 주민 칭찬이 자자했다.

5

소통

대화는 기회만 있으면 할 수 있다.
장소나 때를 정해야 하는 것이 아니다.
부드러운 분위기에서 자연스럽고 농담 투의 대화를 할 수 있는
통로가 구축돼야 소통 기회가 생긴다.
소통의 핵심은 대화다.
따라서 회사는 고객이나 주주, 직원 등 상대 말에 진지하게 귀 기울여주고
피드백이 필요하면 성심성의껏 답해 주어야 한다.

무위이화 無爲而化

전국시대戰國時代 진秦나라 상앙商鞅은 법과 제도를 정비, 구축하여 통일국가의 기틀을 세운 사람이다. 특히 신상필벌信賞必罰 원칙을 적용하는 데 추호의 융통성도 인정하지 않았다. 그러나 결국, 그는 자신이 만든 법에 따라 목숨을 잃었고, 진나라는 그리 오래 가지 않았다. 그의 사상은 경영 리더십에서 참고하기도 하지만, 사마천司馬遷은 그를 타고난 성품이 잔인하고 덕이 없는 사람으로 평가했다.

'나라 법法이 심화하면 심화할수록 감옥은 줄어들고 상이 많아지면 많아질수록 공을 세우는 사람이 더 많아질까?'

'애써 힘들이지 않아도 저절로 변화하여 잘되어 간다면 이보다 더 좋은 일이 있을까?'

이런 궁리를 자주 하던 나에게 무위이화라는 말은 그 해답과도 같았다. 사실, 경쟁이라는 말에 더 익숙한 사람들 상식으로는 무위자연無爲自然과 일맥상통하는 '무위이화'가 처음에는 생뚱맞게 들릴지도 모른다. 노자老子의 말이지만 겉만 핥다가는 기업 경영과는 그야말로 너무 동떨어진 말처럼 들린다.

> '내가 아무것도 하지 않으니 백성이 스스로 감화되고我無爲 而民自化 내가 고요하니 백성이 스스로 바르게 되며我好靜 而民自正 내가 일을 만들지 않으니 백성이 스스로 부유해지고我無事 而民自富 내가 욕심 부리지 않으니 백성이 스스로 소박해진다我無欲 而民自樸.'

경영자가 아무것도 하지 않을 수 있는가? 무위의 최고 경지는 '아무것도 하지 않으면서 아무것도 하지 않는 것이 없는 상태'라고 하지만 경영자로서야 응당 '무위이화'를 지향하는 행위가 당연히 있어야 했으므로 우선, 내 행동지침부터 직접 설정해 보기로 했다.

첫째, 애정을 가지고 진심으로 소통하자. 인간관계란 묘한 면이 있다. 내가 속으로 싫어하는 사람은 그 역시도 거의 필연적으로 나를 미워한다. 좋아하지 않는 사람에게는 진심으로 따르려는 마음이 생기지 않는다. 애정이 흐르는 관계에서는 상사가 부하를 권력으로 지배하려 하지 않고, 부하는 억지로 상명하복하는 것이 아니라 스스로 움직여준다. 만약, 겉과 속이 다르다는 것을 알게 된다면 신뢰는 깨진다. 그 불신 위에서 애정도 사라진다. 그래서 공자孔子는 무위이화를 덕치德治로 본 것이리라.

둘째, 소통할 수 있는 분위기를 만들어주자. 비록 소통의 장이 있어도 소통하려는 마음이 저절로 생겨나지 않으면 진정한 소통은 불가능하다. 하지만 분위기만 조성된다면 억지로 시키지 않아도 자발적으로 소통할 것이다. 권위의식이 통하는 시대가 사라진 지 이미 오래다. 쉽게 다가갈 수 있고 편한 마음으로 대화할 수 있는 사람으로 더욱 바꿔보자. 그래서 제2, 제3의 내가 조직 곳곳에서 소통하는 분위기를 더욱 확산해 나가도록 해 보자.

셋째, 훼방꾼을 치워주자. 조직이든, 제도든, 시스템이든, 잘못된 문화든 반드시 존재하기 마련이다. 없어야 하는 것이 존재하여 앞을 가로막고 있다면 그것은 당연히 훼방꾼이요, 있어야 하는데도 없어서 나아가지 못하게 한다면 그것도 훼방꾼이다. 있어야 좋은 것은 있게 해 주고, 없어야 하는 것은 치워주자.

다음으로 나는 '무위이화' 네 글자를 액자로 만들어 두었다가 전무로 승진하고 나서 집무실 책상 뒷벽면에 걸어놓고 항상 내 등 뒤에서 나를 깨워주고 독려하는 죽비竹箆로 삼았다. 지인들이 지금도 가끔 "권 사장 자리에 가면 항상 그런 글이 적혀 있던데……" 하면서 기억하곤 한다.

전사적으로 혁신 분위기를 만들어보기도 하지만 그렇게 한다고 해서 바로 혁신되는 것은 아니다. 외부 컨설팅을 받아도 처음 시작할 때만 하는 척하다 금방 원위치되고 내성만 생길 수 있다. 신세계는 일본 유명 컨설팅업체의 경영 진단을 받아 경영혁신이나 시스템 개선을 모색해 보았으나 겨우 시늉만 내다 끝나는 경우가 많았다. 오히려 내성만 생기고 나중에는 "또?"라는 자조적인 얘기도 나왔다. 결국, 돈과 시간만 허비하고 효과는 없었다. 자발적인 참여를 끌어내지 못하면 외부의 그 누가 도와준다고 해도 될 일이 아니다.

최고 경영자가 밑의 조직에 변하라고 지시하고 별도로 태스크포스팀T/F프로젝트 팀도 만들고 하면 다 되는 것으로 생각하지만, 그것은 아니다. 최고경영자가 먼저 솔선수범하여 모든 것을 행동으로 실천해야 한다. 위에서 '변하라'고 지시하지만, 밑에서는 '위에서 변해야 한다'고 생각하기 때문이다. 곧, 위에서 조용히 실천하면 그 조직은 저절로 변화한다. 중국 베이징 칭화대의 한 비석에는 '행승어언行勝於焉'이 새겨져 있다. 곧, 말만 앞세우지 말고 행동으로 말하라는 것이다. 링컨의 이야기를 빌리면, 모두 세상을 바꾸려고 하지만 정작 자기 스스로 바꾸려고 하지 않으면 소용이 없다. 찰스 다윈의 진화론에서도 '자연에서 살아남는 것은 강한 종種이 아니고 영리한 종도 아니다. 그것은 변화에 가장 잘 적응하는 종'이라는 이론이 나온다.

　큰 나라든 회사든, 경영을 하는 것은 작은 생선을 굽는 것과 같다^{노자의 도덕경}. 생선을 구울 때 자주 뒤집으면 부스러지고 만다. 단기적으로 성과가 나지 않는다고 조바심을 내고 자꾸 바꾸면 혁신은 실패한다. 혁신 피로와 내성만 생긴다. 가만히 두면 장작불이 잘 탈 것인데 불쏘시개로 자꾸 뒤척이면 불이 붙지 않고 오히려 꺼진다. 최고경영자는 자기가 모든 것을 솔선수범하면서 혁신 분위기를 만들어 놓고 어느 시점까지 기다리는 것도 필요하다.

3현三現 사고와 플로어 워크

　글로벌 시대에 기업을 둘러싼 환경은 자고 나면 변화한다. 그뿐만 아니라 고객들 기호도 시시각각 달라진다. 컴퓨터와 통신, 교통의 눈부신 발달로 국가 간 장벽이 이미 무너졌고 상품도 세계 어디든지 구석구석 공급된다. 오늘 아침 강원도 앞바다에서 잡은 생선이 펄펄 뛰는, 살아있는 채로 서울의 어느 주부 장바구니에 담긴다. 도쿄, 파리에서 유행하기 시작한 패션을 내일이면 서울 홍대 앞 카페거리에서 쉽게 만나는 세상이다.

이 같은 시대 환경에서 유통업체는 신속한 의사결정이 중요하다. 그런데 이를 위해서는 삼현사고三現思考를 갖고 현장 중심으로 진행하지 않으면 안 된다. 삼현사고란 현장現場, 현물現物, 현실現實이라는 3개의 '현現'을 중시하는 생각이다. 예컨대, 생산 현장에서 발생한 문제를 책임자가 책상에서 판단을 내리면 부적절한 지시를 할 수 있으므로, 문제가 발생한 공정현장에 직접 가서, 불량품현물 그 자체를 보고, 문제가 발생한 상황현실을 확실하게 챙겨보지 않으면 정확한 판단을 할 수 없다는 것이다. '현장에서 보고 배우고, 현장에서 느끼고, 현장에서 해결한 뒤 철저히 확인까지 하라'는 뜻이다.

나는 대표이사가 된 뒤 임직원들에게 영업 위주의 현장 지향 마인드를 갖고 즉시 실천하라고 주문했다. 나 역시 이것을 행동으로 옮겼다. 출근 뒤면 사무실에서 처리해야 할 업무를 재빨리 끝내고 매장을 돌았다. 수시로 중간관리자인 바이어와 층 매니저들을 불러 이야기를 나눴다. 매장 통로나 커피숍, 상품 창고에서 대화할 때도 잦았다. 창고 바닥에 종이상자를 깔고 앉거나 간이의자에 앉아 피자를 나눠 먹기도 하면서 현장에서 발생하는 문제점들을 듣고 해결책을 제시해 주었다.

현장, 현물, 현실의 '3현'에 집중하다 보니 실시간으로 보고를 받거나 직접 눈으로 확인하지 않고서는 직성이 풀리지 않았다. 내가 즐겨 입던 잠바는 언제나 편하게 다가와도 좋다는 신호이기도 했다. 간부들에게도 책상에만 앉아 있지 말고 현장 직원들과 토의하고 논쟁하면서 삼현주의를 실천하도록 유도했다. 이 모든 것은 현장 위주로 경영해야 소비자 요구에 기동성 있게 대응할 수 있다고 본 데서 비롯한 것이다. 사무실에 앉아있기만 하면 고객의 관심이 무엇인지 알 수도 없기 때문이다. 탁상공론卓上空論하면 회사 발전에 이바지할 아이디어는 떠오를 수 없다.

월마트를 설립한 샘 월튼 회장도 그의 자서전에서 모든 아이디어는 현장에서 나온다고 강조했다. 끊임없이 매장을 비롯한 현장을 살피면서 경영에 활용할 아이디어를 얻는 게 중요하다는 뜻이다. 특히 유통업체 경영자라면 적어도 일과 중 3분의 1은 아무런 방해도 받지 않고 자유롭게 현장 점검에 할애할 수 있어야 한다. 겸손하게 현장과 고객 소리를 경청할 때 답을 구할 수 있기 때문이다.

그 무렵, 중국 리더 등소평邓小平이 남방순화南訪巡話를 한다는 기사를 본 적이 있다. 고령에도 개혁정책을 강하게 밀어붙인 등소평은 전용 기차를 타고 가다 기차역에 내려 직접 현장을 점검한다는 소식이었다. 마중 나온 지방정부 리더들과 플랫폼을 왔다갔다 걷는 동안에 주요 사안을 소통한다는 것이다. 내가 실천한 현장경영 방식이 결코 틀리지 않았다는 생각이 들었다.

현장에서 답을 구하는 또 한 사람의 경영자가 떠오른다. 코스트코의 짐 시네갈 사장이다. 나는 미국 출장길에 몇 시간 동안 그와 함께 있으면서 현장과 쉬지 않고 소통하는 열정에 탄복한 적이 있었다. LA^{LosAngeles}에서 포틀랜드Portland까지 자가용 비행기를 탈 때나 공항에서 다시 자동차로 이동할 때에도 시네갈 사장이 직접 운전했다. 우리 일행이 매장을 살펴보는 동안 그는 점장과 함께 매장을 둘러보면서 보고를 받고 질문도 하면서 점포 상황을 꼼꼼하게 파악했다. 플로어 워크floor work를 마친 뒤 푸드코트에 와서는 일행이 먹고 남은 피자 한 조각을 먹으면서도 점장에게 끊임없이 질문을 던졌다. 끝나고는 바로 차를 운전해서 나와 같이 다음 점포로 출발했다. 사원이나 임원도 사장을 의식하지 않고 일하는 광경이 보기 좋았다. 정말 배울 만한 자세라고 생각했다.

그 이후로 나도 반드시 코스트코 매장을 방문하면 창고 같은 곳에 가서 피자를 같이 먹으면서 일반 사원들과 격의 없이 애로 사항을 들은 기억이 난다. 전 임원, 전 사원이 서로 소통하면 업무에 매진하는 분위기 좋은 회사를 만드는 원동력이 될 것이다.

현장 위주로 업무를 해야 하는 마당에 회의실에 모아놓고 일방적으로 지시만 내리는 것은 참으로 딱한 일이다. 이런 회의가 필요할 때도 있겠지만, 가능한 매장에서 직원들과 함께 걷거나, 잠시 앉거나, 서서 이야기를 들어봐야 한다. 밭에 심은 곡식은 주인 발자국 소리를 들으면 더욱 잘 자란다. 주인이 얼마나 밭에 관심이 있느냐, 또 자기들이 필요한 물과 비료를 주느냐에 따라서 자라는 정도가 다른 것이다. 회의를 많이 했다고 해서 부하들과 소통을 많이 한 것으로 보면 이것은 큰 오산이다. 100이면 100, 일방통행적 지시일 뿐이다.

비즈니스는 곧 소통

아들이 중학교 1학년 때 일이다. 여전히 나는 휴일 없이 회사 일로 바빠 처자식 얼굴조차 보기 어려웠다. 사춘기에 접어든 아들을 위해 부자간 대화를 좀 해 보라고 아내가 간청했다.

"혁준아, 오늘 저녁에 대화 좀 하자."

아들에게 단호하고 경직된 목소리로 말하자 저 건너에서 한참 만에 마지못해 모깃소리만 한 대답이 들려왔다.

"아, 네……."

"화난 사람처럼 '대화 좀 하자'고 달려들면 누가 이야기를 나누겠어요?"

그날 저녁에 대화가 잘 될 리가 없었다. 아들에게 말도 들을 수 없었다. 아내가 시킨 대로 했지만, 핀잔만 들었다. '소통'의 개념이 무엇인지 깨달은 작은 사건이다. 그 뒤로 대화와 소통은 내가 희망한다고 다 되는 게 아니라는 사실을 확인했다.

요즘 우리 사회에서는 '소통'이 화두다. 기업 경영에서도 소통이 무척 중요하다. 양방향으로 원활하게 소통해야 효과가 오른다. 기업도 성과를 내기 위해서는 직원을 정확히 파악할 수 있도록 소통에 신경써야 한다. 비즈니스는 곧 소통이기 때문이다.

신세계백화점 영등포점장을 맡으면서 틈만 나면 매장 등 현장을 돌아다니며 직접 보고 느끼고자 노력했다. 사무실에 가만히 앉아 있지 않았다. 700~800명의 영등포점 직원들, 그리고 타 회사에서 파견된 직원까지 합해 1,000명과 소통하기 위해 노력했다. 일정에 쫓길 때는 승용차 안에서 소통했다. 점포에서는 식당이나 창고 같은 곳에서 보고를 받기도 했다. 방송실에도 자주 갔다. 그곳은 정보통이다. 주차관리소에 가서 누구와도 이야기를 나눴다.

나는 매장을 다니면서 직원들에게 슬쩍 한마디씩 던지곤 했다. 여사원들과도 자주 대화하면서 그들의 궁금증에 답변해 주었다. 백화점 복도 난간에 기댄 채 "요즘 어떻게 지내냐? 힘든 거 없냐? 영업은 잘 되냐?" 이렇게 거리낌 없이 이야기를 나눴다. "내가 사원일 때 말이지……" 하면서 경험담을 들려주기도 했다. "사장님, 집을 구해야 하는데 융자받을 방법이 있을까요?" 하는 질문을 받기도 했다. 굳이 상대를 미리 정하지 않아도 될 때는 당장 앞에 보이는 직원과 함께했다. "차 한잔 하자" 혹은 "시장하니 빵이나 하나 할까" 해서 그곳에서 음식을 나눠 먹으며 소통했다. 층별로 배치돼 OJT^{On the job training}를 받는 신입사원들도 커피숍으로 불러 자연스럽게 이야기를 나눠 보았다.

대화는 기회만 있으면 할 수 있다. 장소나 때를 정해야 하는 것이 아니다. 부드러운 분위기에서 자연스럽고 농담 투의 대화를 할 수 있는 통로가 구축돼야 소통 기회가 생긴다. 소통의 핵심은 대화다. 따라서 회사는 고객이나 주주, 직원 등 상대 말에 진지하게 귀 기울여주고 피드백이 필요하면 성심성의껏 답해 주어야 한다. 보고서를 예로 들면, 보고받는 사람은 보고자의 고객이라 할 수 있다. 보고 내용은 알기 쉬우면서도 구체적이어야 하고, 보고받는 사람 처지에서 작성해야 한다. 대화도 마찬가지다. 듣는 사람을 감안해 가면서 말해야 한다.

조직의 능력은 기업 생존과 직결된다. 중역들은 회사 전략이나 비전을 자기 업무로 인식하고 머리를 맞대어 묘안을 찾아내야 한다. 공동 목표를 위해 똘똘 뭉치는 게 필요하다. 경영진부터 조직의 변화를 꾀하고 목표와 비전을 직원들과 공유해야 한다. 이를 위해서는 절차와 형식에 얽매이지 않는 상하 간 소통은 물론 수평적 의사소통을 활용하는 게 낫다. 회사가 살고 조직이 목표에 더 가까이 가려면 소통을 막는 장애물을 계속 제거해야 한다. 그래서 경영자 역할 중 하나는 직원과 효율적으로 의사소통하는 일이다.

　　신세계백화점 영등포점 3층 매장. 시곗바늘이 오후 5시 20분을 넘어가는 순간, 팡파르 음악이 전 층에 울려 퍼졌다. 3층 여성의류 매장에서 오늘 매출 목표를 달성하여 축하 팡파르를 방송한 것이다. 층별로 그날 목표를 이루면 방송실에 연락하여 팡파르를 신청하게 했다. 이 음악 소리는 아직 목표에 도달하지 못한 층에 자극을 주었다. 남은 근무시간에 더 열심히 일하게 하는 촉진제였다. 나는 팡파르가 울리는 층의 전 사원에게 아이스크림을 돌리기도 했다. 마감 시간 직전이면 많이 지칠 텐데 모두 최선을 다해 일하는 모습은 감동을 넘어 눈물겹기까지 했다.

　　"내가 다 감독하기는 어려운데 스스로 알아서 하면 얼마나 좋을까. 각자 업무에서 문제점을 찾아 해결하면 관리하기가 편할 텐데……."

　　나는 영등포점에서 '자치조 활동'을 벌이도록 했다. 이 제도는 영등포점에서만 운영했다. 층별로 사원들끼리 자유롭게 의견을 나누면서 문제점을 찾아 개선하고, 스스로 목표를 세워 달성하게 하는 제도다. 내가 아이디어를 내고 지도사원들이 회의에서 동참을 결의하여 시작했다. 이 시절 대부분의 기업 업무 체계는 윗사람이 지시를 내리면 사원들은 그대로 따르는 수동적인 구조였다. 그런데 신세계백화점 영등포점의 자치조는 사원들 스스로 결정하고 움직이는 모임이라 수동적 태도가 점차 능동적으로 변화했다. 점포 분위기도 활기차고 밝게 변했다.

　　고객의 접점은 바로 여사원들이다. 자발적으로 만들어낸 고객 서비스라면 더욱 가치가 있다. 그런 의미에서 자치조 활동은 매우 흥미로웠고 의미도 컸다. 직원들에게 아이디어를 낼 기회를 주어 스스로 참여하게 했다는 점에서 큰 의의가 있었다.

자치조 활동은 다음과 같은 장점이 있었다.

첫째, 사원들끼리 소통하는 마당이 됐다. 코너장이 각 코너에서 일어나는 일을 지도사원에게 보고하고 그는 각 코너의 일을 메모했다가 매주 점장과 만나는 회의에서 발표했다. 점장은 전 층에서 발생하는 일을 자세히 파악할 수 있었다. 그때그때 고객의 소리는 물론 사원들이 원하는 바를 조사해 해결책을 찾았다.

둘째, 매장에서 고객 불만을 신속하게 처리할 수 있었다. 민원이 재발하지 않도록 각 파트의 담당사원들이 모여 정보를 공유하고 협의해 나갔다. 사원들끼리 소통이 잘 되기 때문에 가능했다. 간혹 고객이 상품이나 서비스 불만으로 억울함을 호소하면 소비자 상담실로 안내한 뒤 문제를 해결하고 고객을 배웅할 때도 있었지만, 대개 매장에서 처리해 버렸다. 매장에서 불만을 털어놓던 고객도 결국, 단골이 돼 매출을 높이는 견인차가 됐다.

자치조 활동을 하면서 매장에서는 코너 사원들과 담당 직원들이 일치단결해 월·주간, 일일 매출목표를 정하고 이를 달성하기 위해 노력했다. 친절히 고객 응대하기, 불만을 최대한 줄이기, 매장 청결하게 하기, 디스플레이로 상품 효과 내기, 근무시간 중 잡담하지 않기, 재고 파악 및 품절된 상품 체크하여 즉시 물건 주문하기 등 빛나는 아이디어가 자치조에서 나왔다.

실적이 있으면 반드시 시상이 따라야 한다. 좋은 결과를 보인 코너는 시상하고 자발적으로 일할 수 있도록 유도했다. 또 서비스 정신이 투철한 사원을 발굴해 친절 사원으로 선정했다. 자랑스럽게 일할 수 있도록 격려한 것이다. 매장 여사원이 사무실로 업무를 보러 오면 반드시 의자에 편히 앉아서 이야기할 수 있게 했다. 직원 식당에 노래방 시설을 갖춰 놓고 부서마다 돌아가며 단합대회도 열었다. 예약하지 않으면 이용하기 어려울 정도로 좋아했다. 물론 경비 절감 효과도 있었다.

퇴근 때 승용차에 미리 케이크를 사서 실어 놓은 뒤 간부 사원을 태우고 가다 갑자기 그의 집으로 향하기도 했다. 단칸방에 이부자리를 펴놓고 남편을 기다리던 부인이 놀라 허둥지둥 맨발로 맞이했다. 한밤중에 불쑥 방문하여 당황스러웠겠지만, 점장과 더욱 친근해져 신뢰가 쌓였다. 가족 분위기에서 회사 생활을 하는 추억을 만든 것이다.

백화점 매장이라는 곳이 주로 여사원으로 구성돼 있어서 그런지 말도 많고 탈도 많다. 그래서 매장을 수시로 도는 게 일상 업무인 점장이나 부·과장도 언행을 조심해야 했다. "어느 코너에 자주 가고 어느 여사원과 말을 자주 하더라"는 소문이 돌기 때문이다.

5년 가까이 함께 일한 직원이 5층 주방용품 매니저를 맡았을 때의 사연을 들려준 적이 있다.

"어느 봄날, 점장님께서 5층 가정용품 매장을 순시하셨습니다. 여느 때처럼 코너를 돌다가 주방기구 코너에 이르렀습니다. 점장님께서는 사원들의 애로를 덜어주는 데 많은 관심을 기울이셨습니다. 코너의 직영사원 부친이 지병으로 한쪽 다리를 절단하게 되었다는 말씀을 드렸습니다. 점장님께서는 코너

안쪽으로 들어가 그 사원에게 위로하며 용기를 잃지 말라고 당부하셨습니다.

잠시 뒤 점장실에서 점장님이 병원비에 보태라며 금일봉을 내밀었습니다. 그러면서 '내가 줬다고 하지 말고 FM인 자네가 주는 걸로 하시게. 그 사원 말고도 형편이 어려운 사원이 많은데 점장으로서 누구는 주고 누구는 주지 않는 것도 문제가 된다'고 말씀하셨습니다. 점장님은 부하사원에게 베푸는 사랑이 공평했습니다.

점장님의 철학은 몇 년 뒤 제 결혼식 주례를 부탁했을 때 다시 한번 드러났습니다. 잡화 매입부장 시절 청첩장을 가지고 사장실에 찾아가 주례를 부탁했습니다. '주례를 꼭 맡고 싶지만, 이미 많은 직원의 주례 요청을 거절했다'며 '누구 부탁은 들어주고 누구 부탁은 거절할 수 없지 않겠느냐'고 했습니다."

직원들에게 기울이는 관심은 항상 더 큰 감동으로 돌아온다. 중간 관리자가 부하사원들의 동향을 빠트림 없이 보고해 오면 듣고 마는 것이 아니라 반드시 후속 조치를 취했다. 한여름 인천·부천 지역에 물난리가 났을 때 피해 상황을 조사한 뒤 위로 말과 함께 물품을 전달한 적도 있었다. 영등포점장으로 있으면서 내가 깊이 체득한 것 중의 하나는 직원들은 모두 다르다는 것이다. 서로 다른 직원의 능력을 십분 발휘하게 하는 방법은 한 가지뿐이다. 그것은 직원과 충분히 대화하고 호흡을 맞춰가는 것이다.

삼성그룹 전 계열사가 참가하는 체육대회에서 여자 피구팀의 감독을 맡은 적이 있다. 이때 선수로 참여한 사원들에게 각자 주문을 외우도록 했다.

"우리는 꼭 1등을 할 것이다."

정신무장을 철저히 하고 열심히 연습한 덕분에 우리 팀이 결승전에 올랐다. 결승전 직전 상대 팀인 중앙일보 선수들이 운동연습으로 몸을 푸는 동안 우리 팀은 동그랗게 모였다.

"우리는 반드시 이긴다. 1등이다."

이렇게 다시 주문을 외우며 서로 자신감을 불어넣었다. 결과는 승리였다. 그 해 체육대회에서 신세계가 1등 한 유일한 종목이었다. 아마추어 선수들은 실력 차이가 거의 없어 실수를 줄이는 게 승리 관건이라고 보았다. 그래서 각자 주문을 외우며 자신감을 갖고 경기하면 꼭 이길 수 있다고 믿었다. 정신교육이 얼마나 중요한지 깨닫는 사건이었다. 회사 목표가 직원들에게 전달되고 의사소통이 원활할 때 회사 전체 조직원의 응집력이 생긴다. 그들은 직장을 위해 자발적으로 일한다.

먼지를 뒤집어쓴 채 서재에 있던 '신세계 사보'에서 영등포점 황현욱 주방 P/C 담당이 기고한 글을 발견했다.

"나에게 있어서 1985년 7월은 가장 화려한 계절이었다. 100%의 매출목표 달성을 위해 주방에서는 가장 비수기인 7월에 바이어, 주방장, 전 여사원이 혼연일체가 되어 낮에는 박스 나르기, 매출 올리기, 밤에는 철야근무, 매장 이동 등 밤을 낮 삼아 열심히 노력, 0.7%가 추가된 100.7%를 달성하였다.

그러나 기대했던 시상식에서 주방파트 황 바이어의 이름은 부르지 않았다. 순간, 한 달간의 노력이 눈앞에서 사라지고 눈에 안개가 덮이면서 눈물이 뚝뚝! 태어날 때 말고 한 번도 울지 않던 나의 눈엔 생애 두 번째의 눈물……. 왜 그리도 섭섭하고 허전했던지 텅 빈 사무실에 올라와 혼자 앉았다.

그때 조회를 마치고 올라오신 점장님께서 하시는 말씀, '나도 주방이 탈 줄 알았는데…….' 또 한 번의 눈물이 주르르! 내 참, 세상에 이렇게 울어보긴 처음인데……. 잠시 뒤 점장님이 불러 가보니 격려금이라는 세 글자의 흰 봉투가 내게로 오지 않는가! '주방이 열심히 한 것은 내가 아는데 전사 기준 평당 신장률에 미달되어 애석한 마음으로 격려금을 주는 것이니 실망하지 말고 여사원들과 함께 조촐하게 자리를 마련하라'고 말씀하셨다. 세 번째 주르르. 이거 미치겠군. 두고 보십시오. 1986년엔 정말 뭔가를 보여주겠습니다. 기대하시라고요!

그의 말대로 주방 파트 바이어와 같이 모든 직원이 열정을 다해 일했다. 그 힘은 대외적으로 분출돼 주위에서 깜짝 놀랄 정도였다. 이렇듯 리더가 직원의 작은 부분까지 배려해 주고 소통하려 할 때 이는 기업 이익에도 큰 보탬이 될 수 있다.

내 마음을 울린 '긴 머리 소녀'

"빗소리 들리면 떠오르는 모습/ 달처럼 탐스런 하얀 얼굴/ 우연히 만났다 말없이 가 버린/ 긴 머리 소녀야/ 눈먼 아이처럼 귀 먼 아이처럼/ 조심조심 징검다리 건너던/ 개울 건너 작은 집에 긴 머리 소녀야/ 눈 감고 두 손 모아 널 위해 기도하리라."

영등포 신세계백화점 1층. 방송실에서 내보낸 배경음악으로 가요 '긴 머리 소녀'가 울려 퍼졌다. 매장을 돌며 업무를 점검하던 나는 급히 집무실로 올라갔다. 현장 위주로 일하다 보니 집무실을 비울 때가 많아 여비서와 나만의 호출 신호를 만들어 연락한 것이다. 이 음악이 나오면 나를 찾는 것으로 알고 전화를 하거나 자리로 돌아갔다. 방송실에서 연속해서 노래를 틀어야 하는 일이 생기면 양희은의 노래 '아름다운 것들'을 병행했다. '아름다운 것들'은 아내가 좋아하는 노래다. 영등포 근무 3년 동안 이 사실을 아는 사람은 아무도 없었다.

이 노래는 나를 찾기 위해 매장 전체를 돌면서 고생하던 여비서에게 준 선물이기도 하다. 가끔 아내가 영등포점에 오면 여비서가 '아름다운 것들'을 틀었다. "내가 보고 싶어서 왔나" 하면서 올라간 기억이 난다. 그런데 3년 뒤 퇴임 즈음해서 일부 직원이 그것을 알게 되었다. 나를 찾는 노래가 울려 퍼져 집무실에 다녀왔는데, 누가 나를 또 찾아서 비서가 반복적으로 방송한 것이다. 그 노래들이 자주 나오니 일부 여직원들이 왜 그 노래를 또 들려주냐고 확인했다. 이들은 "뭔가 사연이 있구나" 하면서 눈치를 챈 것이다.

나는 '긴 머리 소녀'를 무척 좋아한다. 노래가 멋있고, 마음을 울린다. 신세계 매장을 수놓은 이 선율은 고객들은 물론 직원들의 심금을 울렸으리라. 지금도 이 노래가 나오면 옛날 생각이 나서 찡하다. 누구든 마음이 강할 때도 있고 상황에 따라 약할 때도 있지만 나는 텔레비전이나 신문에 가슴을 울리는 사연이 나오면 눈물이 난다. 감동을 받으면 감정이 북받쳐서 말을 잇지 못하기도 한다.

유통업 종사자는 선천적으로 감성이 풍부하고 눈물이 있는 소프트한 성품을 갖춘 사람이 유리하다. 이것이 전제되어 3C의 리더쉽을 갖춘 사람이 최고경영자가 되어야 한다. 바로, 실력competence, 인격character, 헌신commitment이다. 그래야 제대로 조직원과 소통할 수 있고 이들을 끌고 갈 수 있다.

신세계 영등포, 추억의 연례회

러시아 속담에 '돈으로 강아지를 살 수는 있지만, 그 강아지가 꼬리를 흔들게 할 수 있는 것은 사랑밖에 없다'는 말이 있다. 상상력이 강조되는 창조경영의 시대에 나눔과 공유의 리더십은 더욱 강조되고 있다. 공유와 나눔의 리더십이 직원을 감동시키고 한층 더 호소력을 가져 강력한 힘을 발휘한다.

신세계 영등포 점장 때 폐점 뒤에도 지하 3층 식당이나 교육실을 개방하고 누구나 언제라도 사용할 수 있게 해 주었다. 때로는 팀별 주제 토론의 장이 되기도 했고, 더러는 직장생활의 애환을 글로 적어 발표함으로써 서로 이해하고 보듬어주는 자리가 되기도 했다. 일과를 마친 사원들이 다과를 먹으며 이야기를 주고받았다. 말로 표현하기 어려운 내용은 탁자 위 편지지에 글로 적어 전달했다. 잔잔한 배경음악과 촛불이 연출하는 분위기는 자신과 소통하는 데 도움이 됐을 것이다. 한 사람씩 앞으로 나와 자신의 글을 읽는 동안 여기저기 흐느끼는 소리가 들리기도 했다.

영등포점 전체 사원은 가족 분위기에서 서로 관심을 갖고 어려움에 처할 때마다 배려하고 도왔다. 상사가 불우 사원의 가정을 방문하는 것은 상상하기 쉽지 않은 일이다. 인사부서에 지시해 궁핍한 생활을 하는 사원이나 결손 가정 사원을 선정토록 했다. 가정방문 대상으로 선정되면 폐점 뒤 직접 집을 찾아가 쌀이나 라면을 전달하고 격려했다. 처음에는 조용히 시작한 일이었으나 점차 소문이 나서 사람들이 알게 되자 중단했다. 형식적인 것, 생색내는 것으로 비춰질 수 있기 때문이다.

비나 눈이 내리는 날 오전에는 매장이 한산하므로 각 자치조의 판매 여사원들을 점장실로 모이도록 하여 차를 마셨다. 웃음꽃 피우는, 귀중한 소통의 시간이었다.

"점장님, 이 친구가 다음 달에 시집갑니다."

휴게실에 모인 여사원들이 일제히 박수로 환호했다.

"아, 그래요. 시집갈 준비는 잘 돼 가고?"

"점장님, 시집이 다 뭐예요. 퇴근하면 한밤중이니 신부 수업받는 것은 엄두도 낼 수 없어요."

이 이야기를 듣자마자 바로 사원 복지 향상의 일환으로 직영 사원과 판촉 사원의 구분 없이 외부 위탁교육으로 예지원에서 여는 '규수학당' 강좌를 듣도록 했다. 결혼생활에 필요한 교양과 정보를 얻게 한 것이다. 매월 정기적으로 외부 유명강사를 초청, 사원 모두 강의를 듣게 했다. 지친 몸과 마음을 여러 방법으로 치유해 주자 판촉사원들은 영등포 신세계백화점에서 오랫동안 근무하기를 희망했다. 한편 남자 사원들은 상조회 '패밀리팀'을 만들어 상(喪)을 당한 사원들에게 힘을 보탰다.

영업시간 이외의 시간에는 직원들을 위해 방송실을 활용하면 좋겠다고 생각했다. 개점 준비를 하는 직원들이 듣고 싶어하는 곡을 신청받아 틀어주거나 생일을 맞이한 직원에게는 축하 인사말과 축하 음악도 들려주도록 했다. 분기별로 실시하는 전체 재고 조사 때에도 그렇게 하도록 했다. 백화점 매장에 근무하는 직원들은 정신적, 육체적으로 참 힘들다. 오죽했으면 그들 스스로 백화점 업을 3D 업종이라고 했을까? 매장 순시 때, 흘러나오는 음악에 맞춰 콧노래를 흥얼거리는 직원들을 보면서 비록 작은 아이디어지만, 그들의 노고에 관한 측은 지심惻隱之心과 미안함이 조금이나마 덜어지는 것 같았다.

사내 행사는 영등포점 전체를 더욱 똘똘 뭉치게 했다. 층별 장기자랑과 역할연기 경연대회, 봄·가을 야유회를 열었고, 업무 외적인 여러 가지 모임을 만들도록 지원을 아끼지 않았다. 필요하면 경비도 보태주었다. 또, 지도사원각층의 선임사원들이 조금 더 일찍 출근해 뒤이어 도착한 사원들을 반갑게 맞이하는 모습은, 비록 몸은 힘들었을망정, 모두 웃는 얼굴로 일과를 시작할 수 있게 했다. 참으로 흐뭇한 광경이었다.

매월 그달에 그만둔 사원들을 모아 퇴사식을 열도록 했다. 폐점 뒤 직원식당에서 열리는 퇴사식은 퇴사자의 앞길을 축하하고 그동안의 노고에 감사하는 자리가 됐다. 입사식은 어느 회사나 열지만, 퇴사식을 해 주는 회사는 흔하지 않다. 오래 근무한 사원에게 퇴사식 정도는 당연한 배려일뿐더러 '회사가 끝나는 날까지도 나를 챙겨 주는구나'하는 인식은 떠나가는 직원이나 남아 있는 직원 정서에 적잖은 영향을 미친다.

"점장님을 비롯해 직원 여러분, 저를 가족처럼 대해 주시고 보살펴 주셔서 고맙습니다. 영등포점에서 근무한 시간을 잊지 못할 것입니다."

퇴사자는 모두 이런 말을 했다. 이들에게 기념품을 주고 기념사진도 함께 찍었다. 퇴사를 앞둔 사원들이 꼭 모든 사원의 격려 속에 퇴사식을 하고 싶다며 마지막까지 열심히 일했다. 그 효과로 장기 근무하는 사원이 늘어나자 이번에는 장기 근무한 판촉사원까지 포함해 퇴사식을 열도록 했다.

나도 예외는 아니어서 점장 생활 3년 만에 상품본부장으로 발령을 받고 영등포점을 떠나게 되었다. 이임식 자리를 함께했던 이들은 지금도 그때를 잊지 못한다고 말한다. 동고동락하며 정까지 듬뿍 들었던 그들에게 참으로 하고 싶은 이야기가 많았지만, 이임사는 간단했다.

"영등포점 전 직원 여러분, 안녕하십니까? 목사님 설교는 짧을수록 좋고 여자 치마도 짧을수록 좋다고 했습니다. 이것으로 퇴임 인사를 마치겠습니다. 그동안 수고 많았습니다. 감사합니다."

다소 장난기가 섞인 인사말에 당황한 사원들의 웃는 얼굴이 더욱 친근하게 다가왔다. 점장으로 일하면서 업의 특성상 점포와 상품 부문에 우선을 두어야 하며 사원들이 있는 현장과 함께 호흡해야 한다는 것을 이들에게 배워서 정말 고마웠다.

20여 년이 지난 지금도 해마다 연말이면 당시 영등포점에서 함께 근무했던 사원 50~80명이 모인다. 그들 중에 경기도 고양시 일산에서 큰 음식점을 운영하는 노병천 씨^{당시 과장}가 있어 그곳에서 '영등포 신세계 추억의 연례회'가 열린다. 부산에서, 대천에서, 또 사내 결혼한 부부가, 주부 사원이던 사람까지 참석한다. 근무하던 때를 회상하면서 담소를 나누며 즐거워하는 것을 보면 정말 흐뭇하다.

6

공감 · 공동 · 공격

공격경영은 그 자체만으로는 절대 성공할 수 없기 때문이다.
공감경영, 공동경영이라는 두 가지가 굳건하게 뒷받침되어야 한다.

3공 경영

　나와 함께 일한 직원들은 '3공'이라는 말을 한 번쯤 들어보았을 것이다. 이것은 '공감, 공동, 공격'의 3공으로 내 나름대로 정립한 경영원칙이다. 평소 이 세 가지를 경영현장에서 실천하고자 노력했다. 이것은 한 가지만 따로 있는 게 아니다. 세 가지 원칙이 유기적으로 작용할 때 빛을 발휘한다.

　첫째, 공감경영은 고객 만족을 실천하고 목표를 달성하기 위해 임직원 간에 공감대를 형성하는 것을 말한다. 회사의 사업목표와 부문별 추진전략, 세부적인 실천전략을 전 조직원이 공감하고 공유해야 한다. 회사라는 조직을 커다란 조형물에 비유한다면 조직원인 개인은 그저 하찮은 하나의 점일 수도 있다. 하지만 회사라는 조직의 발전을 위해서라면 자신의 존재가치를 지나치게 낮추어 생각해서는 안 된다. 점들이 모여 선이 되고 선들이 모여 커다란 하나의 조형물이 되기 때문이다. 추상적인 사업목표나 전략은 각 부서의 특성에 맞게 구체화해야 하고 이를 위해서는 점들도 각자 회사의 목표와 전략을 공유해야 한다.

둘째, 공동경영은 의사결정과 업무 수행 때 현장 실무자들도 최고 경영자의 마인드를 갖는 '참여 경영'을 말한다. 이것은 권한과 책임의 위임으로 업무 효율을 향상하고 주인의식을 증대시킨다. 경영은 단지 윗사람들의 몫이고 아랫사람들은 그저 수동적으로 시키는 일만 열심히 하면 된다는 식의 구시대적 사고방식은 벗어던져야 한다. 지금은 회사의 전 조직원이 모두 경영에 나설 때다. 임원, 간부, 사원 모두 각자 신세계를 대표하는 최고 책임자라는 인식을 하는 게 중요하다. 경영의 궁극적 목표는 모든 조직원이 공동의 꿈을 실현하는 것이어야 하기 때문이다.

사실 당시만 해도 신세계는 더 이상 옛날의 신세계가 아니었다. 회사 규모도 몰라보게 커졌고 업종도 다양해졌기 때문이다. 사람들이 흔히 알고 있는 것처럼 백화점 전업회사가 아니었다. 회사가 이렇게 바뀌고 있는 만큼 임직원들의 생각도 당연히 달라져야 한다고 보았다.

셋째, 공격경영은 경쟁 및 위기 상황에 정면 대응하는 것을 뜻한다. 극한 경쟁상황을 통해 역량을 키우고 영업 노하우와 경쟁 우위 요소를 확보하는 것이다. 그저 한자리에 머물러서는 생존할 수 없는 것이 요즘 기업환경이다. 남들보다 더 빨리, 더 과감하게 변신하지 못하는 기업은 도태될 수밖에 없다. 이마트나 코스트코의 성공을 봐도 이것을 알 수 있다. 처음에 모두 회의적으로 생각했고 심지어 회사 내부에서도 성공 여부를 반신반의한 사람이 많았다. 하지만 신세계는 남들이 하지 않는 것을 먼저 생각하고 행동에 옮김으로써 도전과 성취의 기쁨을 만끽할 수 있었다.

나는 경쟁사가 '아차, 왜 그걸 몰랐지' 하며 깜짝 놀랄 정도로 발상해야 한다고 본다. 전혀 생각하지 못하는 방법으로 접근할 때 기회선점의 이익을 누릴 수 있다. 물론 안정적인 방향으로만 나아갈 수도 있다. 하지만 그렇게 하면 남보다 앞서 갈 수는 없다. 그렇다고 무조건 공격경영만 강조하는 것은 아니다. 공격경영은 그 자체만으로는 절대 성공할 수 없기 때문이다. 공감경영, 공동경영이라는 두 가지가 굳건하게 뒷받침되어야 한다.

'3공 경영'의 대표적인 사례로 1996년 신세계백화점의 상해 단합대회를 들 수 있다. 당시 국내 기반마저 취약했기 때문에 외국 기업의 국내 진출을 방어하는 데 더 치중해야 한다는 분위기가 팽배했다. 그런 상황에서 전 간부들을 상해로 초청하여 세계화 전략회의를 여는 등 상해 진출의 공감대를 형성한 것이다. 그 공감대는 중국 진출에 필요한 여러 조직의 자발적인 참여를 이끌었다. 이것은 서로 따로따로 놀지 말고 같이 느끼자는 것이고, 같이 느끼는 것만으로는 안 되고 반드시 함께 행하자는 것이고, 행하되 수세적, 방어적으로 하지 말고 공격적으로 하자는 것이었다. 또 경영 현장에서 스스로 실천하려는 강력한 자기 의지와 자기 암시의 한 방편이기도 했다.

상해에서 꿈꾼 초일류 유통기업

"사장님! 상해에 우리 백화점을 개점했는데 상해 구경 한번 시켜주셔야 하는 거 아닌가요?"

"그래 알았다. 부장들 모두 같이 가 보자."

1996년 3월 어느 날, 상해에 백화점을 열고 나서 얼마 뒤 간부회의에서 부장 한 명이 불쑥 상해 단합대회를 제안했다. 나는 순간적으로 일리가 있다고 생각하고 바로 결정해 버렸다. 그해 4월 25~26일에 신세계 창립 이래 최초로 부장급 이상 간부 전원이 외국에서 한자리에 모이는 기회를 마련했다. 세계 최대시장으로 떠오른 중국 유통시장의 실체를 피부로 느끼게 하기 위해 현지 회의를 기획한 것이다.

4월 25일 아침 7시 20분 김포공항 국제선 2청사에서 콤비 스타일로 차려입은 신세계 간부 120명이 집결했다. A, B, C팀으로 나누어 항공권을 받고 출국 신고서를 작성했다. 모두 밝은 표정으로 여객기에 올랐다.

"우리 비행기에 탑승하신 신세계 권국주 사장 이하 간부 120분에게 감사 말씀을 올립니다. 상해에서 열리는 신세계 결의대회에 좋은 성과를 내시고 무사히 돌아오시기 바랍니다. 고맙습니다."

아시아나 기내에서 우리 일행이 상해로 간다고 안내 방송을 해 주었다. 기내식을 먹으려고 할 때 여객기가 제주도 상공을 지났다. 날씨가 무척 화창했다. 고개를 돌려 창문 밖 아래를 보았다. 저 멀리 푸르디푸른 섬, 제주도가 보였다. 제주시 부근에 도달하자 저 아래 건물 지붕에 있는 이마트 글자가 보였다. "아~ 이마트!" 벅차오르는 감격을 느낄 수 있었다.

상해 공항을 빠져나와 시내로 들어서자 차창 밖으로 황푸강黄浦江을 끼고 한 줄로 서 있는 근대화된 대리석 고층 빌딩들이 스쳐 지나갔다. 놀랍게도 100년 전에 지은 이 건물들은 호텔, 은행 등으로 쓰였다고 한다. 그 순간 머릿속에는 초가집과 일부 기와집만 보이는 구한말의 서울 거리가 떠올랐다. 이곳 상해에 후손들이 백화점을 개점하고 중국 대륙을 개척하겠다는 결의를 다지려는 것을 우리 선조가 알면 얼마나 기뻐하실까. 가슴이 뿌듯했다. 우리는 신세계 상해점과 상해 임시정부 청사, 그리고 상해 지역 유통가를 견학했다. 웨스틴태평양 호텔The Westin Pacific Hotel에 여장을 푼 우리는 그 다음 날 아침에 결의대회 행사장에 들어섰다.

"SQ21(21세기 신세계의 비전에서 구체적인 실천운동을 뜻함)-꿈과 용기로 새로운 세계를 만들어 갑시다!"

"SQ21-나는 합니다. 나도 합니다!"

"SQ21-변화와 창조를 위한 상해점 탐방!"

서울 본사 회의실을 옮겨놓은 듯했다. 양쪽 벽에 현수막들이 부착돼 있었다. 현장에 모인 간부 120명 모두 긴장된 분위기에 휩싸였다.

"지금부터 SQ21 변화와 창조를 위한 상해점 탐방에 즈음한 임원, 간부 결의식을 거행토록 하겠습니다."

개회사에 이어 경과보고를 했다.

"당사 창립 이래 최초의 부장급 이상 간부 임원 전원이 외국에서 한자리에 모였습니다. 우리는 당사 세계화 전략의 첫 출발지인 신세계 상해점 및 독립운동의 요람인 상해임시정부 청사, 그리고 상해 지역의 주요 백화점을 견학함으로써 해외로 뻗어 가는 당사의 사세 확장의 기운을 실감하고자 합니다. 이제 세계는 국경 없는 무한경쟁시대에 들어갔습니다. 우리는 개방적이고 국제적인 감각과 실력을 키움으로써 상해에서 시작한 당사의 세계화 전략이 화려하게 꽃피울 수 있도록 다 함께 노력해야 할 것입니다."

참석자가 모두 자리에서 일어나 '우리의 결의'를 제창했다.

하나, 우리는 변화 기류를 통찰하여 활동 영역을 세계로 넓혀 새 사업 기회
를 적극 창출한다.

하나, 우리는 각자 맡은 분야를 세계 초일류 수준으로 끌어올리기 위해 힘
을 결집한다.

하나, 우리는 개방적 자세와 세련된 감각을 갖춘 세계인으로 변신하기 위
해 부단히 연구 노력한다.

하나, 우리는 후배들이 좀 더 넓은 안목과 높은 이상을 갖고 일할 수 있도록
지도와 후원을 아끼지 않는다.

이렇게 많은 경비를 들여가면서까지 상해시에 모여 결의를 다진
데는 당시 상해의 눈부신 발전, 곧 중국의 변화를 읽고 빨리 정신을
차려야 한다는 뜻이 담겨 있었다. 중국의 유통 부문만 보더라도 까르
푸, 이세탄, 프랭탕, IMM^{일본계 할인점} 등 일본계 및 유럽계 백화점과
할인점이 앞다퉈 진출해 있어서 외국 유통업체의 격전장이었다. 그
해부터 우리나라도 유통 자유화를 시작했기 때문에 우리는 어떻게 회
사를 발전시킬 것인가를 깊이 고민해야 했다.

간부 120명이 상해에서 21세기 세계 초일류 유통기업으로 성장하
기 위해 SQ21 구현을 다짐했다는 신문 기사가 나가면서 한동안 업계
의 화제가 됐다. 국제도시인 상해를 세계화 추진의 전략적 거점으로
삼겠다는 의지를 대내외에 알렸다는 점과 상해의 변화를 직접 보게
함으로써 우리도 가만히 있으면 안 되겠다고 각성한 것은 확실히 성
과를 보게 되었다.

가능성을 생동감 넘치는 비전으로 바꾸는 일이 리더의 과제 중 하
나다. 리더는 그의 조직원들을 비전에 동참시키려면 매력적인 비전을

확실하고 구체적으로 제시할 수 있어야 한다. 신세계의 중국 진출 과정에서 볼 수 있듯이 경쟁에서 이기기 위해서는 새로운 도전을 통해 차별화한 능력을 키워야 한다.

기업이 경영혁신을 추진하는 데 가장 큰 장애 요인은 변하지 않는 자기 자신이라고 한다. 조직원이 모두 혁신적인 사고를 할 때 미래를 기대할 수 있다. 목표 없는 조직은 비전이 없어 결국, 침몰한다. 좋은 회사를 만들기 위해 경영자는 비전을 이야기하고 그 비전 위에 사원은 자신의 '꿈'을 쌓아 올려야 한다. 그런 면에서 신세계 간부들의 상해 단합대회는 의미가 있었다.

"SQ21 꿈과 용기로 새로운 세계를 만들어 갑시다."

("나는 합니다. 나도 합니다.")

변화와 창조를 위한 상해점 탐방, 권국주 사장 연설문 요약

1996. 4. 26

여러분! 상해 중심의 황푸강변에 늘어선 근대화된 고층 빌딩들을 보셨습니까? 이 건물들은 100년 전에 세운 호텔과 은행들입니다. 당시 우리나라 서울의 100년 전 모습은 어땠습니까? 외국 선교사들이 찍은 남대문 주변 사진을 보십시오. 남대문만 덩그렇게 솟아있습니다. 나머지는 일부 기와집과 초가집들뿐입니다. 100년 전부터 상해는 무척 발전한 도시였습니다. 우리나라 서울은 보잘것없는 마을 수준이었습니다.

하지만 우리 신세계가 이제 상해에 백화점을 개점했습니다. 정말 감동적입니다. 우리 선조가 이것을 본다면 후손들을 칭찬하실 것입니다. 그렇지 않습니까? 여러분! 중국 신입사원들을 교육할 때 뿌듯한 마음을 금할 수가 없었습

니다.

역사적으로 거슬러 올라가면 한국과 중국은 수 천 년 동안 뗄 수 없는 지정학적 관계였습니다. 특히 고려 시대, 조선 시대에는 종속 관계였지 않습니까? 하지만 중국이 공산당, 문화혁명 등으로 침체되어 있을 때 우리나라가 경제 발전으로 역전하지 않았습니까? 국가나 기업이나 개인도 마찬가지입니다. 아차 하면 역전될 수 있습니다. 조직 구성원이 누구냐, 리더가 누구냐에 따라서 퇴보할 수도 있고, 아예 없어질 수도 있고, 크게 앞장설 수도 있습니다. 회사가 더 발전하냐, 아니냐, 그리고 우리 후배 사원들이 어깨에 힘을 주면서 일할 것인가, 아니면 어깨가 축 처져서 마지못해 근무할 것이냐는 여러분 손에 달려 있습니다.

여러분은 상해 공항에서 시내로 들어오면서 상당히 호기심 있는 표정을 지었습니다. 중국이 우리를 앞설 것이라는 두려움과 놀라움도 여러분 얼굴에서 읽을 수 있었습니다. 그렇습니다. 중국이 이렇게 급하게 성장하는데 유통뿐만 아니라 전 부문에서 각오를 단단히 다지지 않으면 안 됩니다. 까르푸, 이세탄백화점 등 일본계 백화점, 프랭탕, IMM 등이 앞서거니 뒤서거니 중국에 진출하여 중국 유통을 장악하고 있습니다. 우리도 가만히 있으면 외국 유통업체의 격전장이 될 수 있습니다. 우리도 빨리 정신을 차려야 합니다.

우리는 이번에 중국의 변화도 보고, 외국 유통업체들이 중국에서 영업하는 것도 보았습니다. 부장 이상 간부 120여 명이 같이 오기를 정말 잘했습니다. 올해부터 유통 자유화가 되는데 우리 의욕을 불태울 수 있는 정말 뜻깊은 출장입니다. 내가 항상 주장하는 이것이 3공 경영^{공감, 공동, 공격}입니다.

여러분은 신세계 상해점을 보고 규모가 작다고 실망했을지도 모릅니다. 하지만 일본 백화점 업계도 미국, 홍콩, 중국에 진출할 때는 아주 작게 시작했습니다. 자국 관광객을 위해 좋아하는 일부 상품만 판매하다가 10년, 20년 뒤에 규모를 키웠습니다. 우리 회사는 규모는 작아도 중국 현지인을 상대로 한 상품 구성이라 다소 차이가 있지만, 그 의미가 더 큽니다.

이 자리에서 우리 회사의 신규사업을 한번 더 강조하겠습니다. 현재 우리 사업장이 서울, 일산, 안산, 부평, 광주, 상해에서 영업을 하고 인천, 강남, 분당은 불철주야 공사를 하고 있습니다. 확보한 땅도 수지, 산본, 충주, 대전, 청주, 원주, 대구, 전주 등이고 춘천, 순천, 목포, 포항 등은 개점을 위해 조사 중입니다. 이렇게 하면 10년 뒤에는 한국에서는 어느 정도 마무리될 것입니다. 그래서 지금쯤 세계화를 위해 외국에도 눈을 돌려야 합니다.

상해점의 규모는 작지만 그 파급 효과가 많이 나타나고 있습니다. 중국, 홍콩, 싱가포르에서도 우리 회사와 같이 유통하자는 제의가 들어옵니다. 오늘도 저는 좋은 부지들을 점검했습니다. 오늘 저녁에 여러분은 서울에 가겠지만 저는 부지를 보러 베이징으로 갑니다.

세계화를 하려면 그에 상응하는 인재가 있어야 합니다. 그다음으로는 네트워크 구축이 필요합니다. 정보의 네트워크, 점포의 네트워크, 생산기지의 네트워크, 구매기지의 네트워크가 필요합니다. 현재 세계 각국에 6개의 정보 네트워크가 구축되어 있고, 이탈리아 밀라노에 곧 지점을 개점합니다. 점포의 네트워크는 상해점을 중심으로 진행할 것이고 여기에 생산기지와 구매기지를 보탤 생각입니다.

하지만 제일 중요한 것은 기존 점의 안정과 성장입니다. 기존 점이 흔들리면 안 됩니다. 기존 점을 맡은 여러분은 자기 점의 목표도 달성하고 수익도 내야만 합니다. 그래야 앞으로 펼칠 새 사업에 박차를 가할 수 있습니다. 그러므로 자기의 직분을 한 치의 흔들림이 없도록 챙겨나가야 합니다.

여러분! 오늘 저녁 서울 가는 비행기에 탑승하기 전에 소극적이고 부정적인 사고는 상해에 버리시기 바랍니다. 뱀, 매미 등 파충류들이 껍질을 벗고 거듭나는 식으로 말입니다. 그런 변화와 혁신을 하는 마음으로 서해를 건너 서울로 갑시다. 고맙습니다.

국내 유통업 첫 해외 진출 '신세계 상해점'

"신세계에서 상해 푸둥浦東에 점포를 내면 어떻겠습니까? 이 지역이 무척 많이 발전할 것이기 때문에 지금 들어가면 효과가 있을 겁니다."

일본 인테리어 설계회사 사장이 1995년 어느 날 갑자기 한국을 방문했다. 인테리어와 의류업을 하는 사업가다. 서울 소공동 조선호텔 꼭대기 층의 호경전이란 중국 식당에서 류한섭 사장과 같이 식사했다. 그는 도면을 보여주면서 중국 상해 푸둥의 개발사업을 설명했다. 일본의 야오한八佰伴이란 유통업체에서 중국 상해에 넥스테이지Nextage, 중국명 '신세기상하新世紀商廈'라는 유통시설을 만드는데 신세계가 참여하면 좋겠다고 했다. 다리를 놓아주겠단다. 도면을 보면서 나는 '신세계가 중국에 점포를 내는 것이 좋겠다. 이런 기회가 없다'고 생각했다.

"미국 뉴욕에 점포를 내려면 얼마나 힘들겠는지 알기나 합니까? 나중에 상해에도 점포를 내려면 힘들 게 확실합니다. 지금 푸둥 지역을 개발할 때 우리도 슬쩍 들어가는 게 좋지 않을까요?"

나는 10년, 20년 뒤에 진출하려면 무척 힘겨울 것으로 보고 이번에 시도하기로 했다. 그리하여 2,000년이 다가오던 90년대 중반, 한중 수교 이후 한국 유통업체로는 처음으로 신세계가 중국 대륙에 첫발을 내딛기 위해 상해점 개설 검토에 들어갔다.

일본 야오한이 상해 동반 진출을 제안해온 것이 그 시발점이었다. 복합 쇼핑몰인 상해 푸둥 넥스테이지에 1,500평 규모의 매장을 개설한다는 계획을 세우고 임대 계약을 추진했다. 그런데 임대료가 너무 비쌌다(중국의 임대료 체계는 우리나라와 다름. 하루에 1㎡에 얼마로 계산함).

당시 주위에 도로포장도 안 된 상태에서 건물만 올라가고 있었다. 야오한의 와다和田 회장과 면담하기로 했다. 홍콩에 있는 컨벤션 플라자 오피스 타워1 Harbour Rd. Wanchai 소재 49층의 야오한 회의실에서 와다 회장을 만났다.

"신세계도 입점하고 싶은데 임대료가 너무 비싸서 자신이 없습니다. 배려해 주시면 좋겠습니다."

그는 며칠 뒤 아주 값싸게 임대 조건을 내려 주었다. 그 당시 원래 제시된 금액의 반으로 내리는 정도의 파격적인 조건이었다. 곧바로 인테리어 작업에 들어갔다. 엘칸토, 금강제화 등 한국업체 유치 작전도 펼쳤다. 중국인들을 채용하여 교육을 시작했다. 친절교육과 인사교육부터 했다. 잘하면 한국에 보내주겠다면서 독려했다. 학교 교실을 빌려서 교육장으로 썼다. 사실 중국인들에게 일을 시키는 게 쉽지는 않았다. 역사적으로 볼 때 우리가 중국인들을 교육한 게 얼마나 있었겠는가.

중국에 파견할 인력, 곧 중국어를 잘하고 업무도 능통하며 해외 근무에 문제가 없는 주재원을 선발하는 데 어려움이 따랐다. 우리도 중국을 잘 모르는 상황인데 현지서 뽑은 인력도 한국 기업을 잘 몰랐다. 채용 공고를 내자 응시자는 많았으나 현대적 소매업체를 경험한 인재는 극히 드물었다. 일부가 일본 이세탄백화점, 대만계 태평양백화점 등에서 일해 본 적이 있을 뿐이었다.

현지 채용 인력은 당시 환율 기준 1:100이 안 되었으므로 인건비가 싸다고 평가됐지만, 업무 효율성은 높지 않았다. 그 당시 한국은 근무시간이 주당 60~70시간인데 비해 중국은 주당 40시간에 불과한데다 양로보험 등 각종 사회보험에 급여의 약 40%를 추가로 부담해야 했다. 무엇보다 업무 적극성이나 주인의식이 부족했다.

중국이 죽의 장막을 걷어낸 지 얼마 되지 않은 시점이라 현지에 법인을 신설하고 점포를 준비하는 데 애로사항이 많았다. 현지 파견 직원들은 개점 준비에 박차를 가해 새벽 2~3시가 돼서야 퇴근하는 일이 다반사였다. 이를 수상하게 여긴 공안에게 업무 내용을 조사받기까지 했다.

상해점 개설을 위해 디자인 신세계의 인테리어팀이 중국에 파견되면서부터 백화점 개점 준비는 급물살을 탔다. 비록 상해점은 규모가 작았지만, 중국 현지인을 상대로 하는 상품을 구성한다는 점에서 의미가 컸다. 일본 백화점들은 미국, 홍콩, 중국에 진출할 때 아주 소규모로 상품을 선정하고 또 자국민을 상대로 일부 상품만 판매하면서 10년 내지 20년을 내다보며 점차 덩치를 키웠다. 그런 전례에 비하면 일종의 모험이었다. 국내외 남녀의류와 패션잡화를 중심으로 상품을 구비하면서 에스콰이아, 금강, 엘칸토, 제일모직, 남영 나이론, 클리포드가 동반 진출하여 건물 3층에 22개 브랜드와 4층에 11개 브랜드가 입점 준비를 했다.

마침내 푸둥 야오한백화점 내에 한국 신세계백화점 상해 야오한점이 1996년 1월 개점했다. 상해시 푸둥신구 장양로 501호의 복합쇼핑몰인 넥스테이지 내 3~4층에 개설한 신세계백화점 상해점은 한국 상품 85%, 중국·홍콩 등 해외 상품 15%로 구성했다. 상해점 개점은 수십 개 국내 제조업체가 중국에 진출한 것과 맞먹는 효과를 발휘했다. 그때 진출한 한국 브랜드가 지금도 중국에서 높은 사업 성과를 거두는 데 기여하고 있다.

나는 시선을 돌려 세계로 향해야 한다고 보았다. 우리나라는 경제

성장 과정에서 정부의 수출 드라이브 정책으로 인해 유통업은 추진력을 갖지 못하고 있었다. 유통업도 수출 증대의 견인차 역할을 톡톡히 할 수 있는 산업이라고 인식을 전환하는 게 필요했다. 말로는 국제화를 외치면서도 정작 우리 상품을 파는 백화점이 외국에 진출하지 못한 것을 안타깝게 생각해 왔다. 이미 동남아 시장에 진출한 일본 백화점은 일본 상품의 전시장을 방불케 하는 실정이었다.

국내 유통시장의 전면 개방을 앞두고 우리 내수시장 규모로 볼 때 해외 진출은 필수적인 성장 전략으로 받아들여졌다. 국내 유통업계도 시장개방 뒤의 피해만 염려하고 있을 게 아니라 더 넓은 무대에서 큰 성과를 거두도록 힘을 쏟을 시점으로 판단했다. 그리하여 세계화 추진전략을 세 가지 방향으로 압축하여 실천에 옮기기로 했다.

첫째, 세계적 수준의 네트워크를 구축하는 일이다. 이 전략은 점포 네트워크뿐만 아니라 생산 및 구매기지까지 포함하는 종합적인 그림이다. 점포 네트워크의 첫발은 우선 중국을 겨냥했다. 생산과 구매 네트워크는 점포 네트워크를 기점으로 하여 상호보완 관계를 유지하면서 최대한 시너지 효과를 창출한다는 계획이었다. 예를 들어 일본의 어느 백화점은 상품을 구매할 때 아이스크림은 뉴질랜드에서, 오렌지 주스는 브라질에서 OEM^{Original Equipment Manufacturing} 방식으로 싼값에 들여왔다. 이 같은 구매 방법을 하루빨리 도입해야 세계화 시대에서 살아남을 수 있다고 생각했다. 특히 정보 네트워크의 구축은 세계 유통 정보를 신속하게 수집하여 기업 경쟁력을 높이는 데 활용될 것으로 기대됐다.

둘째, 새로운 업종을 적극 개발하는 일이었다. 새로운 업종 개발이란 새 업태의 도입뿐만 아니라 신규 브랜드의 도입을 포함하는 포괄적인 개념이었다. 또 유통업 일변도에서 벗어나 통신판매사업 등 지금까지 관여하지 않던 전혀 새로운 분야까지 진출을 검토했다. 이와 관련해 이미 독자적인 PB 브랜드 개발에 심혈을 기울이고 여러 외국 브랜드를 도입하거나 프랜차이즈 형태로 기술과 경영기법을 도입하려고 추진했다. 동시에 DIY 산업의 초우량 기업 홈데포Home Depot 같은 새 업태 기업과도 접촉을 시도했다. 또 새로운 업종 개발을 통해 향후 신세계가 어떤 방향으로 성장할 것인지는 우선 당장 결정할 게 아니라 유통산업연구소 내 유통전문가들이 좀 더 심도 있게 연구하도록 했다.

셋째, 인재의 세계화다. 인재의 세계화란 한마디로 국제적 감각을 지닌 사람을 키우는 일이다. 전 세계를 무대로 마음껏 활동하고 능력을 제대로 펼칠 수 있도록 여건을 마련해 주는 것이다. 우선, 전문가적 소양과 국제적 감각을 갖춘 인재를 길러 내는 요람의 역할은 1996년에 문을 연 신세계 유통대학이 맡도록 했다. 또 어학 능력이 탁월한 신입사원은 그 능력을 십분 발휘할 수 있는 부서에 배치하고 외국에서 근무하는 기회를 주었다. 외국에서 성장하고 교육받은, 외모만 한국인이고 사고방식은 외국인이라고 할 수 있는 사람들을 신입사원이나 경력사원으로 채용했다. 이런 조치들은 내수산업의 전형으로 인식되었던 소매업을 운영하는 기업으로서는 대단히 획기적인 시도였다. 이러한 인재들은 소매업의 '업 개념'을 더욱 확대하고 신세계를 국제화하는 데 주도적인 역할을 담당했다.

기업의 경영 환경은 항상 변한다. 때문에 중기나 장기 계획도 변수가 생길 때마다 수정하여 살아 있는 계획으로 만들지 않으면 안 된다. 특히 유통업계 경영 환경은 하루가 다르게 변한다. 사업 본질이 무엇이고, 향후 5~10년간의 큰 흐름이 어떤지, 앞으로 어디에서 돈을 벌 것인가 등 핵심 질문을 조직에 던지고 스스로 새 시각을 가져야 한다.

(한편, 야오한은 1989년 천안문 사태가 일어나 외국 기업이 중국에서 철수를 결정할 때에도 떠나지 않고 지속적으로 중국에 투자한 덕분에 중국 정부에게 신뢰를 얻었다. 이를 계기로 외자 소매업체 가운데 국무원 비준 1호를 기록하는 등 중국 정부와 아주 좋은 관계를 유지했다. 야오한은 상해에서 푸둥 넥스테이지와 민항구 남방상성南方商城의 두 개 프로젝트를 동시에 진행하고 있었다. 현재는 일본 본사의 사업 부진으로 중국 사업을 모두 철수했으나, 지금 돌이켜 보면 야오한 와다 회장의 예지력과 용기는 높이 평가해야 한다고 생각한다. 다만, 진출 시점이 너무 빨라서 실패한 것이라는 아쉬움도 남는다.)

이마트도 중국 진출

"백화점이 자리 잡았으니 이제 이마트를 해 볼까?"

1996년 1월에 신세계백화점 상해 야오한점이 성공적으로 개점한 것은 국내외 유통업계에 큰 자극이 됐다. 중국, 싱가포르, 홍콩의 유통업체들까지 신세계에 제휴를 제의해 왔다. 이에 자신감을 얻어 이마트의 상해 진출을 검토하기로 하고 부지를 물색하러 다녔다. 같은 해 11월 상해시 소개로 상해 곡양루曲阳路의 상해상무중심上海商務中心 유한공사의 상해 무역 전시장을 임차하였다. 이듬해인 1997년 1월, 이마트 상해 1호점을 개점했다.

　상호는 '이매득易買得, 한국 브랜드임에도 중국 현지화 발음으로 가장 잘 작명된 상호로 선정된 바 있음'으로 등록했다. 강성득 기획실장이 작명했다. 중국 이마트 상호를 지은 일화가 있다. 중국에 진출하려면 검토해야 할 게 많지만, 그중에서도 상호 표기가 보통 신경 쓰이는 게 아니었다. 왜냐하면, 중국은 알파벳 대신 한자로만 등록받기 때문이다. 상호 자체가 한자어에서 따온 삼성三星, 현대現代 등은 큰 문제가 되지 않지만, 한글 상호나 영문 상호는 많은 고심을 해야 한다. 이왕이면, 발음도 비슷하고, 뜻도 통한다면 좋겠지만, 그게 쉽지 않았다. 중국에 등록된 상호나 브랜드는 수없이 많지만, 유통업체를 중심으로 사례를 수집해 보았다.

　이마트는 원래 작명 시 'Easy, Economic, Everyday low price'에서 'E' 자를 따왔기 때문에 이를 표현할 수 있는 한자어를 찾아보았다. 발음도 비슷한 것이 없을까 고심했다. 그 결과 '이' 자는 '易, 利', '마' 자는 '賣, 買', '트' 자는 '得, 特'이 있었다. 이를 조합해 보니 '易賣得', '利買特'이었다. 이 6자를 조합하면서 만들어가던 중 8개 중에서 '易買得', '利賣特', '利買得'이 그럴듯해서 중국인 직원들을 대상으로 선호도 조사를 했다. '易買得'이 가장 자연스럽고 좋다고 하여 이것을 선택했다. 약 70%가 찬성하였다.

　개점 당일 너무 많은 고객이 몰려와 엄청나게 큰 혼잡을 빚었다. 또 준비한 살아있는 자라와 왕개구리를 적잖게 잃어버리기도 했다. 입장하지 못한 고객들이 '물건을 사기가 어렵다'는 의미의 "난마이더難買得"를 외쳐댔고 상호는 제대로 지었다는 이야기가 나왔다.

　중국에 가서 이마트 개점 계약을 맺을 때 상해시 국장급 이상 관리 13명이 참석해 한국의 높아진 위상을 느낄 수 있었다. 세계의 중심인 중화와 약소국 조선의 역사도 뇌리를 스쳤다. 중국과 영토를 다투던 고구려인들의 모습도 떠올랐다. 조직과 일만 부둥켜안고 달려온 리더에게 완성의 현장에서 가끔 찾아오는 감상의 시간을 맞았다.

이마트 상해 1호점 개점 전날, 중국식으로 고사를 지냈다. 점포 건물 앞 4평 규모 사각형 모서리마다 촛불을 켜 놓고 그 앞에 사장, 점장 등 9명이 서서 초가 끝까지 탈 때까지 성공적인 개점을 기원해야 했다. 중국 대륙의 찬바람과 추위 속에서 벌벌 떨며, 그 초가 빨리 타기만을 기다렸다. 네 시간이 지난 새벽 1시경에야 겨우 끝났다. 정성과 염원이 그대로 반영되었는지, 개점 첫날에 인산인해를 이뤘다. 입구 셔터를 7번이나 내리는 즐거운 비명을 질러야 했다.

상해상무중심에 근무하는 직원이 무척 많은데 최대한 이들을 고객으로 받는 작전을 썼다. 무역전시관 측에서 일정 지분을 갖고 싶다고 하였다. 나는 "절대 안 된다"며 실랑이를 벌였다. 합작회사를 하지 않으면 허가가 나오지 않기 때문에 3%의 지분을 갖되 임원회의에는 참석하지 않는 혁신적인 조건으로 했다.

나는 그 당시 한국인이 중국에서 사업을 하며 경험한 것을 기록한 중국 관련 책을 모조리 읽어보았다. 느낀 것은 중국 진출 시에는 중국과의 합작은 너무 조직을 어렵게 만들 수 있으므로 합작은 절대로 안 된다는 점이다. 그러면서도 직원들에게는 중국인들의 자존심을 건드리면 곤란하다고 했다. 최대한 인간적으로 존중해야 한다는 점을 강조했다.

신세계는 상해점을 발판으로 중국 타 지역으로 점포를 늘려가는 방안을 꾸준히 추진했다. 중국 진출은 타기업보다 빨랐으나 우리나라가 IMF 외환위기를 맞으면서 신세계의 중국사업 확장 계획은 수정이 불가피해졌다. 개인적으로는 많은 아쉬움이 남는 부분이기도 하다.

사실, 중국 사업은 참 어렵다. 약 5년 정도 타이밍을 놓친 것 같다. 특히 유통, 대형마트는 더 어렵다. 임대료가 너무 비싸고 경쟁이 치열하다 보니 아무리 영업을 잘해도 적자에서 벗어나기 어렵다. 비싼 임대료를 내면 적자일 수밖에 없다. 결국, 임대해서 영업한다는 것은 열심히 전 직원이 노동을 해서 건물주인 중국 부동산업자의 수익만 올려주는 도구밖에 안 된다고 생각한다.

신세계에서 퇴사해서 농심 메가마트에서도 중국 사업을 했다. 장소도 좋고 고객도 많이 오지만 손익분기 매출을 절대 올릴 수가 없었다. 점포는 열었지만, 가능성 없다고 생각하고 1년도 안 돼서 철수한 매장이 4개나 된다. 지금은 이익 나는 1개 점포만 경영한다.

중국에서는 부동산이 비싸고 가격이 너무 가파르게 올라가기 때문에 중국의 개점 전략을 달리하기도 했다. 남경南京과 무석無錫에 누구든지 가장 탐내는 건물을 매입했다. 남경에서는 제일 번화가에 2층 건물을 구매하여 식당, 의류매장을 임대로 주었고, 무석에서는 현지 랜드마크로 가장 고층윤지리(潤地利) 빌딩 60층이고 전망 좋은 호텔과 오피스텔 복합 건물의 5층짜리 부속 건물을 매입하여 몇 년 뒤 처분했다. 마트에서 생기는 적자를, 매입한 부동산 가격의 상승으로 보충하는 것이다. 즉 보험에 든 식이었는데 그 뒤 2개 건물을 처분하여 그동안의 적자를 보전하고 전 직원 성과급을 준 것으로 알고 있다. 이것도 최고경영자가 항상 현장을 다니면서 전략과 대책을 세워가면서 그때그때 슬기롭게 대처한 결과다.

7

다른 생각

여전히 변화와 창조를 위한 주체들의 노력은 지속될 것이고,
유연한 사고는 그 전략의 성공 가능성을 높여줄 것이다.
정반합 순환 차원에서 본다면, 경영이란 기업 생명이 다할 때까지
문제점과 모순점을 개선하는 과정이다.
이 과정에서 유연한 사고를 하는 사람이 필요한 것이다.

체념의 철학

인간의 지혜나 예지력에는 한계가 있다. 노력만으로 다 되는 것은
아니다. 완벽할 수 없는 정보와 지혜라는 제약 속에서 제아무리 만전
을 기하고 불굴의 정신으로 도전한다고 해서 모든 산을 다 넘을 수 있
는 것은 아니다. 바로 그때가 중요하다. 산을 넘을 수 없을 때, 누군가
는 의지가 꺾일 수도 있고 누군가는 유연하게 산을 넘지 못한 경험을
배움이라 여길 수도 있다. 이는 생각 차이에서 오는 것이다.

우리를 좌절하게 하는 것에는 두 가지 유형이 있다. 내가 가는 길
에 느닷없이 나타난 산, 대표적인 사례가 IMF 외환위기다. 이것은 예
지력 부족 때문에 시쳇말로 '넘사벽_{넘을 수 없는 4차원의 벽}'이 되고 만다.
또 하나는 적극적으로 내가 찾아가서 넘고자 했던 산이다. 이 역시 정
보와 지혜가 완벽하지 못했기 때문에 차라리 안 한 것만 못한 결과가
되고 만다.

2013년 현재 한국의 홈쇼핑 시장 규모는 10조 원을 훨씬 웃돌 것
으로 추정된다. 그 시발점이 된 것이 1994년 정부의 홈쇼핑 사업자 선

정이다. 그 해에 정부는 희망 사업자로부터 사업계획서를 제출받아 심사하여 인허가한다는 방침을 공고했다. 즉각 실무 전담팀을 구성했다. 사안의 중요성을 고려하여 상무 1명, 간부 2명에 실무사원을 여러 명 배치했다. 외부 회계법인의 실무자도 참여시켰다.

"그게 과연 되겠습니까? 시장 규모가 크고 신세계가 유력하다는 보도도 나오지만 장담할 수는 없을 텐데……."

위에서는 미국은 지역이 넓어 사업이 될 수도 있지만, 일본만 해도 사업성이 없다. 우리나라도 일본과 마찬가지일 것이라면서 하지 말라고 하였으나 나는 '그래도 하나 있으면 좋겠다'는 생각으로 계속 추진했다. 사업계획서 완성의 막바지 열흘 정도는 전담팀원들이 조선호텔에서 숙식하면서 수백 페이지에 달하는 사업계획서를 만들어냈다. 사업계획서나 보고서에 관한 한 삼성이나 신세계의 수준은 자타가 공인하였다. 따라서 전담팀 사업계획서의 완성도를 전폭적으로 신뢰하고 있었다. 그런데 전담팀 활동이 중반을 넘어설 즈음에 하나의 정보가 내게 들어왔다.

"신세계는 아니라는 말이 나돕니다. 두 업체가 선정될 것이라고도 합니다. 그 두 업체를 제외한 나머지 희망 사업자는 들러리에 불과하다고 합니다."

나는 더 수소문해 보고, 분석해 보았다. 그리고 '과연 그러하겠다'는 결론을 내리기에 이르렀다. 하지만 짐을 싸서 조선호텔로 향하는 전담팀을 향해 팀 해체를 차마 지시하지는 못했다. 나는 낙심하여 포기할 수 있는 상황에서 다른 생각을 하게 되었다.

'비록 사업권을 따지는 못한다고 할지라도 방대한 사업계획서를 완성한 성취감만이라도 느끼게 해 주자. 이런 프로젝트를 경험하는

임직원은 기업의 보이지 않는 자산이 아니겠는가.'

최종적으로 홈쇼핑 사업자는 '삼구^{현재 CJ오쇼핑}'와 'LG'로 결정 났다. 홈쇼핑 사업자가 선정되고 몇 해가 흐른 뒤 모 국가기관에서 홈쇼핑 사업자 선정 과정을 비공식적으로 조사한 적이 있으나 문제 삼을 만한 내용은 없었던 모양이다.

포기하면 미련이 남고 체념하면 미련마저 없어진다. 그래서 포기는 어리석음이요, 체념은 지혜가 되기도 한다고 한다. 내게 홈쇼핑 사업 추진은 체념의 철학을 일깨워준 교훈이 되었다.

유연한 사고

병자호란^{1636.12~1637.1}이 시작한 지 한 달여 지난 남한산성. 매서운 추위에 병사들이 얼어 죽거나 동상에 걸려 쓰러졌고 군량도 하루하루 줄어들고 있었다. 게다가 구원병마저 끊겼다. 조선 조정은 결국, 청^淸의 요구를 받아들일 수밖에 없는 처지에 이르렀다. 주화론^{主和論}의 구심점인 이조판서 최명길^{崔鳴吉}이 화친을 위해 청군 진영에 보낼 항서^{降書}의 초^草를 잡았다. 척화론^{斥和論}의 구심점인 예조판서 김상헌^{金尙憲}은 대성통곡하면서 달려와 항서를 빼앗아 찢어버렸다.

"자네 아버님께서 지조 있는 선비로 추앙받았는데, 어찌 이 모양인가? 돌아가신 아버님께서 통곡하실 걸세."

김상헌의 말을 들은 최명길은 갈기갈기 찢어진 국서 조각을 주워 모으며 말했다.

"대감은 찢어버렸지만, 저는 도로 주워야겠습니다."

후에 김상헌은 6년간^{1639~1645}, 최명길은 3년간^{1642~1645} 청나라 심양에서 인질로 구금생활을 하면서 서로 만난다. 최명길은 나라가 위험에 처했는데도 김상헌은 자신의 지조만 내세워 명성을 낚으려 한다고 의심하였다. 하지만 죽음을 앞에 두고도 굽히지 않는 김상헌의 태도를 보고 절개와 의리가 있는 사람으로 생각하였다. 김상헌도 최명길이 왕을 그릇된 길로 인도하여 국가에 치욕을 안긴 간흉^{奸凶}이라 생각했는데, 국가의 어려움을 타개하기 위한 고육책으로 화친을 주장한 사람임을 알고 오해를 푼다.

청나라 감옥에서 김상헌은 '양대의 우정을 찾고 백 년의 의심을 푼다^{從尋兩世好 頓釋百年疑}'고 읊었고, 최명길은 '그대 마음 돌과 같아 끝내 돌리기 어렵고 나의 도는 고리와 같아 믿음에 따라 돈다^{君心女石從難轉 吾道如環信所隨}'고 화답한다. 청나라에 맞서 목숨을 걸고 끝까지 싸울 것을 고집한 김상헌은 선비로서 '이상과 명분, 원칙'에 입각한 민족의 자존심과 충절의 표상으로 역사에 남았다. 나라와 백성을 지키기 위해 죽음과도 같은 치욕을 참고 현실과 실리를 통찰했던 최명길은 리더로서 재조명받기에 부족함이 없었다. 그래서 사람들은 양시론^{兩是論}을 말할 때 이들을 떠올리며 '찢는 것도 맞고 줍는 것도 맞다^{裂之者可 拾之者可}'는 말을 인용하기도 한다.

신념은 반드시 강해야 하지만, 그 대상마저 고정해서는 안 된다. 이런 관점에서 최명길은 좋은 모델이다. 그의 신념은 처음에는 다른 사대부^{士大夫}와 다르지 않았다. 심지어 척화론과 주화론이 극심하게 대립할 때도 척화론이 정론이자 원칙임을 부인하지 않았다. 그러나 척화론이 대세고 주류일 때 주화론의 중심에서 대의를 버린 소인배, 변절자로 몰리는 것도 감수하면서 새로운 신념으로 맞섰다.

나는 김상헌에게 이상과 대의, 원칙을 좇는 신념을 배우고, 최명길에게 현실을 직시하면서 대안을 만들어 나가는 유연한 사고와 신념의 융통성을 배웠다. 내 마음속 백화점에는 김상헌이 있었고, 할인점에는 최명길이 있었다.

그러면 유연한 사고와 신념의 융통성은 어떻게 키울까? 유연한 사고는 정반합正反合 원리를 이해할 때 좀 더 자연스럽게 발휘할 수 있다. 우리는 서로 마음이 다르기 때문에, 아집을 버리고 상대 의견을 수용하면서 정반합 원리에 의해 발전할 수 있다는 것이다.

사실 어떤 물질이나 상태는 문제점과 모순점이 없을 수 없다. 이 것이 정正, thesis의 상태다. 이것을 부정하고 문제점과 모순점을 털어버리면 반反, antithesis이 된다. 그러나 이도 완벽할 수 없다. 여기서 다시 버릴 것은 버리고 취할 것은 취한 상태가 합合, synthesis이다. 그러나 이 '합'도 모순적 한계를 가질 수밖에 없는 운명이기에 '합'은 다시 또 다른 '정'의 상태가 된다. 왜 그럴까? 환경이 변하고 시간이 흐르기 때문이다. 기업도 예외일 수 없다.

백화점은 초기에 단순히 '물건을 파는 곳正'이었다. 그것으로 별문제는 없었다. 그러다가 세월이 흐르고 환경이 변하자 '원스톱 쇼핑센터'나 '생활문화공간反'으로 변모하더니 이제는 '원스톱 복합생활문화공간合'으로 바뀌고 있다. 극장이나 같은 업종의 가게, 점포들이 처음에는 흩어져 있다가 집중력을 높이기 위해 같은 지역으로 몰려들더니 드디어 한 건물에 모이기 시작했다. 순환은 여기서 멈추지 않는다. 여전히 변화와 창조를 위한 주체들의 노력은 지속될 것이고, 유연한 사고는 그 전략의 성공 가능성을 높여줄 것이다. 정반합 순환 차원에서 본다면, 경영이란 기업 생명이 다할 때까지 문제점과 모순점을 개선하는 과정이다. 이 과정에서 유연한 사고를 하는 사람이 필요한 것이다.

간혹 젊은이와 대화를 하면 한 가지 알고 있는 것이 모두인 것처럼 자신의 생각을 꺾지 않고 고집부리는 것을 볼 수 있다. 참으로 안타깝다는 생각을 한다. 얼마나 다양한 사회인데 한 가지에 집착하다니 말이다. 다른 각도에서도 생각해보면 안 될까?

PB 상품은 창의적인 것만 살아남는다

"신세계에 가면 다른 데서 구할 수 없는 물건도 있다고 하네요."

"신세계가 직접 만든 물건이라 어디가 달라도 달라."

브랜드는 고객 마음에 쌓아가는 아름다운 자산으로 기업의 영혼이다. 브랜드가 살아남기 위해선 이성이 아닌 감성으로 고객과 소통해야 한다. 유통업체가 성공하는 비결의 하나가 자기만의 특화한 PB 상품을 활성화하여 수익의 원천으로 삼는 것이다.

PB 상품이란 백화점과 할인마트 등 대형 소매상이 독자적으로 개발한 브랜드 상품을 말한다. 패션 상품에서부터 식품, 음료, 잡화에 이르기까지 유통업계를 중심으로 다양한 제품이 쏟아져 나온다. 해당 점포에서만 판매하기 때문에 전국 어디에서나 살 수 있는 제조업체 브랜드National Brand: NB와 구분된다.

100년 전통을 자랑하는 노드스트롬Nordstrom백화점을 비롯해 JC 페니J. C. Penney Company, 시어스, 코스트코 등 미국의 내로라하는 대형 유통업체들은 모두 PB 상품을 그들의 대표상품으로 판매했다. 노드스트롬은 PB 상품을 판매한 비중이 전체의 70%였고, JC 페니는 60%를 넘었다. 이들은 차별화한 PB 정책을 지속적으로 펼쳐 잇단 경기불황을 견뎌내며 막대한 수익을 확보했다. 반면에 경쟁 백화점들은 PB 상품 없이 거래선에만 의존하다 자생력을 잃고 실적 부진에 허덕였다.

유통업체들이 PB 상품에 새롭게 관심을 둬야 하는 이유는 여기에 있다. 신세계도 마찬가지다. 경쟁 백화점을 이기기 위해서는 그들과 차별화한 자사 PB 상품으로 맞서지 않으면 안 된다. 판매 경쟁이 치열해지는 가운데 신세계는 자체 기획한 PB 상품 개발이 향후 경쟁력 확충의 관건이므로 상품 아이디어를 키울 수 있도록 더욱 노력해야 한다. 이를 통해 지속적으로 시제품을 만들어 테스트하는 등 다각적인 노력을 해야 한다.

그렇다고 무작정 PB 상품을 시장에 내놓는다고 해서 곧장 성공하는 것은 아니다. 소비자들은 브랜드 지명도를 따지는 성향이 강하다. 따라서 PB 상품 개발은 브랜드 지명도가 높아질 때까지 재고 부담을 감수하고 지속적으로 투자해야 하는 어려운 과업이다. 신세계가 PB 상품의 전략적 의의나 필요성을 인정하면서도 PB 상품 생산보다는 해외 브랜드 도입에 치중한 것도 바로 이것 때문이다.

하지만 여러 가지 위험 부담에도 PB 상품은 수익 창출의 원천이 되고 판매력을 향상할 것으로 판단됐다. 게다가 백화점 이미지를 높이는 데 결정적으로 기여하기 때문에 장기적으로는 PB 상품을 강화해야 한다는 견해였다. 백화점은 의류 비중을 점차 높이고 세일 매대를 축소하고, 이마트나 코스트코는 외형 위주의 성장 정책을 추진한다면 회사 전체로는 외형 성장과 수익성이 조화를 이룰 것으로 기대됐다.

나는 신세계에서 PB 상품은 가급적 정상가로 판매해야 한다고 생각했다. 가격 인하가 불가피한 상황이 되면 이마트나 코스트코에 아웃렛 매장을 개설해서 판매하고 백화점에서는 정상가격으로만 파는 것으로 가닥을 잡았다. PB 상품이 제대로 정착하고 수준이 한 단계 상승하기 위해서 뿐만 아니라 업무 전산화를 위해서도 정상가로 하자는 게 내 지론이었다. 따라서 기획 단계에서부터 세일을 하지 않는다는 전제 아래 PB 상품 가격을 책정했다.

PB 상품 개발은 위험부담이 큰 만큼 장점도 많다. 그렇기 때문에 남발은 금물이다. 가장 최적화한 포트폴리오를 가져가야 한다. 그러기 위해서는 목표와 전략이 명확해야 하고 콘셉트도 분명해야 한다. 그래야 협력업체와 유통업체가 모두 이득을 얻는다.

새로운 상품을 자체적으로 개발하는 데에는 어려운 점이 많다. 극복해야 할 과제도 적지 않다. 까다로운 고객 요구를 만족하게 할 수 있는 창의적인 제품만이 살아남을 수 있기 때문이다. 비록 그 과정이 험난하다 해도 정면으로 넘어가지 않으면 도약을 기대할 수 없다. 그래서 도전하는 것이다.

신세계는 초기 PB 상품 사업이 어려웠다. 물량 때문이다. 백화점이 몇 개 안 되다 보니 본점과 영등포점을 제외하면 정작 진열해 놓을 데가 없었다. 물량을 많이 만들기가 어려웠다. 타월을 공장에 주문해도 한 모델이 3,000장은 나와야 한다. 그런데 팔지 못하면 창고에 쌓아두고 다른 제품을 만들어내게 된다. 내가 상품매입본부장을 할 때 타월을 많이 개발했다. 그러다 영등포 점장으로 나가니 내가 상품매입본부장 때 만들어 놓은 타월 재고를 어찌할 것이냐며 알아서 다 매입해 달라고 거래선에서 많은 항의를 받았다. 물론 요즘 신세계는 될 것이다. 이마트를 비롯한 매장이 많고 PB 상품도 다양하기 때문이다.

창의력이 샘솟는 기업

신세계 윤복희 편: '이 땅에 미니스커트가 처음 나타났을 때, 그녀가 입은 것은 옷이 아니었습니다. 새로운 세계였습니다. 꿈과 용기가 있는 새로운 세계. 신세계!'

1996년 3월, 주요 종합일간지 전면광고면. '미쳤군!'이라는 강렬한 문구가 지면에 새겨져 있다. 그 위에는 한 젊은 여성이 미니스커트를 입은 사진이 실려 있다. 바로 1967년 국내 최초로 미니스커트를 입은 모습을 드러내 '미쳤다!'는 맹비난을 받았던 가수 윤복희의 20대 시절을 연상시키는 모델을 실은 것이다.

신세계 서태지 편: '나는 늘 새롭고 완벽하고 싶었습니다. 새로운 세계를 보여주고 싶었습니다. 꿈과 용기가 있는 새로운 세계, 신세계!'

또 다른 신세계 전면광고면. 서태지 얼굴 사진 위에 스프레이로 X자를 그려놓고 '노래도 아니다'!라는 도발적인 문구를 담았다. 물론 서태지 측에 사진 양해를 받았다. 그를 모델로 삼은 이유는 서양 팝 음악이 판치는 한국 대중음악계에 한국어로는 불가능할 것으로 인식되던 랩음악을 자신의 음악 세계에서 창조했기 때문이다. 신세계가 새

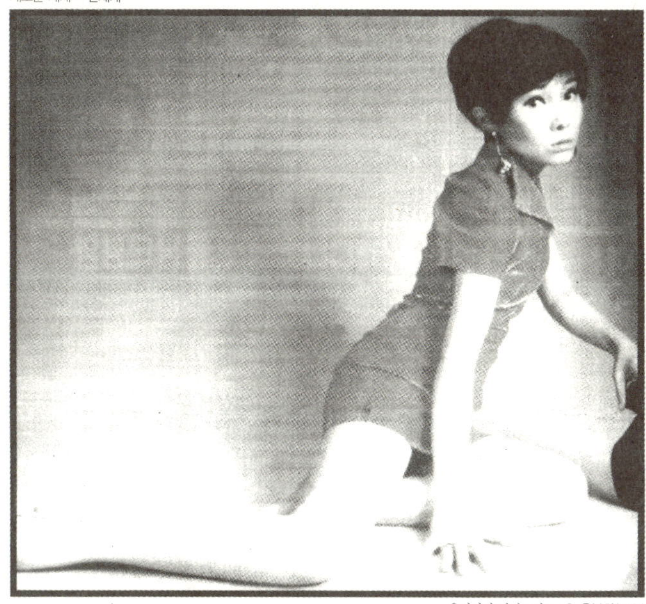

우리나라 미니스커트 1호 윤복희(1967)

"미쳤군!"

1996년 3월 주요 일간신문에 실린 신세계백화점 광고. 가수 윤복희의 20대 시절을 연상시키는 모델이 미니스커트를 입은 사진을 게재해 화제를 일으켰다. 앞서가는 신세계, 변화하는 신세계의 이미지를 고객에게 심어주려고 시도한 광고로 대성공을 거두었다.

롭게 추구하고자 하는 이미지와 부합한 것이다.

'겁도 없다' 편에서는 세계적 지휘자 정명훈 씨를, '잠꼬대' 편에서는 비디오 아트의 권위자인 고故 백남준 씨를 모델로 썼다. 파격적인 인사들을 내세우면서 신세계='새로운 세계'라는 이미지를 세웠다. 이 광고들은 '새로운 세계'와 '신세계백화점'이라는 이미지 두 개를 소비자에게 전달하는 데 성공했다.

나는 신세계 대표이사에 취임하자마자 바로 '변화를 통한 새로운 창조'를 강력하게 표방했다. 기업의 요체는 사람이므로 사람이 변하지 않으면 새로운 창조는 불가능하다고 보았기 때문이다.

'앞서 가는 신세계가 될 수는 없을까? 변화하는 신세계 이미지를 주려면 어떻게 해야 할까?'

고민하던 중 파격적인 광고로 신세계가 변했다는 것을 알려 보자는 공감대가 사내에 형성되었다. 전달하고 싶은 메시지는 '변화와 도전'. 기획사 '웰컴'과 시리즈 전면광고를 협의하기 시작했다. 사실, 그동안 신세계 홍보를 전담해온 삼성 계열사 제일기획에 광고를 맡기지 않고 다른 회사로 바꾼 것도 혁신적인 사고였다.

기획사인 웰컴은 광고 모델로 시대를 앞서 가는 인사들을 추천하기로 했다. 고정관념을 탈피해 새로운 세계를 열어간 사람들의 아이디어와 용기를 신세계의 비전과 절묘하게 일치시킴으로써 상승효과를 얻으려는 시도였다. 그렇게 하여 앞서 소개한 윤복희, 서태지, 정명훈, 백남준 씨가 광고로 나간 것이다.

반응은 뜨거웠다. "신세계가 무슨 회사냐", "이제 달라지고 있구나" 하는 이야기가 나왔다. 이것을 계기로 가장 오래된 백화점이라는 전통 보수의 이미지를 탈피했다. 가장 앞서 나가는 유통의 개척자임을 강조한 것이다.

1996년 3월 15일, 연합뉴스 기사의 경제면 화제 기사다.

"신세계백화점이 최근 '미쳤군'이라는 문구에다 미니스커트 차림의 가수 윤복희 씨의 20대 시절을 연상시키는 모델 사진을 등장시킨 광고를 내자 유통업체들은 상반된 평가를 했다. 롯데, 현대, 뉴코아, 미도파 등 경쟁업체들은 약속이나 한 듯 '이 광고가 전달하려는 메시지를 잘 모르겠다'고 내리깎으면서 심지어 일부 업체는 신세계가 '미쳤군'이라고 꼬집었다. 반면 그레이스,

한화, 애경 등 중소 백화점들은 '신세계의 이번 광고는 백화점 광고에서 실험적이고 혁명적인 것'이라고 평가하면서 '발 빠르게 변신을 시도하고 있는 신세계가 부럽다'고 찬사.

신세계백화점은 회사의 보수적인 이미지를 역동적이고 소비자에게 더욱 가까이 있는 백화점으로 바꾸기 위해 이 같은 광고를 기획했으며 앞으로 세계적인 지휘자 정명훈 씨, 비디오 아티스트 백남준 씨 등이 차례로 광고에 등장할 것이라고 예고. 신세계백화점은 이어 이 광고에 대한 일부 백화점의 혹평에 대해 '참새가 어떻게 대붕의 깊은 뜻을 알겠느냐'며 반격."

신세계 광고는 마케팅과 커뮤니케이션 전략을 완벽하게 묶은 훌륭한 광고로 평가받았다. 그에 힘입어 1996년 대한민국 광고대상에서 장려상을 받았다. 논문과 보고서의 연구 주제에 단골로 등장하기도 했다. 당시 신세계는 삼성그룹과 별도로 독자 인력을 채용하기 시작했다. 신입사원을 채용할 때 이 광고를 보고 지원한 응시자가 많았다.

서범석 교수세명대 광고홍보학는 신문 칼럼에서 "이 광고를 보면서 소비자들은 우선 새로운 세계를 개척한 모델들과 만나게 되고 광고를 접하는 횟수가 늘어날수록 신세계가 추구하는 변화와 도전정신이 각인돼 신세계에 좋은 이미지를 갖게 되었을 것이다. 이 광고는 우리 광고계의 창의력 수준을 한 단계 발전시킨 기념비적인 작품이 됐다. 광고를 전공하는 학생들이라면 한 번쯤은 공부해야 할 모범적인 사례로 인정받았다"고 호평했다.

이즈음 '신세계 상품권'이 출시돼 버스 광고를 했다. 그러나 무작정 신세계 상품권이 좋다는 식의 감동 없는 광고다 보니 별다른 효과가 없었다. 주위에서 너무 직설적이라고 걱정했다. "신세계가 그 정도 수준이냐"고도 했다. 다른 것으로 바꾸려고 머리를 짜 보았다. 신세계만의 차별화한 광고를 기획하는 것이 관건이었다.

그러던 차에 싱가포르 출장을 갔다. 아침에 호텔에서 밖으로 나오는데 벨 보이가 "Have A Nice Day!"라고 말했다.

"'Have A Nice Day?' 아~그것 참 좋다."

예전 같으면 예사롭게 들려서 그냥 넘겼을 것이다. 나는 순간 '앗, 이거다'란 생각이 스쳐 갔다. 귀국 뒤 곧바로 광고 제작을 의뢰했다. 버스 옆면에 아무것도 없이 그냥 'Have A Nice Day! 신세계'라는 글귀만을 크게 적은 광고판이 서울 거리를 누비게 했다. 이런 광고는 직설적인 광고가 아니다. 그저 보는 사람이 즐거운 문구다. 광고 문구를 보는 나도 기분이 좋았다.

이 광고들로 구축한 신세계의 새로운 이미지는 기존에 없던 다른 생각에서 출발하였기에 가능했던 것이다. 또 새로운 이미지의 신세계를 원하는 직원들의 창의적인 아이디어가 큰 도움이 되었다.

하지만 이미지만 구축한다고 회사의 실상이 변하는 것은 아니다. 본업인 백화점 사업마저 확대하기 어려운 분위기에서 신성장 동력사업을 찾아서 구체적으로 보고하라고 한다면 지시받은 쪽은 참으로 답답하고, 흥도 안 나고, 그래서 아이디어도 잘 안 나올 것이다. 그러다가 다시 백지화되기라도 하면 차라리 안 한 것만 못하게 되고 분위기는 더욱 침체 속으로 빠져든다. 전에는 이러한 상황들이 종종 있었고 그래서 '검토의 신세계'라는 말이 돌기도 하였다. 나는 실제로 신규 사업을 추진하는 부서의 임직원이 어떠한 분위기에도 흔들림 없이 과업을 수행할 수 있도록, 강력한 의지가 그들의 뇌리에서 흐려지지 않도록, 수시로 독려하였다.

코비Stephen Covey는 '알고도 행하지 않으면 실제로는 모르는 것'이라고 했다. 선善인 줄 알고도 행하지 않으면 죄악이라는 말도 있다. 기업에서 이런 유형의 무지나 죄악은 그 근원이 사원에게 있지 않고 사원들로 하여금 알고도 행하지 않게 만드는 독소를 내뿜는 기업풍토에 있다. 해야 할 것은 반드시 하는 회사라는 이미지가 내부적으로 허상이 아닌 실상으로 확립되면, 자발적으로 아이디어를 내고 새로운 것을 만든다. 그렇게 되기까지 경영자의 솔선수범은 절대적으로 필요하다. 하지만 환경 조성에 주안점을 두어야지 직접 행하기를 즐겨서는 안 된다. 이것은 또 다른 해악을 낳는다.

변하라고 해서 변하는 사람은 극히 드물다. 그런 사람들마저도 여건이나 분위기가 뒷받침되지 않으면 다시 제자리로 돌아간다. 사람들의 잠재능력은 어떤 조건에서도 다 할 수 있는 게 아니다. 분위기나 여건을 조성해 주고 새로운 것을 만들어 보라고 하면 그들은 만들어 낸다. 사람들에게 변하라고 하기 전에 리더가 스스로 먼저 움직이는 것. 그것이 훌륭한 리더가 가질 다른 생각이다.

8

마음을 움직이는 리더

"리더가 되기 위해서는 종업원들의 의욕을 불러 일으킬 수 있는
꿈과 비전을 제시하지 않으면 안 됩니다.
더 중요한 것은 리더 자신이 우선 '좋은 종업원'이어야 한다는 것입니다.
한 사람의 종업원으로서 역할을 다할 수 없는 사람은
리더가 될 자격이 없습니다"

유심소작唯心所作

우리 집 가훈은 유심소작이다. 모든 것은 오직 마음가짐에 달려 있다는 뜻이다. 착한 행동은 착한 마음에서, 악한 행동은 악한 마음에서 나온다. 기업의 성과나 결과물도 경영의 요체인 사람의 마음이 만들어낸 결과물이다. 그 마음이 따로 놀지 않고 모두에게 공감, 공유되면서 면면히 흘러가는 큰 줄기가 될 때에 그 시너지 효과는 대단히 큰 성과를 만들어낼 수 있다. 그런데 어떤 조직의 정신적 대표성을 부여할 수 있는 기업문화를 구축하는 일은 그리 간단한 문제가 아니다. 구성원이 많으면 많을수록 더 어려워진다.

신세계백화점 영등포점장이 된 직후부터 고민한 문제 중의 하나가 바로 그것이다. 영등포점의 성과도 나를 포함한 구성원들의 마음가짐에 따라 달려 있을 터이니 고민다운 고민을 하였다. 몇백 명을 어찌 규합해서 같은 방향으로 갈 것인가 연구하다가 '공통 마인드'가 필요하다고 생각했다. 직원들이 하나의 방향으로 나아갈 수 있도록 키워드를 설정했다.

Timing, Positivity, Harmony, Practice로 각각의 이니셜을 모아 'TPHP'로 이름 붙였다. 발음도 연구하여 어떤 게 앞에 나가는 게 좋겠는지 순서를 맞췄다.

"수첩에 넣고 다니도록 명함 크기로 만들었습니다. 모든 책상 위에 'TPHP' 팻말을 얹어 놓고 수시로 혹은 업무를 처리할 때마다 떠올리면 좋겠습니다. 매사 행동지침의 근간이 되길 바랍니다."

'TPHP 정신'은 영등포 점장 시절 내내 점포 영업의 정신적 기반이 되었다. 활기찬 점포를 만드는 데 큰 힘이 되었다. 영업 성과도 크게 좋아졌다. 이런 기반 위에서 새로운 성장 전략을 추진하는 게 가능해졌다. 그 당시 함께 했던 동료 사원들이 몇십 년이 지난 지금에도 'TPHP'를 기억하는 것을 보면 마음이 뭉클해진다.

① Timing: 백화점의 모든 업무는 기동성이 생명이다. 기회를 잃으면 손실 보전이 어렵고 또 다른 손실로 연결된다. 따라서 모든 업무는 적시적기適時適期에 처리해야 한다. 이런 당위성이야 누군들 모르랴. 리더가 타이밍의 기치만을 높이 세운다고 조직의 기동성이 활성화되지는 않는다. 타이밍을 놓치지 않으려면 잘 준비해야 하고, 잘 준비하려면 소통을 잘하는 게 관건이다. 리더가 구호를 외치기만 한다면 그것은 공염불에 지나지 않는다. 소통을 가로막는 요인들을 찾아서 뚫어주면 기동성 문제는 해결된다.

② Positivity: 긍정적인 언행으로 솔선수범해야 하고, 칭찬에 인색해서는 안 된다. 한두 번 이상의 실패도 없이 직장생활을 하는 사람은 없다. 실패는 사람을 의기소침하게 하고 점차 부정

적인 사고를 갖게 한다. 또, 조직 속의 부정적 경향은 긍정적 경향을 갉아먹는다. 따라서 의기소침해진 사람들, 부정적인 경향의 사람들을 찾아서 용기를 북돋워 주는 리더의 역할은 긍정적이고 도전적인 조직을 만드는 데 대단히 중요하다.

맹자孟子는 '천시天時는 지리地利만 못하고, 지리는 인화人和만 못하다'고 했다. 때를 잘 만난 상품도, 길목이 좋은 점포도, 길게 보면 인화하는 기업에게는 당하지 못한다는 말과도 통한다고 할 수 있다. 천시와 지리는 드물게 우연히 만나기도 하지만 인화만큼은 저절로 이루어지지 않는다. 그만큼 중요하고 어려운 과제다.

③ Harmony: 오케스트라의 하모니는 한곳에서 이뤄지지만, 기업의 파음은 곳곳에서 발생한다. 오케스트라 규모는 대체로 한정돼 있지만 기업 규모는 커지게 되어 있다. 그래서 방치하면 기업의 하모니는 더욱 깨지는 방향으로 나아간다. 더구나 사회나 기업이 고도화, 세분화할수록 개인주의 경향은 더욱 강해지고 조직 분위기는 삭막해진다. 하모니는 일거양득一擧兩得이다. 기업 성장을 견인하고, 인간미 넘치는 직장을 만들어준다.

④ Practice: 소통의 바탕 위에서 서로 인화하면서 긍정적인 사고로 적시에 실행에 옮긴다면 아마도 백전백승百戰百勝할 수 있다. 계획만 세우고 일이 될지 안 될지 재기만 하면 아예 시작도 못 한다. 그래서 한때는 '검토의 신세계'라는 자기비하적인 정서가 흘렀던 때도 있었다.

지知에 행行이 따라야 지智가 된다. 곧, 실천에 옮기지 않거나 결과를 만들어내지 못하는 지식이나 정보는 버려야 할 짐에 불

과하다. 새로운 아이디어가 떠오르면 그 즉시 치밀하게 계획
하고 시행착오를 겪을지라도 과감하게 추진하는 정신이 필요
하다.

"知者 行之始, 行者 知之成"(明나라 王守仁의 글)
"아는 것은 행함의 시작이요, 행함은 아는 것의 완성이다."

"사장님! 그때가 좋았습니다."

2003년 10월부터 호텔 농심의 대표이사를 겸했는데, 호텔 농심은
온천 명소로 동양 최대의 온천 목욕시설인 '허심청'을 운영했다. 나는
오래되고 규모가 작은 지방의 호텔을 '좋은 호텔'로 만들어 나가는데
주력했다. 영업장마다 찾아다니며 호텔 수준을 높일 수 있는 품격 있
는 물건과 비품을 갖추게 했다. 라운지에는 값비싼 전자 피아노를 들
여놓았다. 고객을 모시는 데 소홀함이 없도록 리무진 버스와 고급 승
용차도 구매했다. 회사의 내적, 외적 모습이 조금씩 바뀌자 사원들 자
부심도 점점 커졌다.

고객과 지역 주민이 함께하는 다양한 행사도 기획했다. '신년맞이
짚신등반대회', '발사랑 맨발등반대회'와 지역 문화공연인 '동래온천
학축제', '옥토버페스트'가 대표적인 예다. 준비 단계부터 사소한 부문
까지 챙겨주자 직원들의 인식은 전보다 많이 좋아졌다. 지금도 아이
디어 회의가 유지되고 있고 한번 해 보자는 의욕이 식지 않는다고 한
다. 이것들은 내가 지시한 게 아니다. 지역 주민에게 뭔가 보탬이 될

수 있는 일을 해 보자고 했더니 구체적인 행사가 등장한 것이다.

나는 어느 날 전 직원이 모인 가운데 '견인불발堅忍不拔'하는 자세로 회사를 경영하겠다고 밝혔다. 굳게 참고 견디며 흔들리지 말고, 또 하나 반드시 기본을 지키자고 했다. 윗사람으로서 존경받기 위해서는 아랫사람에게 존경받을 수 있게 행동해야 한다고 말했다. 간부들은 직원들에게 애로사항이 있는지 항상 관심을 기울여야 한다고 당부했다. 이 말을 들은 직원이 한번은 이런 말을 했다.

"사장님께서 '밑에 직원들에게 잘 해 주라'라고 하신 말씀은 제가 사회생활을 하는 데 있어서 사고의 근본을 바꿔 놓으셨습니다. 그냥 나만 열심히 하면 된다는 생각에서 탈피해 공동체 의식을 가지는 계기가 됐습니다. 사장님은 신기하게도 물 흐르듯 자연스럽게 해결해 주셨습니다."

이처럼 윗사람이 아랫사람에게 기울이는 관심이 사원들의 마음을 움직여서 조직문화를 확 바꿨다. 서로 아끼고 배려하며 재미있게 일하는 직장으로 변모한 것이다. 농심은 변화를 두려워하는 보수적인 기업으로 정평이 나 있었다. 그런데 내가 부임한 이후에 간부 직원들이 이렇게 한마디씩 말하곤 했다.

부임한 다음 해부터 매년 적자에 허덕이던 호텔 농심은 흑자 기업으로 돌아섰다. 부임 첫해에 부산 시내 호텔들은 꿈도 꾸지 못할 성과급까지 지급하자 직원들은 기쁨을 감추지 못했다. 그 뒤 매년 성과급이 지급돼 부산 시내 호텔 종사자들에게 호텔 농심이 선호하는 직장이 됐다고 한다.

다음은 개선된 회사 분위기를 담은 글이다. 내가 농심호텔을 떠난 뒤, 당시 영업·기획 업무를 맡았던 부장이 안부도 물을 겸 보내온 편지다.

"권국주 사장님께서 부임하시면서 먼저 하신 말씀은 기본에 충실하자입니다. 기본적인 고객 서비스가 중요함을 강력하게 전달해 주신 것입니다. 사장님께서 우리 회사와 직원들에게 미친 영향은 정말로 값집니다.

첫째, 적자기업을 흑자기업으로 만드셨습니다. 큰 호텔이 아니지만 알차고 건실한 기업으로 올려놓으신 분이 누구라는 것을 잘 압니다. 매년 적자이던 호텔 농심을 부임 이듬해부터 흑자기업으로 만들어 놓으셔서 지금까지도 사장님 덕분에 매년 성과급을 받습니다. 부산 시내 호텔 중 꿈도 못 꾸던 성과급을 주셨을 때 전 직원은 감격했습니다. 경쟁 호텔 직원들이 일하고 싶은 호텔로 만드셨습니다. 지금도 그 당시 기쁨을 간직한 직원들이 많습니다.

둘째, 호텔에 오실 때마다 아주 세심한 부문에 관심을 기울이셨습니다. 특히 직원들이 보지 못하는 부분을 챙겨주신 것 같습니다. 예를 들면, 기업의 전통과 기억에 남길 수 있는 자료들과 물건들의 중요성을 강조해 주셨습니다. 지금도 이것들을 보면 사장님이 생각납니다. 15년 이상 근무한 직원들은 지금도 사장님 이야기를 합니다. 그때가 좋았다고 말입니다. 이들은 이곳에서만 사장님들을 네다섯 분 모셨던 직원들입니다.

셋째, 전임 사장도 처리하지 못했던 농심 공장 식당 운영을 단번에 해결해 주신 점을 감히 말씀드립니다. 농심은 보수적이면서 변화를 두려워하는 기업으로 알고 있습니다만, 사장님께서는 물 흐르듯 자연스럽게 난제들을 해결해 주셨습니다.

넷째, 호텔 수준을 향상시켜 놓으셨습니다. 조그마한 호텔을 작으면서도 큰 호텔로 만드신 것입니다. 영업장마다 찾아다니시면서 호텔 수준에 맞는 비품들을 갖추어 주셨습니다.

다섯째, 일하는 방법과 문화를 가르쳐 주셨습니다. 고기를 잡아 주신 것이 아니라, 고기잡는 방법을 깨닫게 해 주신 것입니다. 1~2년 뒤 사라질 기업이라면 몰라도 영원히 갈 기업이라면 장기적인 눈으로 연구하여 아이디어를 내야 한다는 의식을 심어주셨습니다. 지금도 직원들끼리 아이디어 회의를 자발적으로 열고 '한번 해 보자'는 의욕이 흘러넘칩니다.

여섯째, 지역 주민에게 사랑받는 기업으로 자리매김하게 해 주셨습니다. 사장님 재임기간에 지역주민과 함께하는 다양한 행사를 시작했습니다. 이벤트의 사소한 부문까지 챙겨주시고 관심을 기울여 주심으로써 저희는 항상 소홀히 할 수가 없었습니다. 언론 기사나 블로그에 노출된 당시 글을 보면 이러한 성과를 잘 알 수 있습니다."

영속성을 부여받은 기업이라면 장기적 안목에서 영업하는 방법을 연구하고 아이디어를 생성해내는 문화를 만들어야 한다. 그래서 고기를 잡아주는 것이 아니라 고기 잡는 방법을 가르쳤다. 문제 해결 능력을 스스로 키워나갈 수 있도록 때로는 독려나 지도를 하고 때로는 한 발 물러서 지켜보기도 했다.

누구에게나 잠재력은 있다. 더러는 방법을 몰라서 잠재력을 발휘하지 못하기도 하고, 더러는 잘못된 직무 부여가 그런 기회를 차단하기도 한다. 그래서 특히 영업 방법을 잘 가르쳐 주려고 애를 썼고, 담당 직무는 적정한지 살피는 일도 소홀히 하지 않았다. 이런 리더의 모습에 조직원의 마음이 움직이고 결국은 기업에도 도움이 된다.

사원의 마음을 움직이는 방법, 교육

나는 1994년 2월에 신세계백화점 대표이사에 취임했다. 내 경영

철학을 발휘하여 본격적으로 회사를 이끈 것이다. 어느 날, 퇴근하는 밤길이 유난히 환했다. 밤 1~2시까지 교육하고 집으로 가는 길, 휘영청 떠오른 보름달이 산야를 비추었다. 경기도 용인군 남사면 창리에 있는 신세계연수원을 출발한 승용차는, 그 보름달 아래서 벌판을 질주했다. 차창 밖을 바라다보았다. 여러 가지 생각이 떠올랐다. 대대적으로 시작한 의식개혁운동 과정이 주마등처럼 스쳐 지나갔다. 오늘 교육받던 직원들 얼굴도 하나하나 떠올랐다. 마음이 센티해졌다.

내가 대표에 취임할 즈음, 신세계는 신규 사업도 벌이고 투자도 많이 해야 하는 상황이었다. 이를 위해서 자체 교육의 필요성이 늘어나 연수원 교육을 강화했다. 영업 투자보다 교육 투자가 급하다고 판단한 것이다. 교육 대상은 일반 직원부터 과장급, 부서장급까지 계층별로 실시했다. 1박 2일이나 2박 3일 과정으로 아침부터 밤 1~2시까지 이어졌다. 이론 교육보다는 유통 실무 교육에 초점을 맞췄다. 그 예로 정육과 생선 가공법을 교육한 것을 들 수 있다. 또 매장 진열교육부터 파트별 역할 연기까지 구체적으로 실시했다. 고객과 사원 처지에서 교육하기도 했다. 당시 내 손에는 항상 교육 내용을 적은 카드가 들려 있었다. 카드를 고리로 걸고 다녔다. 그 정도로 직원 교육에 많은 관심을 쏟았다.

직원들이 쾌적한 분위기에서 공부할 수 있도록 연수원에 좋은 그림을 그려 넣어 분위기를 살렸고 조경에도 신경을 썼다. 식당도 지하층 대신 전망 좋은 3층에 배치했다. 그만큼 회사에서는 어려운 가운데서도 교육에 최우선 순위를 두었다. 교육을 마친 뒤에는 인근 멧돼지 고깃집에서 회식을 했다. 가요 '남행열차' 등을 같이 부르고 춤을 추면서 흥겹게 즐겼다.

"여러분 남편들은 좋은 회사에 다니고 있습니다. 내조를 잘해 주세요."

부인들도 초청하여 교육하고 선물도 주었다. 회사 장기전략을 부인들에게 설명했다. 주로 내가 부인들 교육을 맡았다. 대표이사가 직접 설명해 주어야 부인들 면도 설 것 같았기 때문이다. 이런 시도는 공감 경영과 일맥상통한다.

교육을 강화한 배경엔 다음과 같은 사연이 있다. 1991년에 내가 전무였을 때 삼성그룹에서 신세계가 독립했다. 우리 방향대로 독자 경영을 하게 된 것이다. 어떤 방향으로 가야 할지 결정해야 했다. 나는 신세계 창립 40주년이 될 때를 잡아서 의식개혁을 하고 신규 사업 방향을 정리해야 한다고 보았다. 회사가 바뀌려면 인재도 영입해야 하고 교육도 강화해야 한다고 판단했다.

그런데 그룹에서 분리되기 전에는 어떤 신규 사업도 제약이 많았다. 당시 삼성그룹 기획실의 승인을 받아야 했다. 삼성서 계속 투자받기도 힘들었다. 신세계 자체적으로 무언가를 하기는 더 어려웠다. 회사 자금력도 뻔했다. 백화점 1, 2개로는 자금 축적이 어려웠다. 신규 사업에는 은행에서 자금을 대주지 않았다. 회사가 크려고 해도 한계가 있었다.

직원들 사기도 떨어져 있었다. 신세계는 맨날 검토만 한다는 자괴감에 사로잡혀 있었다. 실천은 하지 않고 미루기만 한다든지, 기획과 검토만 하다 만다는 것이다. 그러던 중 1994년에 내가 신세계 대표이사가 된 것이다. 그 당시 사원들과 죽기 살기로 한번 해야겠다고 다짐했다. 그러기 위해서는 전 사원이 공감하는, 한 방향으로 가는 목표와

비전이 가장 중요하다고 판
단했고 기획실에 21세기 신
세계 비전을 만들도록 했다.
'V40(신세계의 궁극적인 목표
는 크고big 강한powerful 그
리고 최종적으로는 좋은 회사
good company를 만드는 것임)'
은 기획 방향이고 'SQ21'은
실천운동으로 정리했다. 완전히 긍정적인 사고로 결의를 다져보기로
했다. 교육은 바로 신세계 혁신의 실천 방법 중 하나였고 사원들의 마
음을 다잡는 중요한 기회였다.

Leader's Hip

신세계에서는 유통연구소를 만들어 사원들을 교육하고
'WEEKLY 유통 통신'이란 자료를 나눠주곤 했다. 1992년 4월 22일에
는 월마트 사장인 데이비드 글래스David Glass 의 발언을 소개했다.

데이비드 글래스는 1991년 말에 열린 텍사스 A&M 리더십에 관
한 심포지엄에서 충격적이고도 공격적인 선언을 했다. 그것은 '93년도
에는 월마트 매출액이 560억 달러를 넘어 백화점업계의 총매출을 웃
돌 것이다'는 발표였다. 백화점업계 관계자들은 이 발언에 충격을 받
아 불안에 사로잡혀 당황해 했다. 반면 그의 논평은 월마트 심포지엄
의 주제인 '그 목표를 이루기 위해서는 지도력을 어떻게 발휘해야 하

는가'에 좀 더 주안점을 두게 하고 빛나는 아이디어들이 나오게 하는 효과를 발휘했다.

"리더가 되기 위해서는 종업원들의 의욕을 불러일으킬 수 있는 꿈과 비전을 제시하지 않으면 안 됩니다. 더 중요한 것은 리더 자신이 우선 '좋은 종업원'이어야 한다는 것입니다. 한 사람의 종업원으로서 역할을 다할 수 없는 사람은 리더가 될 자격이 없습니다."

나는 데이비스 글래스 사장의 이 말이 모든 경영자가 가슴에 새겨두어야 하는 명언이라고 생각한다. 지도력 결여야말로 조직을 이끄는 데 치명적인 결함이기 때문이다. 월마트는 리더십을 충분히 발휘하였기 때문에 급성장했다고 본다.

텍사스 A&M 리테일링 연구센터의 디렉터인 레오날드 베리 Leonard L. Berry 씨는 '미국 서비스업자 대부분은 서비스를 개선하려고 악전고투하지도 않고 최소한의 노력조차도 하지 않는다'고 비판한 바 있다. 그는 그 원인을 지도력 결여에 있다고 지적했다. 그러면 지도력은 구체적으로 무엇인가?

나는 우선 리더를 이렇게 설명한다. 'Leadership'이 아니라 'Leader's hip'으로. 다시 말하면 엉덩이를 의자에 붙이고 열심히 공부해야 한다는 뜻이다. 아는 것만큼 성장하고, 아는 정보만큼 회사를 키우기 때문이다. 학습을 하여 정보력을 갖추는 게 중요하다는 말이다. 앨빈 토플러 Alvin Toffler 는 '권력이동'이란 책에서 '권력은 정보가 많은 쪽으로 이동한다'고 말했다. 유통의 리더는 고민하고 연구하는 자세가 있어야 실적 성과을 낼 수 있다. 자신만의 경영 관점을 갖도록 정보를 수집하여 응용하고 창의적인 업무 방법을 연구해야 한다.

나는 리더가 갖추어야 할 조건으로 다음 사항들이 필요하다고 본다.

첫째, 선천적으로 감성이 풍부하고 눈물이 있는 소프트한 사람.

둘째, 아주 작은 것과 큰 것을 같이 볼 수 있는 사람^{세심하면서도 대범한 성격}.

셋째, 업무에 항상 몰두하는 사람^{생각과 그 성과는 항상 비례한다}.

넷째, 배려와 낮춤과 집념의 바탕에서 일하는 사람.

부하 직원들이든 협력업체든 마찬가지다. 시각장애인이 등불을 들고 밤에 다니기에 "보이지도 않는데 무엇 때문에 힘들게 등불을 갖고 다니느냐?"고 물었더니 "상대방이 내가 있는 줄 알고, 안 부딪치면서 손쉽게 피할 것 아니냐"고 답했다고 한다. 남의 배려하는 마음이 리더에게 필요하다는 말이다.

두 단계 위에서 생각하고 두 단계 아래에서 행동하라

'두 단계 위에서 생각하고 두 단계 아래에서 행동하라.'

이 말은 내가 관리자로 일하면서 가장 많이 쓴 말 중의 하나다. 두 단계 올라가서 두 단계 아래에 있는 자신을 보면 경험도 일천하기 그지없어 보이는 자신이 왜소하게 느껴진다. 그러면 거만한 자세도 겸손해지고 또 위를 향한 분발심도 생긴다. 자신의 자리에 있을 때는 옆 사람이 경쟁자로 보였는데 위에서 보면 협력자로 보이고, 상사 지시나 이야기도 더 쉽게 이해된다.

두 단계 아래에서 행동하는 건 뭘까? 필요하다면 부장이라도 사원의 근무 현장에서 일할 수 있어야 한다. 전 임직원 개개인에게 부여된 임무나 역할의 합집합이 그 기업의 임무나 역할과 동일한지 질문해 보아라. 졸은 졸의 역할만 하고, 마, 상, 포, 차, 임금이 모두 각자의 임무나 역할 외에 아무것도 하지 않는다면 어떻게 될까? 조직과 조직 사이, 개인과 개인의 사이에는 사각지대가 있기 마련이다. 그런데 그 사각지대 업무는 위에 있지 않고 훨씬 아래에 있으면서도 생색낼 수 없는 일이 대부분이다.

한겨울에 자신의 집 앞에 눈이 쌓이면 바로 치우려 할 것이다. 하지만 누구의 집 앞도 아닌 애매한 곳은 어떨까? 이럴 때 따지지 않고 치운다면 어떻게 될까? 옆집 앞에 쌓인 눈도 옆집 사람이 아직 안 치웠다면 대신 치워주는 건 어떨까? 막 눈을 쓸려고 하는데 옆집 주인이 나오기라도 하면 어떻게 될까? 그러면 그 집주인은 미안해서라도 다음 눈 오는 날 우리 집 앞을 치워줄 것이다. 이런 동네 살 만하지 않을까? 만약 회사가 그렇다면? 아마 신바람 나는 회사가 될 것이다.

특정 시기에 업무가 폭주하기에는 유통업만 한 게 없다. 이때 현장에서 일어나는 일을 생각해보면, 나는 간부입네 임원입네 본사입네 하면서 뒷짐 지지 말고 발 벗고 나서줘야 한다.

직원은 직무가 세분화될수록 자기 역할에 더욱 집착하게 된다. 기업도 더 역할을 요구하지 않고 자기 역할에나 충실하도록 하는 경향으로 흘러갈 수도 있다. 그런데 조직 속에서 화和의 가치가 완전히 소멸하지 않는 한, 두 단계 아래로 내려간 행동 가치는 큰 의미를 갖는다.

생각이 바뀌면 행동이 바뀌듯이 두 단계 위에서 사고하면 두 단계 아래에서 행동하기도 훨씬 수월해진다. 그래서 나는 항상 두 단계 위에서 생각하면서 두 단계 아래에서 행동하도록 교육했고 나 역시 그렇게 실천하도록 노력했다. 먼저 내가 그렇게 하니 조직원들의 마음도 함께 움직이는 것을 보았다. 이런 방식은 어느 분야, 어느 업종이든 모든 리더와 조직원에게 그대로 적용할만하다. 그런데 두 단계 위에서 행동하고 두 단계 아래서 사고 하는 오너나 경영자를 종종 볼 때가 있다. 자기는 바쁘게 열심히 하는 거겠지만 참 안타까운 일이다.

꿈을 아끼면 성공을 그리지 못한다

우리 일생은 '선택'의 연속이다. 돌이켜 보면 내 삶 역시 매 순간 선택이었다고 해도 지나친 말이 아니다. 우연한 기회에 별다른 생각 없이 들어선 것이 한평생의 길이 되기도 한다. 그래서 이를 운명이라고 말하나 보다.

미국인들이 가장 사랑하는 시인 프로스트Robert Frost(1874~1963)는 J.F. 케네디 대통령의 취임식에서 백발을 휘날리며 자작시를 낭송한 사람이다. 그의 시 '가지 않은 길The Road not Taken'을 읊조리다 보면 내가 걸어온 길이 눈앞에 펼쳐진다.

노랗게 단풍진 숲 속에 두 갈래 길이 있었네
한꺼번에 두 길을 다 가지 못하기에
안타까워 오래도록 선 채로
덤불 속으로 굽어들어 안 보이는 곳까지
한쪽 길을 멀리 바라보았지
그리고 똑같이 아름다운,
어쩌면 더 나을지도 모르는
다른 길을 선택했지

그 길에는 풀이 더 있고 사람이 걸은 자취가 적어

사람의 발길을 기다리는 듯한 느낌이 들었네

그날 아침 두 길에는

낙엽을 밟는 자취는 없었지

아! 나는 다음 날을 위하여 한 길을 남겨 두었지

길은 길로 이어지는 것이기에

다시 돌아오기 어려우리라는 것은 알고 있었지만

멀고 먼 훗날 나는 어디서인가

한숨을 쉬며 이야기할 것이다

숲 속에 두 갈래 길이 있었다고

나는 남들이 덜 다닌 길을 선택했다고

그로 인하여 오늘 이렇게 모두 달라졌다고

이 시에서 말하는 길이 바로 '인생'이다. 인생이라는 외로운 여행, 누구나 동시에 두 길을 갈 수 없다. 그래서 자신이 걸어온 길보다는 걷지 않은 길에 미련을 갖기 마련이다. 그 길을 선택한 결과에서 남는 아쉬움 때문이리라.

삼성에서 근무하던 나는 우연한 기회에 신세계백화점으로 전출되었다. 신세계는 새로운 여행의 시작이었다. 하지만 불만을 품거나 불안해하지 않았다. 어디로 발령나든 억척스럽게 버티겠다고 생각했고 어디서 무슨 일을 하든지 배울 게 있을 것으로 판단했기 때문이다. 이제 나만의 길을 찾아가는 창조자로서 인생의 중간 지점에서 목표를 명확히 설정해서 정열을 불태우겠다고 다짐했다.

그때 가지 않은 길을 걸어갔더라면 인생이 어떻게 바뀌었을지 모를 일이다. 선택의 갈림길에 멈춰 서서 '길이 없다'며 불평하지 않고 씩씩하게 걸었다. 그렇다고 지금에 와서 가지 않은 길에 아쉬움이 남아 있지는 않다. 평생 유통업계에 몸담은 것을 보면 삶의 전환점이 된 신세계 입사는 인생의 가장 큰 이벤트가 틀림없다.

'유통업은 남자로서 정말 해볼 만한 직업이다.'

'유통업은 항상 삶과 연계되어 있고 노력한 만큼 반드시 결과를 입증해 주는 업종이다.'

신입사원 교육을 할 때 연사로 나서면 꼭 하는 이야기였다. 생생하게Vivid 꿈꾸면Dream 이루어진다Realization(R＝VD). 이루고 싶은 꿈을 항상 생각하고 그것을 시각화하여 매일 본다든지 글로 쓰고 읽는다면 실제로 그 꿈을 이룰 수 있다는 것이다. 항상 그것과 관련한 일에 관심을 두고 노력하기 때문에 자연스럽게 성공할 수 있다.

물감을 아끼면 그림을 못 그리듯 꿈을 아끼면 성공을 그리지 못한다. 우선 꿈을 이룩하기 위해서는 밑그림을 잘 그려야 한다. 밑그림을 잘 그렸다고 판단되면 확신을 가지고 그 목표를 향해 중단 없이 전진해야 한다. 작고 사소한 힘이 역사를 바꾼 사례를 자주 보았듯이 작고 사소한 것이 미래 삶을 바꾼다. 백 퍼센트 가능성이 있는 일을 성취하는 것은 인생의 참 의미가 될 수 없을 것이다. 단 몇 퍼센트에 불과한 가능성을 보고 일에 달라붙어서 몸으로 부딪치며 노력할 때 성공의 참 의미를 깨닫게 된다.

내 앞에 놓인 길은 결코 평탄하지 않았다. 열정을 바쳐 달려온 시대가 그러했다. 하지만 우린 번영을 이룩했다. 어렵다는 말은 나의 청년의 때에도 있었고 중년을 넘겼을 때도 있었다. 그리고 지금도 세상은 살기 어렵다고 한다. 유통업을 변화시키면 다시 또 인터넷 유통 시대가 도래한다. 어느 시대나 넘어야 할 산은 있는 것이다. 하지만 나는 목표가 명확했기에 길을 찾을 수 있었다. 신념과 열정으로 무장했고 항상 주어진 길에서 꿈을 꾸었다. 꿈을 배반하지 않는다면, 결코 꿈도 나를 배반하지 않는다. 지금도 유통업에서 꿈을 품고 달리는 모든 사람에게 다시 열정의 시대가 도래하길 기대한다.

:: 참고문헌

강창동, "자체 상표개발 등 차별화 힘써야", 한국경제, 1996. 11. 20.

권국주, 新유통은 低價·多품종·편의성이 주도, 경향신문, 1994. 08. 02.

권국주, 할인점 큰 시장이 열렸다, 이코노미스트, 1994. 11. 09.

권국주, 신세계백화점 2003년 세계 30대 유통그룹 진입, 스포츠서울, 1996. 06. 02.

권국주, 유통 선진화 선도·할인점 첫 도입, 매일경제, 1996. 11. 01.

권오문, 2003년 매출 15조 목표, 세계일보, 1996. 05. 31.

김선한, 신세계 이색광고에 다양한 평가, 연합뉴스, 1996. 03. 15.

김성진, "지역 경제 활성화 견인차 노력할 터", 매일경제, 1996. 08. 28.

박중현, 스타벅스 하워드 슐츠 회장, 동아일보, 2000. 05. 01.

박중현, '상품으로 본 경제' 스타벅스, 동아일보, 2002. 09. 04.

설진훈·조소연, "할인점 10년, 한국 유통산업 발전 40년은 앞당겼다", 연합뉴스,
    2003. 11. 13.

손현덕, "커피보다는 편안한 공간을 판다", 매일경제, 2003. 03. 25.

신수영, 스타벅스의 성공비결은 뭘까, 머니투데이, 2002. 04. 17.

심승득, "신세계 中國 진출은 流通 세계화 자극제", 한국경제, 1995. 07. 19.

류한섭, "2003년 매출액 15조 원 달성", 내외경제, 1996. 05. 31.

윤경호·전병득·조시영·손일선, "커피가 있는 문화공간을 팝니다", 매일경제, 2004.
    03. 24.

윤성민, 명동店 개점식에 온 '하워드 슐츠' 스타벅스 회장, 한국경제, 2000. 05. 01.

이봉호, 하워드 슐츠의 '스타벅스', 매일경제, 2001. 01. 14.

이상혁, 정부-업계 시장개방에 공동대응 절실, 세계일보, 1996. 02. 16.

이종태, 'SQ21' 新비전 선포식, 중앙일보, 1996. 05. 31.

이주명, "유통업 수출증대 견인차 인식 가져야", 한겨레신문, 1994. 08. 16.

임정섭, 美 커피유통업체 스타벅스 국내 상륙, 연합뉴스, 1999. 07. 14.

정호선, 美 커피전문점 '스타벅스' 이미지 마케팅, 매일경제, 2000. 09. 14.

제1회 매경유통대상 수상업체, 매일경제, 1996. 11. 15.

제8차 남북실무접촉 대화록, 연합뉴스, 1994. 03. 19.

제정임, 나눔경영이 '미친 짓'이라니, 경향신문, 2004. 02. 12.

조성천, 光州 신세계백화점 權國周 사장 지역사회 발전에 일조할 터, 전남매일,
    1996. 06. 06.

현승윤, 上海서 세계화 전략회의, 한국경제, 1996. 04. 25.

현승윤, 신세계 독자 그룹경영 본격추진, 한국경제, 1996. 05. 24.

황호웅, 가격파괴 이끌고 할인점 확산 기여, 매일경제, 1996. 12. 30.

샘 월튼, 『소매업의 새로운 원점』, 신세계백화점(편저), 1992. 08.

하워드 슐츠, 『스타벅스, 커피 한 잔의 성공신화』, 김영사, 1999. 07. 05.

하워드 슐츠, 『온워드』, 도서출판 8.0, 2011. 04. 22.

다시, 열정의 시대

초판 1쇄 발행일 2013년 8월 13일
초판 2쇄 발행일 2013년 8월 29일
초판 3쇄 발행일 2013년 9월 30일

지은이 권국주
펴낸이 박영희
편집 배정옥·유태선
디자인 김미령·박희경
인쇄·제본 에이피 프린팅
펴낸곳 도서출판 어문학사
　　　　서울특별시 도봉구 쌍문동 523-21 나너울 카운티 1층
　　　　대표전화: 02-998-0094/편집부1: 02-998-2267, 편집부2: 02-998-2269
　　　　홈페이지: www.amhbook.com
　　　　트위터: @with_amhbook
　　　　블로그: 네이버 http://blog.naver.com/amhbook
　　　　　　　　다음 http://blog.daum.net/amhbook
　　　　e-mail: am@amhbook.com
　　　　등록: 2004년 4월 6일 제7-276호

ISBN 978-89-6184-308-9 03320
정가 18,000원

이 도서의 국립중앙도서관 출판시도서목록(CIP)은 e-CIP홈페이지(http://www.nl.go.kr/ecip)와
국가자료공동목록시스템(http://www.nl.go.kr/kolisnet)에서 이용하실 수 있습니다.
(CIP제어번호: CIP2013012444)

※ 잘못 만들어진 책은 교환해 드립니다.